도시의 얼굴들

도시의 얼굴들

한 도시에 남긴 16人의 흔적

허정도 지음

知&you
지앤유

•
•
•

장소를 피해가는 삶은 없다. 출생에서 죽음까지 생의 한순간도 장소를 벗어날 수는 없다. 떨리는 가슴으로 주고받은 첫사랑의 속삭임도, 첫 술잔을 들었던 청춘의 기억도 장소를 빼고는 상상할 수 없다. 인간의 실존은 장소에서 이어지고 장소에서 확인된다.

모든 삶의 몸짓들은 시간과 함께 없어지지만 장소는 필름처럼 지나간 시간을 현재로 끌고 온다. 장소에 남긴 삶의 흔적은 시간과 함께 숙성되고 사람들은 그 잔상을 되새김질하며 지나간 것들을 추억한다. 그것이 장소의 힘이다.

장소가 사라지면 기억은 훼손되고 훼손된 기억은 서서히 지워진다. 지난 시간 도시 공간 속에 펼쳐졌던 그 많았던 삶의 몸짓들도 마찬가지다. 사라진 장소와 함께 어느 샌가 지워지고 버려졌다. 그렇다고 해서 그때 그 장소에 있었던 사실이 없어지는 것은 아니다. 그곳에 남고 쌓여 어딘가에 머문다. 마치 캔버스에 오일을 덧칠한 듯 눈에 보이지 않을 뿐이다.

도시재생에 스토리텔링이 필요하다는 말들이 오갈 때였다. 스토리텔링을 주장하는 이도 많았고 이용할 사람도 많았다. 하지만 스토리를 발굴하고 엮어 낼 사람은 보이지 않았다. 그때 든 생각이다.

　무엇으로 스토리를 만들어 낼 수 있을까? 그것이 억지로 얻을 수 있는 일인가? 숨겨진 스토리가 많을 텐데 캐낼 수 있을까? 스토리도 진주목걸이처럼 꿰어야 보배인데? 이 자리 저 자리에서 스토리텔링 이야기가 나올 때마다 같은 생각이 들었다.

　그러던 어느 날, 경상대학교 출판부 김종길 선생의 전화 한 통을 받았다. 마산 도시를 주제로 책을 내고 싶다고 했다.

　도시 스토리텔링에 대한 나의 오래된 생각과 김종길 선생의 출간 의도, 이 둘이 만나면서 책이 시작됐다.

이 책은 도시와 건축에 관한 책이 아니다. 한 도시를 거쳐 간 사람들의 이야기이고 그들이 머물고 스쳤던 시간과 장소에 관한 이야기이다.

20세기 전반 60여 년, 마산이라는 한 도시에 남긴 16인의 흔적을 추적했다. 부부였던 임화와 지하련은 함께 묶어 열다섯 꼭지로 맞추었다. 널리 알려진 이도 있지만 마산에서만 활동한 탓에 많이 알려져 있지 않은 이도 있다. 그렇다고 해서 그분들 삶의 무게가 결코 가벼웠던 것은 아니다.

　옥기환과 명도석, 김해랑 등 평생 마산에서 살다간 이도 있지만 여장군 김명시처럼 이 도시에서 태어나 자랐지만 거친 대륙에서 조국 독립을 위해 평생을 바친 이도 있다. 시인 백석처럼 스치듯 지나간 이도 있고 순종, 이극로, 김수환처럼 계획된 일 때문에 머문 이도 있다. 이원수, 김춘수, 천상병은 문학의 터를 마산에서 닦았고 나도향, 임화, 지하련, 그리고 이름 모르는 산장의 여인은 병 때문에 마산과 인연을 맺었다. 열일곱 살 김주열은 마지막 엿새를 이 도시에서 보냈다.

　이들이 마산에 머물렀던 시간과 장소는 제각각이다. 머문 이유도 달랐다. 그런 만큼 그들의 행적도 다를 수밖에 없었다. 지난했지만 그것들을 하나둘 찾아내며 그들이 남긴 행적과 그들이 머물렀던 장소를 연결시켰다. 이미 없어졌거나, 흐릿하거나, 짧은 말과 글로 남았거나, 이어지지 않는 토막 이야기로 남아 있는 것들을 발굴해 엮었다. 일부 확인이 명확치 않아 추정한 부분도 있지만 충분히 가능할 만한 범위로 한정했다.

16인이 남긴 도시 속 흔적들은 이미 훼손됐다. 건물은 대부분 철거됐고 장소도 변했다. 아직 그대로인 길도 있지만 넓혀지고 잘려 나가 전혀 다른 모습이 되기도 했다. 기억으로 남을 수 있었던 우리의 장소들은 발전(?)을 앞세운 개발과 자본 앞에 힘없이 무너지고 축출됐다. 지금 와서 넓어진 길을 좁힐 수도, 잘라진 길을 이을 수도 없다. 덮은 포장을 벗길 수도, 사라진 건물을 다시 지을 수도 없다.

하지만 장소가 훼손됐다고 해서 그들이 몸짓했던 사실이 없어진 것은 아니다. 장소만 알고 있을 그 이야기들은 우리의 감성으로 살려낼 수 있다. 어떤 모습으로 다시 살려낼(storytelling) 것인가? 그것은 오롯이 우리의 몫이다.

최근 도시정책의 무게 중심은 도시재생에 있다. 도시재생은 문화에 방점이 있고, 문화적 도시재생은 스토리텔링이 요체다. 그런 점에서 이 책이 문화적 도시재생을 위한 한 줌의 거름이 되면 좋겠다. 단순히 관광객을 위한 장삿속 스토리텔링이 아니라 아름다운 이야깃거리로 오래 남는 스토리텔링이 되면 좋겠다. 행복은 기억으로 숙성되니 말이다.

부족한 사람에게 책 쓸 계기를 만들어 준 지앤유 김종길 선생께 감사드린다. 함께 고생한 스태프들께도 고마움을 전한다. 언제나 같은 시각으로 세상을 바라보는 벗들과 가족에게 고마운 마음을 전한다. 내가 무언가를 시도할 용기는 언제나 그들로부터 나온다.

글을 쓰는 내내, 정해진 시간이 지나면 떠나야 하는 인간의 한정된 삶을 생각했다. 때로는 무거웠고 때로는 편안했다.

2018년 가을
무학산 아래에서
글쓴이 허정도

목차

저자의 말 *5*

I

마지막 왕 **순종** *17*

첫째 날 오전 1909년 1월 10일
첫째 날 오후 1909년 1월 10일
둘째 날 1909년 1월 11일
마지막 날 1909년 1월 12일

한글한자 이극로 *45*

창신학교
추산정과 서원곡
상남리와 노비산
그 후

여장군 김명시 *65*

만정(萬町)이 된 동성리
소녀 김명시의 등굣길
모스크바에서 만주 벌판까지
잊힌 여장군

나도향의 마산 석 달 *83*

도향의 산책로
신마산 가는 길
그들의 도시
월포해수욕장에서 만난 여인
그 후

고향의 봄 이원수 111

오동동 바닷가
등곳길과 「고향의 봄」
상업학교 가는 길
산호리 신혼집

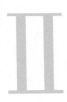

만석꾼 옥기환 137

노동야학
마산민의소 공회당
원동무역
초대 마산부윤

시인 백석 153

란(蘭)을 찾아서
첫발 디딘 구마산역
백석의 마산길
구마산 선창

임화와 지하련 177

추산동
마산병원 가는 길
아침 해안 산책
마산포에서 배운 낚시
남성동과 상남동
다시 산호리에서, 지하련

독립지사 명도석 201

　갑종 요시찰 인물
　해방된 조국에서
　건준 출근길
　숨은 이야기

귀천 천상병 219

　오동동 우환동포
　등곳길과 마산중학교
　자산동 솔밭과 시인 권환
　스승 김춘수

III 산장의 여인 245

　여인의 눈물
　도시의 끝
　까치나루를 돌아서
　포로수용소와 산장

꽃의 시인 김춘수 265

　중성동
　마산중학 출근길
　꽃의 탄생
　베꼬니아의 꽃잎처럼이나

열사 김주열 *285*

처음 본 마산 바다
그날
밤 중앙로에서
혁명을 부른 주검

천생 춤꾼 김해랑 *309*

나고 자란 창동
권번 기생과 오동동
정법사와 추산동

추기경 김수환 *327*

완월리와 사목
주교의 미사길
주교좌성당

도시의 사람들 *345*

참고문헌 *364*

어가행렬은 역 광장에서 출발했다. 지금의 월포벽산블루밍아파트 진입로쯤이었다. 광장을 나선 행렬은 신작로(지금의 3·15대로)에서 곧바로 좌측으로 틀었다. 이사청이 있는 조계지 방향이었다.

도향이 마산에 첫발을 내디뎠던 구마산역(지금의 육호광장)은 노산의 집에서 불과 100~200m 거리였다. 노산의 집과 역 사이에 때때로 사람들이 북적대는 운동장(지금의 마산회원구 선거 관리위원회 일대)이 있었다. 마산구락부는 마산의 끗기 있는 청년들이 모인 조직이었다. 마산구락부가 1921년 조성한 최초의 근대식 공설운동장이었다.

I

김명시가 살았던 때의 동성동은 지금과 사뭇 달
랐다. 예전에 그 많았다는 요정도 지금의 아구찜
식당도 당시에는 없었다. 다닥다닥 붙은 나지막
한 초가 사이로 거미줄처럼 얽힌 좁고 굽은 홁투
성이 길뿐이었다.

마지막 왕의 마산 순행은 이렇게 끝났다. 백 년이 더 된 일
이다. 그렇게 떠들썩했던 순행이었는데 그 흔적은 이 도시
어디에도 없다. 흔한 돌비석과 안내판 한 조각도 없다. 펴
보지도 않는 사초(史草) 어느 한 모퉁이에 짧은 글로만 남아
있을 뿐이다.

마지막 왕 순종*

왕의 순행(巡幸)이었다. 통감 이토 히로부미(伊藤博文이등박문)가 동행했다. 의사 안중근의 총에 이토가 숨을 다하기 아홉 달 전, 오백 년 국운이 기울어가던 1909년 벽두였다. 총리대신 이완용을 비롯해 최고위급 친일 관리 98명을 거느린 마지막 왕 순종의 마산 순행이었다.

　나라님이 마산 땅에 온 것은 이것이 두 번째였다. 멀리 고려조에 정동행성을 세우고 일본 정벌을 나섰던 때가 처음이었다. 1차 전쟁에서 참

---

* 조선 왕조의 대한제국(1897. 10. 12.~1910. 8. 29.) 융희황제이지만 이 글에서는 귀에 익숙한 '왕' 혹은 '순종'으로 표기한다.

| 왼쪽부터 영친왕, 순종, 고종, 순정효황후, 덕혜옹주.

패한 여몽연합군이 두 번째 정벌을 준비하던 1281년, 충렬왕이 합포(마산 지역의 옛 지명) 자산성에서 군사를 격려하며 3개월간 머물렀다. 군대를 열병했고 중간에 김해를 다녀오기도 했다.

충렬왕이나 순종이나 몽고와 일본에 실권을 뺏긴 처지는 매한가지였다. 하지만 입장은 정반대였다. 충렬왕 거(昛)는 일본 정벌을 위해 왔지만 순종 척(坧)은 일본인 조선 통감과 손을 맞잡고 왔다.

1909년 1월 7일 시작된 순종 순행은 철로를 이용해 대구·부산·마산을 둘러보는 일정이었다. 임금의 지방 나들이는 간혹 있었던 일이지만 이때의 순행은 달랐다. 일왕의 순행을 모방한 것이었고 절대자를 민중에게 가시화시키기 위한 이벤트였다. 마산 여정은 1월 10일 오전부터 12일 오전까지 2박 3일간이었다.

왕의 순행은 무슨 목적이었을까? "나라를 편하게 하고 난국을 없애기 위해서 실시한다"라고 밝힌 순행이었다. 정말 그랬을까?

그랬을 수도 있다. 을사년 늑약 후 의병 봉기가 팔도에 들끓고 있던 때였다. 2년 전인 1907년에는 5만 명에 300여 회, 1908년에는 7만 명에 1,500여 회나 들고 일어났다. 왕의 순행은 이런 상황을 수습하기 위한 통감 이토의 요구 때문이었다. 민심을 다스리되 일본 지배의 정당성도 알려야 하는 조선 왕의 비극적인 순행이었다.

순행에 나선 왕은 민중들에게 어떤 모습으로 비쳤을까? 러시아와의 전쟁에서 이긴 일본이었다. 미국을 비롯한 열강들이 일본의 한반도 지배를 공인하고 있을 때였다. 나라를 앗아간 통감 이토(68세)와 나라를 팔아넘긴 매국노 이완용(51세) 사이에 낀 젊은 순종(35세)은 어떤 모습이었을까? 위엄과 권위를 상징하는 존엄이었을까? 몰락해 가는 왕조의 초라한 군주였을까?

첫째 날 오전 1909년 1월 10일

1월 7일, 순종은 아침 일찍 덕수궁에 들러 아버지 고종에게 문안한 뒤 남대문 정거장(지금의 서울역)으로 향했다. 순종을 태운 특별궁정열차[玉車옥차]는 아침 8시 10분경 출발했다.

| 특별궁정열차의 마산 도착과 출발 시각을 알리는 그림엽서.

　대구와 부산을 거쳐 10일 오전 9시 부산역에서 마산으로 가는 옥차로 갈아탔다. 겨울 아침인데도 날씨가 화창했다. 마산으로 오기 위해서는 경부선 삼랑진역에서 기차를 갈아타야만 했다. 왕이라도 어쩔 수 없는 번거로움이었다. 삼랑진역에 도착한 왕은 동래부윤 김창한과 마산이사관 미마스 구메기치(三增久米吉삼증구미길)의 알현을 받았다. 그사이 옥차는 마산선 철도로 선로를 바꾸었다.

　삼랑진을 출발해 낙동강·진영·창원 세 역을 거쳐 마산역에 도착한 것은 오전 11시가 지나서였다. 왕이 도착했을 때 마산 앞바다에 정박해 있던 일본 제1, 2함대가 21발의 축포로 순행을 환영했다. 시내 곳곳에 한일 양국기가 걸렸고 마산역 뒤 매립지에서는 환영 불꽃이 쉼 없이 뿜어 올랐다. 플랫폼에 특설된 꽃길 우측에는 애국부인회 회원 등 여성들이, 좌측에는 군 간부들과 공직자들이 줄을 지어 왕을 맞았다.

순종은 역에 마련된 편전에서 잠시 머문 뒤 광장으로 나왔다. 광장 좌측에는 해군 의장대가 정렬해 있었고, 우측에는 한일 양국의 관리(官吏)와 학생, 재향군인과 소방대원 들이 기다리고 있었다. 나라님 행차라 구경 나온 이들도 많아 역 광장에 모인 이들이 수천 명에 달했다.

옥차가 도착한 마산역(지금의 마산합포구 월포동 월포벽산블루밍아파트)의 역사(驛舍)는 평범한 건물이었다. 단순한 직사각형 구조에 벽에는 목재 비늘판을 붙였고 지붕은 일식 기와를 얹은 단층 건물이었다. 철도를 급히 놓느라 여력이 모자랐는지 당시 대부분의 역이 이런 형태였다.

역 광장 건너편(지금의 마산중부경찰서 인근)에 불쑥 솟은 월견구(月見丘)가 보였다. 일인들이 붙인 이름이었다. 높이 10m가 넘는 언덕 꼭대기에는 역무원들이 휴식하던 조그만 정자가 있었다. 순행이 끝난 뒤 마산-진주 간 도로공사 때 깎아 없앤 언덕이었다.

기마경찰이 이끄는 행렬은 노부식(鹵簿式, 임금이 나들이할 때 갖추는 여러 가지 의장과 차례)에 맞춰 대열을 편성했다. 왕은 어교를 탔다. 행재소로 이용할 이사청은 역에서 1㎞ 조금 더 되는 거리였다.

어가행렬은 역 광장에서 출발했다. 지금의 월포벽산블루밍아파트 진입로쯤이었다. 광장을 나선 행렬은 신작로(지금의 3·15대로)에서 곧바로 좌측으로 틀었다. 이사청이 있는 조계지 방향이었다. 연도에는 학생들이 열을 지어 만세를 부르며 왕의 순행을 환영했다. 손에는 한일 양국의 국기가 들려 있었다.

1909년은 아직 병탄 1년 전이었지만 조계지의 사정은 사뭇 달랐다. 10년 전 개항 때부터 시작된 개발과 이주로 이미 일본인 천지였다. 각국 공동 조계지로 개항된 땅이 일본 전관 거류지처럼 된 것은 러일전쟁 후부터였다. 인구가 증가하고 건물이 지어지고 도로가 확장되는 등 도시가 커질 대로 커져 있었다.

사람도, 집도, 말과 글도 모두 일본이었다. 그들은 이곳을 '자신들이 건설한 새로운 마산'이라며 '신(新)마산'이라 불렀다. 심지어 '마산'이라고도 했다. 반면 한국인들의 도시 마산포는 '구(舊)마산'이라 불렀다. 오래되어 낡았다는 의미였다. 마산포 사람들은 이를 못마땅해 했다. 하지만 지배자와 피지배자 간의 일이었다. 일제강점기 내내 그렇게 불리었고 그 관습이 지금까지 내려왔다. 신(新)·구(舊) 속에 담긴 뜻은 오래전에 사라졌지만 생명력 강한 지명은 아직 살아남아 있다.

큰길에 접어든 행렬이 100m쯤 나갔다. 오른쪽 공터 건너편으로 넓은 운동장을 가진 학교가 보였다. 일본 아이들을 위해 거류민단에서 세운 마산심상고등소학교(지금의 월영초등학교)였다. ㄷ자형 단층 건물로 지붕창이 여럿 달린 우진각 일식 기와지붕이었다. 외부는 나무판자벽이었다. 규모가 크고 용마루가 우뚝해서 큰길에서도 잘 보였다. 1904년 창포동에서 마산공립소학교로 시작해 월남동으로 옮겼다가 2년 전 이곳으로 온 학교였다. 심상고등소학교로 바뀐 것은 1906년이었고 수업 연한은 심상과(보통과) 6년, 고등과 2년이었다.

순종이 바라본 일본식 새 교사는 순행 1년 전에 지은 건물이었다. 지금은 노변 건물들에 가려 이정표만 보이지만 당시는 달랐다. 도로변 터가 비어 있었고 주변에 비해 건물 규모가 워낙 크고 운동장도 넓어서 순종의 눈에 확 들어왔다. 수행자 중 누군가가 '일본 아이들의 학교' 운운하며 설명이라도 했을 법한 건물이었다.

일본의 저명한 역사학자 하타다 다카시(旗田巍기전외, 1908~1994)가 이 학교에서 어린 시절을 보냈다. 하타다의 아버지는 조그마한 병원의 의사였다. 처음에는 창원천 인근에 살았다가 하타다가 중학교 다닐 때쯤 마산역 근처로 옮겨 살고 있었다. 하타다가 동경제대를 졸업할 때까지 마산에 가족들이 살았다.

하타다의 마산에 대한 애정은 각별했다. 사적인 자리에서 한국인이나 재일교포를 만나면 "나는 마산에서 태어났습니다만, 당신의 고향은 어디입니까?"라고 묻고는 마산에서의 추억을 이야기했다.

| 마산심상고등소학교, 1908.
 지금의 월영초등학교 자리에 있었던 건물. 학교 부지보다 한 단 높은 위치에서 흰옷을 입은 한인들이 일본 아이들의 교육과정을 구경하고 있다.

어린 시절 하타다가 마산포의 친구 집에 놀러간 적이 있었다. 돌아오는 길에 장군천 다리 근방에서 우연히 3·1만세시위 장면을 목격했다. 남녀노소는 물론 자신의 동년배 아이들까지 시위 행렬에 참여하는 것을 보고 하타다는 큰 충격을 받았다. 훗날 자신이 한국사를 연구하게 된 것은 어린 시절을 한국(마산)에서 보낸 경험 때문이라 했다.

1994년 6월 30일 저녁에 그가 타계했을 때, 국내 각 언론에서 그의 죽음을 알렸고 추도문을 게재했다. 우리나라에서는 '일본의 양심'으로, 일본에서는 '배신자'로까지 불리며 자국의 역사 왜곡에 저항했던 양심적인 지식인이었다. 이를 기려 세상을 뜬 뒤 우리 정부에서 문화훈장을 추서했다. 일본인으로는 세 번째였다.

하지만 이 모든 일들은 먼 훗날의 이야기이다. 순종이 순행할 때에 하타다는 자기 집 다다미방에 누워 칭얼대던 두 살배기였다.

학교를 지나니 곧이어 직진으로 뻗은 길과 왼쪽 10시 방향(3·15대로)의 두 길이 나왔다. 순행로는 경정(京町, 지금의 두월동 통술거리)으로 들어가는 직진 길이었다. 거리에 들어서자마자 '韓帝陛下御南巡歡迎大松門(한제폐하어남순환영대송문)'이라 크게 써 붙인 환영문이 왕의 순행을 맞았다. 옆에는 큰 태극기가 걸려 있었다. 환영문이 선 위치는 완월교(지금의 깡통집 앞)였고 다리 아래로는 신월천이 흐르고 있었다.

1899년 개항 때 약조한 '조계장정'에는 이곳 신월천까지가 조계지였다. 하지만 그 약속은 처음부터 지켜지지 않았다. 약속을 지키라고 말할 힘도 없었다. 일본인들은 조계지에 들어오면서부터 마산포가 있는 북쪽으로 밀고 나왔다. 순종이 도착한 마산역도 조계지의 한참 밖에 지은 것

ㅣ 경찰서 앞의 행렬. 1909년 1월 10일 오전 11시 반 경.
지금의 문화동 주민센터 앞. 멀리 신월산과 대곡산에 내린 흰 눈이 보인다.

이었다.

어가행렬이 환영문 밑을 지났다. 경정거리는 일본인들의 상업 중심지였고 유흥가였다. 거리 입구에는 마치 그들의 영역을 표시라도 하듯 대형 일장기를 X자로 세워 놓기도 했다. 낯선 간판을 단 일본식 목조 건물들이 줄을 지어 서 있었다. 식당과 주점·판매·숙박·유흥 등 돈이 오가는 온갖 것들이 모여 있었고 땅값도 조계지에서 제일 높았다. '마산의 긴자(銀座은좌)'라 불렸던 거리(지금의 두월동 1, 2가)였다.

경정의 번화가를 지나자 다시 하천이 나왔다. 벚나무와 맑은 물로 유명한 창원천이었다. 이곳 경교(京橋, 지금의 월남교)에도 환영문이 똑같이 서 있었다. 경정 2가와 3가를 잇는 경교는 중후한 다리였다. 난간 양 끝에 묵직한 석재 동자기둥이 서 있었고 그 사이에 X자로 맞춘 네 칸의 굵직한 목재 난간이 박혀 있었다. 창원천변에는 1906년에 세운 적문(赤門)장유양조장(지금의 평화아파트)이 있었고, 그 안쪽에 2층으로 갓 지은 가부키(歌舞伎)극장 환서좌(丸西座)가 먼발치에서도 보였다.

다리를 건너 오른쪽으로 서너 블록 지나면 행재소로 이용될 마산이사청(지금의 경남대 평생교육원)이었다. 전후좌우에 일본식 건물들이 즐비했다. 경찰서(지금의 문화동 주민센터) 앞을 지날 때 어가행렬이 잠시 멈춰섰다. 뒤편 신월산과 대곡산에 내린 겨울눈이 길에서도 훤히 보였다. 경찰서 바로 옆은 개항 후 조계지 행정사무를 담당했던 신동공사(紳董公司, 지금의 소공원)였다. 두 건물 모두 단층으로 지은 일본식 목조 건물이었지만 경찰서 건물은 유독 높았다. 아담하게 지은 신동공사의 잘 가꾸어진 정원수(현존)들이 눈길을 끌었다.

순종을 태운 어가행렬이 마산이사청에 도착한 건 오전 11시 50분이었다. 이곳 정문에도 환영문이 세워져 있었다. 이사청은 서울을 비롯한 전국 10개 지역에 세운 지방통치기관(지금의 시청)이었다. 책임자의 직책은 이사관이었고 일본인이 맡았다. 마산이사청이 앉은 땅은 대정(臺町)1-1번지(지금의 마산합포구 대내동 1-1번지)였다. 도시 위계상 가장 중심 공간이라는 의미였다.

이사청 왼편(지금의 월포초등학교)에는 러시아영사관으로 사용됐던 목조 2층 건물이 서 있었다. 전면에 아케이드형 발코니가 있는 건물이었다. 한때는 일본영사관과 경쟁하듯 나란히 서서 위용을 과시했지만 이미 러시아는 패전국이어서 건물도 힘을 잃은 뒤였다.

순종의 행재소로 사용된 마산이사청은 지은 지 두 달밖에 안 된 새 건물이었다. 신마산 시가지와 그 너머 마산 앞바다까지 잘 내려다보이는 터에 앉아 있었다. 원래 이 자리에는 개항 직후인 1900년 목조 2층으로 지은 일본영사관이 있었지만 헐고 다시 지은 것이었다.

새로 지은 이사청도 목조 2층의 서양식 건물로 일식 기와를 얹은 단정한 집이었다. 수평으로 붙인 목조 벽과 정연하게 배열된 수직 창이 잘 어울렸다. 1936년까지 마산부청으로 사용됐고 해방 후에는 창원군 청사로도 사용되다 오래전에 헐렸다. 헐린 건물을 기억할 만큼 나이가 든 표식은 마당 가운데 서 있는 은행나무다.

행재소에 도착한 왕은 마산 지역의 일본 육해군, 행정부, 사법부, 경찰 등을 대표하는 공직자들과 러시아 영사대리의 알현을 받았다. 모두 70여 명이었는데 그중 한국인은 마산재판소 판사 김종건 한 명뿐이었다.

| 고종의 마산 순행에 봉영한 학교와 학생 수에 대한 일본 측의 보고서, 1909.

| 순종 순행 장면, 1909년 1월 9일.

첫째 날 오후 1909년 1월 10일

오후 2시, 왕은 한국인들을 소견(召見, 윗사람이 아랫사람을 불러서 만나봄)하기 위해 창원부청(조선 시대의 마산창, 지금의 SC제일은행 일대)이 있는 마산포로 이동했다. 길 폭이 좁아 임시로 준비한 인력거를 이용했다. 통감 이토를 비롯해 총리대신 이완용과 각료들, 그리고 무관과 수행원 들이 따랐다.

마산역까지는 왔던 길을 되돌아갔다. 역 광장을 지나자 세 갈래 길이 나왔다. 임시로 만든 좁다란 직진 길과 좌회전 길(지금의 마산여고로 가는 길, 중앙남8길), 그리고 그 사이 45° 방향으로 난 길(지금의 중앙남3길)이었다. 그중 장군교로 가는 45° 방향 길이 순행로였다. 이 길은 1906년에 뚫은 신설도로였다.

왕의 행렬이 장군교를 건넜다. 왼편으로 경사진 터 전부가 다나카 유즈루(田中遜전중손) 소유의 월포원(月浦園)이었다. 그는 메이지 정부의 권력자였던 다나카 미즈아키(田中光顯전중광현)의 양자였다. 1906년 양부 미즈아키가 한황실위문대사(韓皇室慰問大使)로 내한했을 때, 통감 이토와 장군천 상류의 철도 용지를 조림지로 임차 계약해 유즈루에게 줬다. 35만 평에 임차 기간 100년, 월포원은 바로 그 땅이었다.

장군교까지는 일본인들이 놓은 직선 신작로였지만 다리를 넘으면 구부렁한 옛길 그대로였다. 마산포에서 진주로 연결되는 길이어서 '진주가도'라 불렀다. 지금의 도립의료원 신관과 주차장 사이의 길이다. 밀양부에서 나온 길이 창원을 거쳐 마산포·진동·양촌을 지나 진주로 이어졌던 길, 수백 년 아니 수천 년 전에 생겼을지도 모르는 길이었다.

왕이 마산포에 온다는 소문이 나자 원근 각지에서 나라님을 보기 위해 사람들이 모여들었다. 인파의 혼잡을 피하기 위해 마산포 입구부터는 관민이 열을 지어서 왕의 행렬을 맞았다.

마산포 입구에는 '西城里數百年之飮井(서성리수백년지음정)'이라 표시된 우물 고려정이 있었다. 광대바위샘이라고도 불렀다. 후에 일본인들이 몽고정이라 고쳐 불렀고 그 이름이 지금까지 왔다. 우물 옆에는 '천하대장군'과 '지하여장군'이라고 새긴 장승들이 서 있었다. 이곳이 마산포 입구라는 표식이었다.

지금의 우물과는 사뭇 다를 때였다. 초가들과 연이어 붙은 동네 우물이었다. 나지막한 돌담이 오목하게 우물터를 감싸고 있었다. 이 우물은 1923년 경남선 철도가 나면서 없어지고 인접하여 다시 판 것이 지금의 몽고정이다.

| 마산포 전경, 1910.
왼쪽 중간쯤 바닷물이 산 너머로 연결되는 듯한 지점이 지금의 봉암다리가 놓인 곳이다.

우물 앞에는 1905년 개통한 철도가 지나고 있었다. 왕의 행렬은 철도를 건넜다. 여기서부터는 마산포, 길은 약간 내리막이었고 폭이 좁았다. 주거지로 들어서니 인가가 조밀했고 시장 통에는 초가 점포들이 다닥다닥 붙어 있었다. 신마산에 비해 길이 좁았고 지붕도 낮았다.

행렬이 마산창에 도착한 것은 오후 2시 30분경이었다. 조세가 현물에서 금납으로 바뀐 지(1895)도 오래되어서 당시 마산창 건물은 창원부청으로 사용되고 있었다. 순종은 관리들이 준비해 둔 지방 특산물을 관람한 후 관찰사 황철을 비롯한 지방공직자와 노인·효자·열녀의 인사를 받았다. 나라를 걱정하며 학교를 세운 이도 있었고, 일제의 침탈에 저항한 객주들도 있었고, 자주적인 세상을 꿈꾸며 민의소를 세운 선각들도 있었지만 왕은 이들 중 어느 한 사람도 만나지 않았다. 오직 체제를 지켜주는 공직자와 체제에 순응하는 백성들의 인사만 받았다.

마산창은 150년 전, 영조 36년(1760)에 축조한 경상도 좌조창이었다. 순종이 머물렀던 유정당은 조정에서 세곡미 호송관으로 내려온 조운어사가 머물렀던 건물이었다. 마산창은 1천 석을 실을 수 있는 조선(漕船) 스무 척이 준비된 조창이었다. 이곳에서 창원·함안·칠원·진해·거제·웅천 및 의령 동북면과 고성 동남면 등 여덟 읍의 세곡을 모아들여 경창으로 보냈다. 세곡미를 실은 조운선이 마산창을 떠날 때는 풍악을 울리고 술을 올렸으며 대포를 쏘아 장도를 기원하는 제를 지냈다.

이곳 마산창에서 출발한 조운선은 거제 견내량과 노량해협을 지나 여수·고흥 앞바다를 거쳐 진도 울돌목(명량)을 통과한 뒤 북으로 전라도·충청도·경기도 연해안을 따라 한강 마포의 경창에 이르렀다.

언젠가 곤룡포를 입고 익선관을 쓴 영조의 어진을 본 적이 있는 순종이었다. 역경을 딛고 군주로서의 위상을 확립했으며 탕평으로 정국을 안정시켰던 할아버지였다. 치세기에 밀어 닥친 사회경제적 변화에 잘 대응하여 나라의 부흥기를 마련했던 대왕이었다. 할아버지 영조가 세운 마산창에 앉은 마지막 왕 순종은 옛 영화를 생각하며 자신의 초라한 모습에 비통해 했을지도 모를 일이다.

왕은 일곱 칸 유정당 대청에 높게 앉아 말로만 들었던 마산포 바다를 내다봤다. 조창 경내에는 유정당을 중심으로 동서쪽에 각각 별당·서고·익랑까지 모두 8동 53칸 건물들이 도열하듯 ㄷ자로 앉아 있었다.

정면 바닷가 쪽으로 난 대문 너머는 탁 트인 넓은 공터였다. 세곡을 모으고 저장하고 싣는 일을 하는 작업장이었다. 조운선이 떠날 때 제를 올리는 곳이기도 했다. 공터 너머 서굴강(지금의 남성동 우체국 일대)에는 크고 작은 배들이 정박해 있었다. 높이 솟은 굵은 돛대들이 촘촘했다. 돛을 달고 움직이는 범선도 눈에 띄었다.

순종의 시선을 유난히 끈 것은 굴강 너머 방축 위에 숲을 이룬 포구나무(팽나무)였다. 뱃일하는 사람들의 땀을 식혀주기 위해 방축 공사 때 심은 나무들이었다. 겨울이라 잎은 없었지만 머리카락이 엉킨 듯 뒤섞인 검은 가지들이 숲을 이루고 있었다. 가지들 사이로 겨울 오후의 햇살을 받은 은빛 바다가 반짝였고 멀리 있는 섬들도 한눈에 들어왔다.

왕은 준비해 둔 일정이 모두 끝나자 마산창을 나섰다. 나라님을 보기 위해 모였던 인파들이 돌아가는 왕의 행렬에 머리를 조아리며 예를 올렸다.

그날 밤 행재소에서는 일본 함대 군악대의 순행 환영 연주가 있었다. 바다에서는 입항한 군함들이 전등을 훤히 켜서 해면을 낮과 같이 밝게 비췄다. 돝섬 꼭대기에서는 불꽃이 올랐고 섬 주위로는 불을 밝힌 양국 어선들이 원을 그리며 운행했다. 군함에서는 탐해등을 켜고 끄기를 반복해 레이저쇼를 방불케 했다.

시내에서는 한일 양국의 민간인 수천 명이 등불행진을 했다. 음악대를 앞세운 등불행진단은 행재소 앞에 이르러 만세를 불렀다. 그러자 순종이 직접 문을 열고 나와 축하 인사를 받았다. 높아진 만세 소리가 신마산 일대에 울려 퍼졌다.

같은 시간, 창원부윤과 일본거류민단장이 준비한 환영 연회가 열리고 있었다. 장소는 마산 최고의 요정 망월루(望月樓, 지금의 더헤라우스아파트 일대)였고, 참석자는 이토를 비롯한 고관들과 마산 지역 민관 100여

명이었다. 거류민단장 마에다 에이치(前田榮一전전영일)와 민의소 부의장 손덕우가 환영 인사말을 했고 이토가 답사를 했다.

이토를 중앙상석에 앉히고 열린 연회장 망월루는 한일병합 이전에 신축 개업한 일본 요정이었다. 마산 최초의 목조 3층 건물이었다. 병합 전이었으니 매우 이른 시기에 지은 집이었다. 특실은 화려한 서양풍이었고 목욕탕에는 화장대까지 갖추고 있었다. 지붕기와에까지 '望月(망월)'이라는 글자를 새겨 넣어 섬세한 디테일로도 세간의 이목을 끌었다.

외부는 기둥이 노출된 발코니형이어서 난간에 나와 바깥 경치를 조망할 수 있었다. 이를 두고 "망월의 난간에 서면 마산의 달을 삼킬 듯하다"고 쓴 이도 있었다. 난간에 앉거나 서서 무언가를 하고 있는 망월루 기생들이 큰길에서도 보여 눈길을 더 끌었다.

그뿐 아니었다. 밤이 되면 동경에서 들여온 50개의 아세틸렌 등이 건물 외부 난간을 비추었다. 흔들거리는 아세틸렌등의 백색 불빛과 기루에서 흘러나오는 샤미센(三味線삼미센) 소리가 파락호들의 정조(情調)를 녹였다. 마산뿐 아니라 전국적으로도 유명했던 요정이었다. 망월루 기생들의 잘 다듬어진 몸가짐과 몸매를 일러 '망월스타일'이라 부르기도 했다.

그날 망월루의 밤은 이 땅의 실질적인 지배자인 이토 통감을 위한 자리였다. 자신의 수족인 일본 공직자와 입에 혀 같은 마산 유지들을 불러다 일본 기녀들을 끼고 취기를 나눈 밤이었다.

이토의 숙소는 마산이사관의 관사(지금의 마산종합사회복지관)였다. 관사 정문에도 환영문이 있었다. 완월교, 경교 그리고 이사청과 이사관사, 이들이 지나는 주요 지점마다 환영문을 세운 것이었다.

| 마산이사청.

　이사청 바로 뒤 전망 좋은 언덕에 앉은 관사는 단층 기와지붕의 일식 건물이었다. 큰길에서 진입하는 정문 외에 이사청과 연결되는 계단 길이 별도로 있었다. 호주가였던 이토 통감이 한밤중 도오코(銅壺동호)에다 술을 데워 마시다가 이사관 부인에게 들켜 무안을 당했다는 이야기가 남아 있는 집이었다.

　그날 밤 행재소로 사용된 이사청과 이토의 숙소였던 관사 근방에는 경비가 삼엄했다. 정사복 경관은 물론 일본 군대와 헌병이 삼중사중의 경계망을 펴 누구도 얼씬 못하게 했다. 왕의 경호도 고려했겠지만 이토의 신변에 일어날 만약의 사태를 우려했을 터였다.

　한편, 마산 앞바다에 들어와 있는 일본 군함이 밤에 순종을 납치해

간다는 말이 떠돌았다. 이 때문에 일부 부민들과 학생들은 순종의 숙소 주위를 일본 경찰과 다른 목적으로 지켰다. 갓 개교한 창신학교 학생들은 이사청 뒤편 언덕 위에 모여 밤을 밝히기까지 했다.

둘째 날 1909년 1월 11일

다음 날인 11일 12시 10분, 왕의 일행은 일본 군함을 순시하기 위해 행재소에서 나와 세관으로 내려갔다. 동쪽으로 뻗은 내리막길(지금의 문화남11길)이었다. 만날고개를 넘어 함안으로 오간 길이라 개항 초기에는 '함안신정(咸安新町)'이라 부르기도 했다.

100여m 내려가니 왼편에 청주 공장 서전(西田)주조장(지금의 신동아빌라, 1960년대에 유명했던 백광양조장)이 보였다. 상표가 '계림(鷄林)'이었던 이 주조장은 순행 2년 전에 세운 공장이었다. 당시에는 규모가 그리 크지는 않았다.

길 맨 아래 남쪽 모퉁이(지금의 상신그린빌과 붉은 벽돌주택 6동 일대)에는 1902년 신축한 마산우편국이 자리 잡고 있었다. 1899년 11월 마산창 건물에서 시작했다가 이곳으로 왔다. 정면 큰길 쪽에 육각으로 다듬은 화강석 석축을 너덧 단 쌓고 그 위에 잔디 경사면까지 둔 높은 터였다. 건물은 단층의 우진각 기와지붕이었고 외벽은 목재 비늘판이었다. 그 일대의 건물 중 규모가 가장 큰 공공시설이었다.

목적지였던 세관은 우편국 건너편(지금의 영생아파트)이었다. 개항 때

| 마산우편국, 1902.

해관으로 시작했으나 1908년부터 세관으로 바꾸어 불렀다. 승선은 세관
마당 끝에 설치된 잔교를 이용했다. 세관과 잔교는 개항(1899)되자마자
만든 시설로 조계지 출입국 절차를 관리한 곳이었다. 오사카—인천 간의
기항 뱃머리이기도 했다. 순종이 왔을 즈음에는 월 1~3회 기항했고 부정
기선도 출입하고 있었다. 쌀과 콩 등 농산물과 한우·우피·수산물·광석
등이 이 부두를 통해 나갔고, 일본의 건축 자재와 설탕·술·성냥·담배 등
소비 제품들이 이 부두를 통해 들어왔다.

　　왕의 관함식을 구경하기 위해 의관을 갖추고 부둣가로 나온 향리
와 유지 들이 적지 않았다. 난생처음 보는 관함식이었다. 경이롭고 두려
운 눈으로 일본 군함에 오르는 왕을 지켜봤다. 관함식을 하기 위해 순종

| 관함식, 1909년 1월 11일 오후.
생전 처음 보는 나라님의 관함식이라 의관을 갖춘 마산 지역의 유지와 향리 들이 구경 나와 서 있다.

이 오른 일본 군함은 제1함대 기함 향취(香取)호였다. 1907년 10월, 가스라·태프트 밀약의 가스라 다로(桂太郞계태랑)와 러일전쟁의 일본 영웅 도고 헤이하치로(東鄕平八郞동향평팔랑)가 일본 왕족을 태우고 마산만에 왔을 때 탔던 군함이었다.

관함식은 왕과 이토 통감을 비롯한 고관들이 잘 훈련된 일본 해군들의 훈련 광경을 지켜보는 것이었다. 수뢰정 내리는 법, 함포 발사법, 함대 훈련 등 신식 무기와 장비들을 능숙히 다루는 실연이 함상에서 전개됐다.

관함식 후 왕은 일행과 함께 향취호 선상에서 오찬을 나누었다. 오

찬 중 제1함대 사령관이 샴페인을 들어 왕의 건강을 기원했고, 한일 양국의 음악이 흘러나왔다. 이 자리에서 이토 통감은 "순종 황제의 신임을 한층 더 받기 위해 보필의 책무를 다하겠다"는 인사말을 했다. 이에 순종은 "앞으로도 통감을 신뢰할 것이다. 나라를 위해 최선을 다해주기 바란다. 여러 대신들도 이 부분에 대해서 양해하라"고 답했다.

　　말은 돌려서 했지만 사실상 모든 권력이 이토에게 넘어갔다는 의미였다. 사실이 그랬다. 이미 마산에도 식민 지배를 위한 경찰서·검사국·재판소·형무소가 들어섰고 육군 중포병대대와 헌병대까지 들어올 준비를 하고 있을 때였다.

일본 군함의 갑판에서 그들 해군의 훈련 모습을 지켜보며 순종은 무슨 생각을 했을까? 자신이 격려한 일본군이 진정 당신의 나라를 돕기 위한 군대라고 믿었을까? 아니면 일제의 마수가 대도시뿐 아니라 마산 같은 지방 도시까지도 깊숙이 미치고 있는 현실을 보고 통탄했을까? 왕이 이토와 향취호 함상에서 파티를 연 그 바다, 지금은 매립이 되어 도시 한복판이 되어 있을 그 바다의 위치는 어디쯤일까?

마지막 날 1909년 1월 12일

마지막 날인 12일 화요일 오전 8시, 왕은 마산역으로 향했다. 옥차가 출발하기 직전 마산이사관과 일본 해군 제독들의 인사를 받았다. 일본 해군 제1, 2함대에서 예포 6발을 발사했고, 열차 내에서는 군악대의 연주 소리가 넘쳤다.

특별궁정열차가 마산역을 출발한 것은 오전 8시 40분이었다. 연도의 관민은 각 역과 철로 부근에서 만세를 외치며 왕의 순행을 봉송했다.

마지막 왕의 마산 순행은 이렇게 끝났다. 백 년이 더 된 일이다. 그렇게 떠들썩했던 순행이었는데 그 흔적은 이 도시 어디에도 없다. 흔한 돌비석과 안내판 한 조각도 없다. 펴 보지도 않는 사초(史草) 어느 한 모퉁이에 짧은 글로만 남아 있을 뿐이다.

| 마산역, 1905.

| 망월루.

옥차가 도착한 **마산역**(지금의 마산합포구 월포동 월포벽산블루밍아파트)의 역사(驛舍)는 평범한 건물이었다. 단순한 직사각형 구조에 벽에는 목재 비늘판을 붙였고 지붕은 일식 기와를 얹은 단층 건물이었다.

"망월의 난간에 서면 마산의 달을 삼킬 듯하다"고 쓴 이도 있었다. 난간에 앉거나 서서 무언가를 하고 있는 망월루 기생들이 큰길에서도 보여 눈길을 더 끌었다.

| 두월동거리. 1910년대.

'**마산의 긴자**(銀座은좌)'라 불렸던 거리(지금의 두월동 1, 2가)였다.

| 매립 전 서굴강 지도, 1912.

공터 너머 **서굴강**(지금의 남성동 우체국 일대)에는 크고 작은 배들이 정박해 있었다. 높이 솟은 굵은 돛대들이 촘촘했다. 돛을 달고 움직이는 범선도 눈에 띄었다.

"마지막 왕의 마산 순행" 순종, 1874~1926.

순종의 순행길

마산역 ▷ 마산심상고등소학교 ▷ 경교 ▷ 마산이사청 ▷ 장군교 ▷ 월포원 ▷ 몽고정 ▷ 창원부청 ▷ 망월루 ▷ 마산이사관사 ▷ 세관 ▷ 마산역

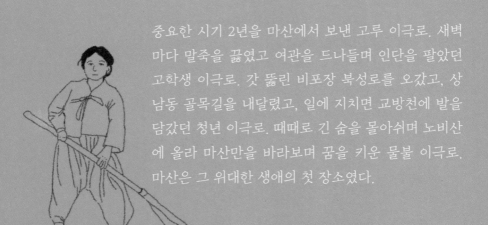

중요한 시기 2년을 마산에서 보낸 고루 이극로. 새벽마다 말죽을 끓였고 여관을 드나들며 인단을 팔았던 고학생 이극로. 갓 뚫린 비포장 북성로를 오갔고, 상남동 골목길을 내달렸고, 일에 지치면 교방천에 발을 담갔던 청년 이극로. 때때로 긴 숨을 몰아쉬며 노비산에 올라 마산만을 바라보며 꿈을 키운 물불 이극로. 마산은 그 위대한 생애의 첫 장소였다.

한글학자 이극로

 관동대지진 때의 한국인 학살은 일본 정부가 날조한 유언비어 때문이었다. 얼마나 죽었는지 아직. 그 수를 정확히 모른다. 적게는 수천 명, 많게는 수만 명이라는 주장이 있다. 이 통탄할 사건에 분노해 재독 한인들이 일제의 만행을 폭로하고 규탄했다. 1923년, 지진이 난 그해였다.

 규탄 집회는 베를린 유학생 이극로(李克魯, 1893~1978)가 주도했다. 이극로는 「한국에 대한 일본의 폭압통치」라는 선언문에서 일본의 한반도 식민화 과정과 학살의 참상을 폭로했다. 그리고 "우리의 힘든 투쟁을 돕고 지지할 모든 사람들에게 고한다"고 호소했다. 독일어와 영어와 한

| 이극로 관련 자료 원본들

왼쪽에서부터 『일본 제국주의에 대항한 한국의 독립투쟁』, 1927, 『한국의 독립운동과 일본의
침략정책』, 1924, 재독한인대회에서 배포된 「한국에 대한 일본의 폭압통치」 선언문, 1923.

문으로 썼고, 뒷장에 'Kolu Li'라고 자신의 호 '고루'를 또렷이 서명했다.
'고루'는 '고루 펼친다 또는 골고루'라는 뜻이다.

이극로는 대지진 다음 해인 1924년 『한국의 독립운동과 일본의 침략
정책』을, 1927년에는 『일본제국주의에 대항한 한국의 독립투쟁』을 자비
로 출간해 유럽의 주요 도서관에 배포했다. 일제의 죄악을 고발하고 우
리의 임시정부와 의열단 투쟁 등 한민족의 독립운동을 소개한 책이었다.
독일어로 된 30여 쪽의 얇은 책자이지만 혼자였던 이극로의 피와 땀이
이루어낸 결실이었다. 그것은 총으로 싸울 수 없었던 유학생이 혈혈단신
으로 벌인 독립운동이었다.

항일독립운동과 한글의 발전, 특히 한글의 과학적 해명에 남긴 고루

이극로의 발자취는 넓고도 깊다. 마산은 이 위대한 독립운동가이자 한글 학자의 결정적 장소였다. 그는 십대 후반 창신학교의 이름만 듣고 이 도시에 와서 2년 동안 평생의 기초를 닦았다. 민족을 위한 그의 장정은 마산에서 시작됐다.

창신학교

의령군 지정면 두곡리에 살던 열여덟 살의 이극로가 낯선 도시 마산에 도착한 것은 1910년 5월 중순이었다. 나라가 망한 그해 봄이었다. 두곡리는 남북으로 놓인 산과 산 사이에 앉은 길쭉한 산촌이었고 낙동강이 가까웠다. 이극로의 아명은 계찬(啓贊)이었고 세 살 때 어머니를 여읜 5남 3녀의 막내아들이었다. 아버지는 동네의원 일을 봤다.

살림이 빠듯해서 이극로의 유년도 여느 시골 아이들과 다르지 않았다. 풀 베고 나무하고 농사일 거들며 소년기를 보냈고 사이사이 글을 익혔다. 소년 이극로는 반복된 농촌 일상 속에서도 자신을 성찰하며 내면의 자아를 키웠다. 마을에서 공동 구독한 매일신보의 영향이 컸다. 그는 이런 자의식으로 열여덟이 되던 1910년 정월 대보름날에 서울 가는 노정기(路程記)만 들고 아무도 모르게 집을 떠났다. 하지만 바로 다음 날 맏형에게 붙들려 되돌아오고 말았다.

3개월이 지난 5월 중순, 이번에는 '남으로 육십 리 길 마산'으로 가기 위해 새벽에 단봇짐을 쌌다. 당일 마산에 도착한 이극로는 고향 사람들의 지정(指定) 여관에 짐을 풀었다. 그리고 다음 날 길게 땋은 머리칼을 자르고 사립창신학교에 입학했다.

10여 일 뒤, 맏형 상로가 고향 사람들로부터 마산에서 극로를 봤다는 말을 들었다. 상로는 급히 마산으로 내려갔으나 극로는 이미 머리를 깎은 몰골이었다. 상로는 기가 막혔으나 할 수 없이 "다시는 머리를 깎지 말고, 길러서 땋아가지고 집으로 돌아오라"는 말만 남기고 되돌아갔다. 며칠 후에는 아버지가 창신학교로 왔다. 빡빡 깎은 머리로 절을 하는 막내아들을 보며 아버지는 눈물을 흘렸다. 형과 마찬가지로 "머리를 길러서 고향으로 오라"는 당부를 하고 떠났다.

그러나 이극로는 여름방학 때 빡빡히 깎은 머리로 집에 갔고 아버지와 형들도 그의 고집을 꺾을 수 없었다. 결국 가세가 시원찮을 뿐더러 깎은 머리가 길 때까지만 학비를 도와주겠다고 약속했던 부형(父兄)이라 다시는 극로를 돌아보지 않았다. 집안과의 관계는 여기서 끝났고 혼자가 된 이극로의 고달픈 삶이 시작됐다.

이극로가 왔을 때 마산에는 두 도시가 있었다. 마산창으로부터 시작된 전통도시 '마산포'와 개항 후 일본인 천지가 되어버린 '신마산'이었다. 역사도, 사람도, 성격도 다른 두 도시가 2㎞ 거리를 두고 상존했다. 당시 마산의 인구는 1만7천여 명, 그중 일본인이 6천여 명이었다. 한국인 중 일본어를 아는 사람은 남자 100여 명 남짓이었다.

가출한 이극로가 마산에 왔을 때, 한국인이 다닐 수 있었던 학교는 성호리 보통학교(지금의 성호초등학교), 상남리 창신학교, 어시장의 노동야학 세 곳이었다. 하지만 이극로는 고향을 떠날 때부터 창신을 자신의

| 성호초등학교, 1935.
일제는 전교생의 조회 장면을 엽서로 만들어 식민지 정신 교육 자료로 활용했다.

학교로 정해 놓고 있었다. 민족색이 짙었던 창신의 교풍에 끌렸던 것이다. 의신여학교로 분리(1913)되기 전이어서 이극로가 다녔을 때 창신학교는 남녀공학이었다.

창신학교는 마산포교회(지금의 문창교회)가 세운 학교였다. 1906년 독서숙(讀書塾, 공부방)으로 시작했다가 2년 뒤(1908) 창신이라는 이름으로 개교했다. 초대 교장은 마산포교회 앤드류 애덤슨(Andrew Adamson, 호주 선교사, 한국명 손안로) 목사가 직접 맡았다. 4년제였던 창신학교는 민족 자주 정신을 바탕으로 한 근대 교육의 장이었으며 서양 근대 문물의 유입 통로였다. 음악회·체육대회·극단·소풍 등 처음 보는 행사들이 창신학교를 통해 마산으로 들어왔다. 망해가는 나라에서 민족 자주 교육을 내건 학교였다. 언제나 일제와는 대척점에 서 있었고 그것이 옳다 믿는 학생들이 창신학교로 모여들었다.

창신학교의 위치는 상남리 87번지로 지금의 제일문창교회 자리였다. 마산포교회 내에 있었다가 이극로가 입학하기 직전에 새 교사를 지었다. 교회의 지원과 지역민들의 성금으로 지은 건물이었다.

56평의 교사에는 30명이 수업할 수 있는 교실 서너 칸과 교무실이 있었다. 골함석 합각지붕에 널판자로 외벽을 붙인 목조 단층 건물이었다. 기와를 얹은 전통건축과는 외형이 사뭇 달랐다. 박공처마가 달린 출입구를 중심으로 좌우에 수직형 오르내리창이 간결하게 배열된 근대식 건물이었다.

학교의 북동쪽으로 이어진 노비산 일대는 모두 울창한 숲이었다. 동쪽 숲 속에는 단옷날 아녀자들이 그네를 뛰는 곳도 있었다. 산허리쯤에

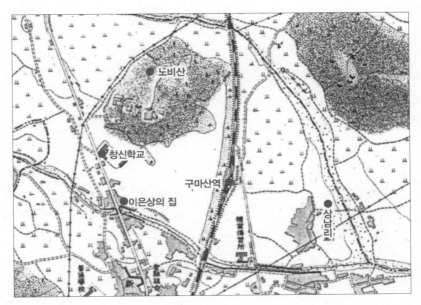

| 당시 상남리와 노비산 지도

1917년 조선총독부가 발행한 1/10,000 마산 지도를 글자만 보완했다. 근대식 측량법으로 제작된 최초의 마산 지도이다.

는 애덤슨 교장의 갓 지은 서양식 주택이 자리하고 있었다. 학생들의 교복은 10월부터 5월까지는 흑색을, 6월부터 9월까지는 옥색을 입었고, 모자는 검정색이었다. 1911년 말 학생 수는 남학생이 83명, 여학생이 24명이었고, 남자 교사 6명이 있었다.

이극로가 창신학교에 입학했을 즈음, 국학자이자 독립운동가였던 이십대 중반의 자산 안확(安廓, 1886~1946)이 교사로 왔다. 노산의 부친 이승규가 초빙했다. 안확은 회원리(지금의 회원동) 526번지 이승규가 소유한 주택에 거주했다.

창신학교에서 안확에게 배웠던 이은상의 회고에 의하면 선생은 수업을 시작하기 전에 "대한제국 만세"를 외쳤고 "너희들은 대한제국의 국민이다"면서 학생들 가슴에 불을 질렀다고 한다. 학생 이극로도 안확에게 우리 역사와 우리말을 배웠다.

추산정과 서원곡

집안에서 아무런 지원을 받지 못한 이극로는 상남리에 있는 마방(馬房, 마구간을 갖춘 주막집)의 말죽 끓이는 일을 했다. 거리와 여관으로 다니며 인단 장사도 했다. 당시 마산에는 총 33개의 여관이 있었는데 그중 3개가 마산포에 있었다. 운영자는 모두 일본인이었다.

이극로는 자신이 할 수 있는 일이라면 어떤 일도 마다않고 학비를 벌었다. 한의원이었던 노산 이은상의 부친 이승규의 도움도 많이 받았다. 식객으로 있었다는 이야기도 있다. 새벽에는 마방에서 말죽을 끓이고, 낮에는 학교에 나가고, 밤이 되면 이 거리 저 여관으로 다니며 인단을 팔아야 했던 이극로. 한 시도 쉴 틈이 없는 마산 생활 2년이었다. 그렇지만 때때로 운동을 겸한 산책으로 지친 몸을 추슬렀다.

상남리 집에서 건너보이는 추산 자락에도 더러 올랐다. 그곳에는 식민지 시대 민족혼을 일깨웠던 추산정(지금의 시립추산어린이집 앞, 추산동 41-6번지 일대)이 있었다. 상남리에서 600여m밖에 되지 않았다. 지은 지

| 조선어학회 시절 이극로 가족 사진(가운데 김공순 여사와 이극로 박사)
 이극로 박사 앞에 양복을 입은 이가 큰아들 이억세, 그 옆에는 둘째아들 이대세. 부부 사이 머리
를 깎은 학생은 집안 손자뻘 되는 이종무, 이극로 박사 기념사업 추진위원회.

200~300년 되는 추산정은 주위에 고목이 무성했고, 대청에 서면 마산
만이 훤히 내다보였다. 공기 좋고 경치도 좋아 여름에는 피서객들이 모였
고, 봄가을에는 시회(詩會)장과 활터로도 사용됐다.

　추산정은 마산 사람들의 혼이 담긴 장소였다. 이극로가 마산을 떠난
2년 뒤인 1914년 5월 17일, 이곳에서 창신학교 개교 기념집회가 열렸다.

마산 최초의 시국강연회였다. 강사로 나선 안확 선생은 추산정 대청에서 "빼앗긴 국권을 되찾아야 한다"고 설파했다. 마산의 3·1운동도 추산정에서 시작됐다. 3월 3일 고종 인산 망곡제를 이곳에서 지냈고, 3월 10일에도 독립선언서를 낭독하고 만세시위를 벌였다. 12일에는 창신 학생들이 별도의 망곡회를 열면서 시위를 벌였다.

이런 일들이 일어나기 전이었지만 추산정 대청마루에 올라 마산 바다를 내다봤을 이극로, 주련을 내리읽으며 나라와 민족의 장래를 걱정했을 것이다.

추산 북쪽 자락에 있는 교방천을 따라 서원곡에도 자주 올랐다. 지금이야 조악한 직강 콘크리트 하천이지만 그때는 달랐다. 자연 천변에 초가들이 엉기성기 엮어 붙어 마을 정경이 아늑했던 시절이었다.

천변을 따라 1㎞쯤 오르면 관해정(觀海亭)이었다. 바다가 보인다고 이름 붙인 정자이다. 한강(寒岡) 정구(鄭逑, 1543~1620) 선생이 초당을 지어 강론한 곳에 제자들이 스승을 기리며 세웠다. 후에 창원 사림에서 이곳에 회원서원을 세웠는데, 이때부터 이 부근 계곡을 '서원곡'이라 불렀다. 하지만 서원은 이극로가 오기 40여 년 전에 대원군에 의해 철폐됐고 관해정만 남아 있었다. 지금도 서 있는 정자 앞의 늙은 은행나무는 정구 선생이 직접 심은 나무이다.

산책 나온 이극로는 고운 최치원이 유상곡수(流觴曲水, 삼월 삼짇날에 흐르는 물에 잔을 띄워 그 잔이 자기 앞에 오기 전에 시를 짓는 놀이)를 했다는 정자 앞 너럭바위에 걸터앉았을 것이고, 한강이 심은 은행나무의 굵은 몸통도 어루만졌을 터이다.

상남리와 노비산

이극로가 머물렀던 상남리는 마산포의 북동쪽 외곽마을이었다. 무학산에서 마산만으로 흘러내리는 교방천과 회원천이 합수되는 지점 안쪽이었다. 당시에는 인가가 많이 없었고 대부분 논밭이었다. 상남리의 전 호수는 모두 100여 호, 인구는 500여 명을 상회하는 정도였다. 지금의 상남초등학교 아래에 취락(聚落)이 조금 있었을 뿐 이극로가 자주 왕래했던 노산의 집(옛 북마산파출소 위치) 인근에는 집들이 그다지 많지 않았다.

이극로는 마산에서 생활한 2년 동안 상남리(지금의 마산합포구 상남동)에서 지냈다. 근근이 구한 방 한 칸도, 자신을 아끼며 도와준 이승규 선생의 집도, 말죽을 끓였던 마방과 창신학교도 모두 상남리였다.

이극로가 새벽마다 말죽을 끓이느라 물을 긷던 샘은 노산의 집 담장 너머에 있었다. 교방천을 따라 난 길가의 공동 우물이었다. 용천수라 샘물은 맑았지만 깊지는 않았다. 이극로의 땀이 가장 많이 배였을 이 우물은 도로가 나면서 땅속으로 사라졌다(1999년에 왜곡된 고증으로 이 우물의 이은상 관련설을 내세우며 인근 자투리 터에 모형을 만들어 놓았다).

이 우물에서 창신학교까지는 200여m가 채 안 되는 거리였다. 1908년 뚫린 신작로(지금의 북성로)로 연결됐다. 마산포에 일제가 뚫은 최초의 신작로였다. 목발 김형윤 선생이 "이 길에 있는 회원교[회산다리]에 '융희 2년(1908) 건립'이라고 새겨진 표석이 있었는데 해방 후 삭제되고 단기 연호가 박혔다"고 애석해 했던 길이다.

이극로가 기차를 처음 본 것도 상남리에서였다. 철도는 1905년에 생겼지만 구마산역(지금의 육호광장)이 개설된 것은 이극로가 왔던 1910년이었다. 허연 연기를 뿜어내며 쉭쉭대는 시커먼 기차를 처음 봤을 때 촌놈 이극로도 놀랐을 것이다. 하지만 그는 그 철길이 서울을 지나 압록강으로 이어진다는 것을 알았다. 언젠가 저 기차에 몸을 실으리라 다짐했을 터였다.

상남동 한복판에는 노비산(鷺飛山)이 봉곳 솟아 있다. 마산 사람들은 제비산이라고도 부른다. 지금은 난개발로 산 위에까지 건물이 들어서 있지만 개발의 손이 닿기 전만 해도 제법 산 모양을 갖추고 있었다. 1960년대까지만 해도 부활절 새벽이면 마산 시내 기독교인들이 양초를 들고 노비산 언덕에 모였다. 예수가 부활한 골고다 언덕을 연상하며 모인 이들이었다. 시내에 높은 건물도 없을 때여서 언덕에서 바다가 잘 내다보였다. 사람들은 마른 잔디 위에 앉았고, 부활절 집회는 칠흑 같은 어둠 속에서 촛불과 함께 시작됐다. 집회 도중 서서히 여명이 오면 촛불이 하나둘 꺼졌다. 불이 다 꺼질 때쯤 집회도 끝났고 주위는 희붐했다. 환상적인 노비산 새벽 집회였다.

노비산은 이은상에게 노산이라는 호를 안긴 산이다. 스물여섯에 지은 시조 '옛 동산에 올라'의 그 동산이다. 노비산을 주제로 쓴 그의 시조는 이외에도 두어 편 더 있다. 이은상에게 노비산은 그만큼 친숙한 장소였다. 이 점은 이극로도 크게 다르지 않았다. 그 역시 노비산에 자주 올랐다. 키 큰 소나무 아래를 걸었고 은빛 마산 바다를 바라봤다. 창신학교 학생 이극로는 노비산 언덕에서 더 넓은 세상으로 나가고 싶은 자신의 포부를 키웠다. 고루와 노산은 열 살 차이였다. 십대 후반이었던 이극로가 열 살이 채 안 된 노산의 손을 잡고 노비산 언덕을 걷기도 했을 터이다.

풍족한 환경에서 공부했던 노산 이은상은 이극로 때문에 아버지에게 자주 꾸지람을 들었다. 훗날 노산은 이극로의 맏형인 상로의 손자 이종무(1928~2001, 창신학교 교사)에게 그때 일을 회고한 적이 있다.

이극로가 일했던 마방이 노산의 집과 가까워서 노산 집 옆의 샘물로 말죽을 끓였다. 새벽부터 이극로의 물 긷는 소리가 집안까지 들렸다. 그러면 "계찬이[이극로의 아명]는 벌써 일어나 저렇게 일을 하고 있는데 너는 대체 뭐가 되려 하느냐?"며 아버지 이승규는 그때까지 자고 있던 노산을 야단쳤다. 이극로가 대륙으로 떠나면서 하직 인사를 하러 왔을 때는 "계찬이는 아무 가진 것이 없어도 큰 나라로 공부하러 가겠다는데 너는 호의호식하면서 어찌 그리 공부를 게을리 하느냐?"고 야단을 쳤다.

1911년 3월 22일, 창신학교의 보통과 제1회 졸업식이 거행됐다. 이극로는 이 졸업식에서 보통과를 수료하고 곧이어 비인가로 개설된 고등과에 입학했다. 보통과를 1년 만에 수료할 수 있었던 것은 열여섯 살까지 두곡리의 사숙(私塾) 두남재(斗南齊)에서 했던 공부를 인정받아 4학년에 편입했기 때문이었다.

창신학교에서 2년을 수학한 이극로는 중국의 신해혁명 소식을 듣고 대륙으로 향했다. 1912년 4월 구마산역에서였다. 노비산 언덕에서 바라봤던 그 기차를 타고 떠났다. 멀고 먼 유랑의 길이자 원대한 꿈을 향한 첫걸음이었다.

| 조선어학회 표준어사정위원들의 현충사 방문 기념 사진, 1935.
 정세권(앞줄 맨 왼쪽), 이극로(둘째 줄 왼쪽 두 번째), 안재홍(둘째 줄 왼쪽 네 번째).

| 이극로 박사가 독일 베를린 훔볼트대학 시절 탄광 견학 도중 찍은 사진, 1925년 1월 5일.

그 후

마산을 떠난 이극로는 조국 독립을 꿈꾸며 서간도로 망명했다. 안동현까지는 기차를 탔고, 안동현부터는 아흐레간 나무배를 타고 압록강을 치올랐다. 그리고 사흘을 걸었다.

그 후 1920년 상해 동제대학 예과를 졸업한 뒤 독일로 건너가 베를린의 프리드리히 빌헬름대학(지금의 베를린 훔볼트대학)에 유학해 경제학 박사학위를 취득했다(1927). 유학 중 스스로 조선어 강좌를 개설해 강의하기도 했다. 졸업 후 런던대학에서 정치학과 경제학을, 파리대학에서 음성학을 공부했고 미국과 일본을 거쳐 1929년 귀국했다. 까마득한 시절에 세계 일주를 한 셈이다.

귀국한 뒤로 이극로는 조선어사전 편찬에 몰두했다. 1936년에는 조선어사전 편찬 전임위원 및 조선어학회 간사장이 되어 편찬을 주도했다. 그 시절 조선어학회는 극심한 재정난에 시달렸다. 보수를 받지 못했던 회원들은 호구 해결을 위해 직장에 다니면서 틈틈이 사전 편찬 작업에 참여했다. 오직 이극로만 자리를 뜨지 않고 편찬실을 지켰다. 이런 이극로에게 인촌 김성수가 보성전문학교(지금의 고려대학교 전신) 교장 직을 제안했지만 거절하고 사전 편찬에 집중했다.

당시 이극로와 함께 조선어사전 편찬 작업을 했던 외솔 최현배는 "이극로 선생은 일신의 안일과 집안의 이익에 급급한 사람으로는 상상할 수 없을 만큼 많은 어려움을 극복했다. 경의를 표하지 않을 수 없다"고 했다.

1942년 조선어학회 사건이 터졌다. 핵심이었던 이극로는 함흥재판소에서 6년 형을 선고받았다. 중추적인 역할을 했던 최현배는 4년 형을 받앉고, 창신학교 교사였던 김해 사람 이윤재는 수감 중 옥사했다.

함흥형무소에서 해방을 맞은 이극로는 재건된 조선어학회 회장에 취임하여 다시 한글 연구에 몰두했다. 1948년 4월에는 백범과 함께 남북협상위원으로 평양에 갔다. 이때 백범은 귀환했지만 이극로는 북한에 남았다. 결과적으로 월북자가 된 셈이다. 북한정권 수립 후 무임소상(無任所相 무임소장관)에 발탁된 것을 시작으로 북한정부의 고위 공직을 거쳤다. 1960년대부터는 언어규범화운동인 문화어운동을 주도했다.

고루 이극로는 우리 민족사에 위대한 업적을 남겼다. 하지만 대한민국은 그가 '월북자'였다는 이유로 오랫동안 외면했다. 학계에서조차 관심을 갖지 않았다. 1988년 해금 후 관심이 커지다가 선생이 독일 유학 시절부터 독립운동과 한글 보급에 앞장섰다는 사실이 밝혀지면서 재조명을 받았다.

중요한 시기 2년을 마산에서 보낸 고루 이극로. 새벽마다 말죽을 끓였고 여관을 드나들며 인단을 팔았던 고학생 이극로. 갓 뚫린 비포장 북성로를 오갔고, 상남동 골목길을 내달렸고, 일에 지치면 교방천에 발을 담갔던 청년 이극로. 때때로 긴 숨을 몰아쉬며 노비산에 올라 마산만을 바라보며 꿈을 키운 고루 이극로. 마산은 그 위대한 생애의 첫 장소였다.

| 조선어 사전 편찬에 발분망식하고 있다는
이극로 기사, 「조선일보」

| 추산정.

추산정은 마산 사람들의 혼이 담긴 장소였다. 이극로가 마산을 떠난 2년 뒤인 1914년 5월 17일, 이곳에서 창신학교 개교 기념집회가 열렸다. 마산 최초의 시국강연회였다. 강사로 나선 안확 선생은 추산정 대청에서 "빼앗긴 국권을 되찾아야 한다"고 설파했다. 마산의 3·1운동도 추산정에서 시작됐다.

| 이극로가 함흥형무소에서 시골집에 있는 조카 정세에게 보낸 엽서. 날짜는 1944년 11월 26일로 "지금부터 통신이 허가됐습니다. 나는 건강합니다. 댁내의 무사를 기원합니다"라는 내용이 적혀 있으며, '검열 완료'라는 도장도 찍혀 있다.

| 이승규, 1860~1922.

자신을 아끼며 도와준 이승규 선생의 집도, 말죽을 끓였던 마방과 창신학교도 모두 상남리였다.

| 한글노래.
1945년 10월 9일 한글날을 기념하기 위해 이극로가 작사함. 한글날 행사에 이 노래가 불려졌다.

| 상남리 창신학교, 1909.

4년제였던 창신학교는 민족 자주 정신을 바탕으로 한 근대 교육의 장이었으며 서양 근대 문물의 유입 통로였다. 음악회·체육대회·극단·소풍 등 처음 보는 행사들이 창신학교를 통해 마산으로 들어왔다. 망해가는 나라에서 민족 자주 교육을 내건 학교였다. 언제나 일제와는 대척점에 서 있었고 그것이 옳다 믿는 학생들이 창신학교로 모여들었다.

| 이극로 졸업식 때, 베를린, 1927.

좌로부터 신성모, 이극로, 안호상. 이극로는 독일 프리드리히 빌헬름대학(지금의 훔볼트대학)을 졸업했다. 1942년 조선어학회 사건으로 6년 형을 선고받고 함흥감옥에서 해방을 맞아 풀려난 후 북한에서 '문화어운동'을 주도했다.

"마산은 그 위대한 생애의 첫 장소" 이극로, 1893~1978.

﹗﹗이극로와 상남리

노비산 › 창신학교 › 이은상의 집 › 은샘 › 관해정 › 추산정 › 구마산역

세월 속에 묻혀간 삶들이 묻은 창동의 250년 골목길. 그 높
고 낮은 지붕 위에 소녀 김명시의 재잘대는 소리도 묻어 있
을 것이다. 걸음을 멈추고 눈을 감은 채 귀를 열면 나지막
한 그녀의 음성이 들린다.

"나를 잊지 마세요."

여장군 김명시

"크지 않은 키, 검은 얼굴, 여무지고 끝을 매섭게 맺는 말씨, 항시 무엇을 주시하는 눈매, 온몸이 혁명에 젖었고, 혁명 그것인 듯이 대담해 보였다."

1946년 11월 21일 자 독립신보 「여류혁명가를 찾아서─김명시 여사 편」의 첫 대목이다.

'여장군'이라 불렸던 김명시(金命時, 1907~1949)는 독립운동가이자 사회주의 혁명가였다. 러시아를 거쳐 중국 대륙과 만주 벌판을 떠돌며 민족 해방을 위해 싸웠던 그녀의 여정은 멀고 험했다.

그녀는 마산에서 열여덟 살까지 살았다.

어디 있을까? 열여덟이 될 때까지 소녀 김명시가 이 도시에 남긴 흔적은.

만정(萬町)이 된 동성리

김명시는 1907년 동성리 189번지(지금의 동성동 옛날우정아구찜 건너편 오동동 문화광장 무대 자리쯤)에서 태어나고 자랐다. 일찍이 아버지를 여의었고, 3·1만세운동 때 얻은 부상 후유증으로 어머니를 잃었다. 사회주의 계열 항일투쟁에 뛰어들어 무려 12년이나 일제의 감옥에 갇혔던 김형선이 오빠였고, 1930년대 부산과 진해에서 적색노조운동을 이끈 김형윤이 남동생이었다. 김명시는 오빠 김형선의 영향을 많이 받았다.

오늘, 이 도시에 남아 있는 김명시의 흔적은 아무것도 없다. 생가 터마저 최근 조성한 문화광장에 편입되어 이제는 위치조차 가늠하기 어렵다.

지금의 동성동은 상업 중심지이지만 마산포가 도시로 형성되기 전만 해도 모두 논밭이었다. 1760년 조창이 들어선 후 생계를 잇기 위한 사람들이 자리를 잡으면서 동리가 된 곳이다. 원래 창원군 외서면 '동성리'였지만 식민의 땅이 되고 난 뒤 '만정(萬町)'으로 변했다. 김명시는 조선의 '동성리'에서 태어나 식민지 '만정'에서 자란 셈이다.

행정 구역의 최하 단위인 '동'과 '리'를 일본식 '정(町)'으로 바꾼 것은 총독부 개청 하루 전날인 1910년 9월 30일이었다. 민심을 고려하여 일본식 '정'이나 한국식 '동'과 '리' 중에서 택하라고 했지만 이미 일본 세상이었으니 답은 정해져 있었다. 도시 지역에는 모두 일본식의 '정(町)'이 붙었고 도시 외곽과 농촌은 '리(里)'가 그대로 남았다. 마산의 경우도 마산포와 신마산 지역은 모두 '정(町)'이 됐지만 외곽의 상남리, 교방리, 회원리, 완월리 등은 그대로 사용했다.

| 김형선, 1904~1950.

김명시가 살았던 때의 동성동은 지금과 사뭇 달랐다. 예전에 그 많았다는 요정도 지금의 아구찜 식당도 당시에는 없었다. 다닥다닥 붙은 나지막한 초가 사이로 거미줄처럼 얽힌 좁고 굽은 흙투성이 길뿐이었다. 어린 김명시가 뛰어놀았고, 철든 후에는 억압받는 동족의 고달픈 삶을 지켜본 골목이었다. 없어지고, 넓어지고, 잘려나갔지만 아직 그 모습 그대로인 곳도 있다.

소녀 김명시의 등굣길

김명시는 마산공립보통학교(지금의 성호초등학교)를 5학년 말(1923. 1.)에 편입해 다음 해인 1924년 3월 22일에 졸업했다. 입학 전 몇 달간 방청생으로 다니면서 수학(修學) 능력을 확인받아 편입이 가능했다. 보통학교라지만 여자아이는 많이 못 가던 시절이었다. 마산창고회사 사무원으로 일하고 있던 오빠 형선의 도움 덕분이었다.

학적부에 남은 6학년 때의 성적은 수신과 체조가 갑이었고 나머지 전 과목은 을이었다. 일본식 척관법에 의한 기록을 미터법으로 환산하면 키 137.9㎝, 몸무게 32.6㎏, 가슴둘레 68.2㎝였다. 열일곱 살 나이로는 크지 않은 몸이었다. 질병으로 만성화농성중이염이 있었고, 보호자 란에는 오빠 김형선이 적혀 있었다. 그 때문이었을까? 감찰이 필요한 학생이라 구분되어 있었다.

소녀 김명시가 책보자기를 등에 둘치고 집과 학교를 오갔던 길은 어디였을까? 김명시의 집에서 학교까지는 대략 700여 미터. 소녀 걸음으로 15분 정도의 거리였다. "사람은 제 몸이 편한 길을 찾아 걷는다. 없으면 만들어서 다닌다"는 얀 겔(Jan Gehl)의 관찰에 따라 그녀가 걸었던 100여 년 전 길을 찾아 걷는다. 이미 사라진 길도 있지만 대부분 살아남아 있다.

김명시가 보통학교를 다녔던 1923~1924년은 마산포에 한창 신작로가 건설되고 있을 때였다. 육호광장에서 코어양과점까지 나 있던 불종거리가 김명시의 집 인근인 지금의 신한은행 지점까지 뚫린 것도 이때였다. 등굣길 김명시는 동성동 골목에서 빠져나와 공사 중인 불종거리를 건넜다. 없던 길을 새로 내는 공사여서 잘려나가거나 철거된 집들 때문에 길 주변이 어수선했다.

불종거리를 건너서는 다시 골목으로 들어갔다. 지금의 공영주차장 우측 길이다. 불종거리가 생기기 전까지는 김명시 집 앞길과 한 골목이었던 길이다. 공영주차장 공사 후 길의 모습이 많이 변했지만 위치는 크게 다르지 않다. 이 길을 조금 걸어 나가면 작은 십자로가 나온다. 지금의 공영주차장 북서쪽 모서리 십자로이다. 여기서 보통학교로 가려면 직진 길과 우회전 길 중 하나를 택해야 했다. 오른쪽으로 틀면 골목길이고 직진해 나가면 넓은 신작로 '창동거리길'이다.

추산동에서 내려와 남성동으로 연결되는 '창동거리길'은 마산포 도심에서 가장 먼저 난 신작로(1912~1915)였다. 병합 후 총독부가 시행한 「시구개정사업」의 일환으로 뚫은 길이었다. 위치가 마산포 중심가였

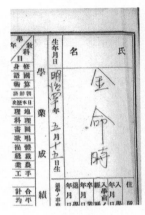

| 김명시의 마산공립보통학교 학적부.

고 새로 생기는 길이어서 이 길이 뚫릴 때 시끄러운 일이 많았다. 도로 신설을 의결하는 민회에서 소란이 일었고 회의가 공전됐다. 개설되는 길과 관련한 의원들의 이해관계 때문이었다.

긴 소란 끝에 지금의 길로 확정됐다. 이 길과 함께 확정된 마산포 신설 도로는 모두 열세 곳이었지만 지가가 워낙 높아 우선 다섯 곳만 시행했다. 그 다섯 곳은 창동거리길을 비롯해 부림시장을 거쳐 남성동 어시장 쪽으로 내려가는 길(지금의 동서북8, 12길)과 경남은행 창동지점 앞을 가로지르는 남성로 등이다. 새로 난 길들은 마산포 도심 최초의 신작로들이었고 식민지적 근대화의 신호탄이었다.

새로 난 길들은 모두 당시 공사 중이던 남성동 매립지와 연결됐다. 북쪽으로는 전통마을 성호리·교방리·회원리와 연결됐고, 남쪽으로 일본

인들이 사는 신마산과도 바로 연결됐다. 이 길은 개설되자마자 마산포의 중심도로가 됐다.

하지만 중심가고 번화가고 간에 '창동거리길'은 어린 김명시가 보자기 둘치고 다니기에는 길이 너무 넓었다. 어른들이 많은 것도 불편했다. 김명시는 아기자기하고 구부렁해서 정겹고 편했던 오른쪽 골목(지금의 오동서6길, 동서북14길)으로 몸을 틀었다.

최근 '250년 골목길'이라 이름까지 붙였지만 편히 불러 '창동 뒷골목'으로 통하는 길이다. 1960~1970년대 여고생들의 로망이었던 창동복희집과 마산 최대 보석상이었던 황금당을 지나 대패삼겹살로 수십 년 단골을 가진 삼도식당, 60년 전통의 학문당 뒷문과 최근에 생긴 아고라광장, 그리고 장서 120만 권의 헌책방 영록서점 앞으로 이어지는 길이다.

소녀 김명시가 등하굣길 매일 두 번씩 걸었던 이 골목은 마산포에 사람들이 모여들기 시작할 때 생긴 길이었다. 교방리와 회원리 사람들이 마산포로 들고나며 자연스럽게 만들어진 길이라 구부렁한 선이 정겹다. 지금 눈으로 보면 좁아 보이지만 큰길이 나기 전에는 어시장의 생선 수레가 오르내렸던 큰길이었다.

이 골목길 중간쯤을 자르며 가로지르는 황금당 앞 큰길(지금의 동서북10길)은 원래 2m 정도의 옛길이었다. 신마산 쪽에서 들어와 오동동과 양덕동을 지나 창원읍으로 연결되던 길이었다. 김명시가 5학년이던 1923년에 8m의 큰길로 뚫렸다. 김명시는 등하굣길에서 이 길이 뚫리는 모습을 봤을 터이다.

같은 마산포라도 수성동 쪽과 달리 창동 뒷골목은 대부분 한국인들

| 소녀 김명시의 등굣길
　도시재생사업의 일환으로 창원시가 '창동예술촌'이라는 이름으로 꾸미고 '250년 골목길'이라
명명했다.

이 차지하고 있었다. 집들은 나무와 벽돌 벽에 기와와 함석이 얹힌 상점
들이었고, 안쪽으로는 초가를 얹은 가정집들이었다. 인위적으로 뚫은 신
작로에 비해 길은 좁고 지붕은 낮았지만 사람 냄새가 났던 길, 소녀 김명
시의 몸과 발에 익었던 골목이었다.

　　300m쯤 되는 '250년 골목길'을 걷고 나면 구마산역으로 올라가는
철길(지금의 평안안과 앞 3·15대로)을 건너야 했다. 도로와 철로가 교차되
는 곳, 일본인들이 후미키리(踏み切り)라 했던 철도 건널목이었다. 평소에
는 도로였다가 기차가 오면 수직으로 서 있던 긴 차단봉이 내려와 기차
가 지나는 동안 길을 막았다. 제복에 금태 모자를 쓴 건널목지기가 요령
으로 경고 신호를 했다. 당시만 해도 처음 본 장면이라 신기해서 구경하
는 이도 있었다.

철도 건널목을 지난 김명시는 다시 왼쪽 방향의 좁은 길로 들어섰다. 지금의 평안안과와 농협 사이의 골목이다. 철로 위로는 아직 집이 많지 않을 때였다. 주위에 낮은 집들이 몇 채 있었지만 대부분 텅 빈 밭떼기였다. 이 길로 70m쯤 걸으면 직선의 넓은 길(지금의 몽고정길)이 나왔고, 조금 걷다 오른쪽으로 틀면 보통학교 정문이 저편으로 보였다. 소녀 김명시 길의 끝점이자 시작점이었다.

김명시가 다녔던 마산공립보통학교(지금의 성호초등학교)는 1901년 4월 '마산공립소학교'라는 이름으로 문을 연 마산 최초의 근대식 학교였다. 구한말에 시작하여 일제강점기를 오롯이 거친, 이 도시에서 가장 뿌리 깊은 학교다. 한국 아이들이 다닌 학교라고 마산 유지들이 학교 건물을 지어주기도 했다. 창신학교 만큼은 못했지만 1919년 4월 22일부터 사흘간 교내에서 만세를 외치기도 했다. 일본인 교장과 교사들이 만류했지만 끝내 막지 못했다. '성호리'에서 따온 교명은 1944년부터 사용했다. 학생 수가 가장 많았던 1970년대 후반에는 전교생이 4천 명에 달했으나 지금은 폐교까지 거론될 정도로 학생 수가 줄었다.

김명시가 편입했던 그해 봄, 이원수가 2학년에 편입했다. 6학년과 2학년이었던 두 아이, 서로 얼굴이라도 익힌 사이였을까?

모스크바에서 만주 벌판까지

김명시는 1924년 보통학교를 졸업한 후 오빠 형선의 도움으로 상경해

| 모스크바동방노력자공산대학.

배화고녀에 입학했다. 하지만 학자금 때문에 중퇴했다. 낙담하며 마산으로 돌아온 후 와세다고등여학교 강의록으로 독학을 했다. 그러던 중 오빠 형선의 도움으로 조선공산당이 뽑은 제1회 모스크바 유학생 21명 중한 명으로 선발되어 새 인생을 맞았다.

김명시가 모스크바 유학을 위해 마산을 떠난 것은 1925년이었다. 그후 다시 마산에 왔다는 기록은 없다. 그렇게 따랐던 어머니도 안 계셨고, 오빠와 동생도 수배와 옥살이에 가족이 온통 풍비박산이었다. 마산에 올일도 없었을 터이다.

먼저 부산으로 건너간 김명시는 일경의 눈을 속여 나가사키(長崎)로 도항한 후 상해로 갔다. 그곳에서 여운형의 도움으로 여권과 비자를 받

上海를 中心으로 活動

共黨再建運動

昨多, 今春에 大檢擧

| 원형 사진의 오른쪽이 김명시

조봉암, 홍남표 등과 함께 공산당재건운동으로 구속된 뒤 재판 과정을 보도한 기사. 『동아일보』 1933년 6월 1일.

아 블라디보스토크를 경유하여 1925년 12월 중순 마침내 모스크바에 도착했다. 그녀를 맞은 곳은 모스크바 동방노력자공산대학이었다. 식민지 피지배국 공산주의운동가들을 체계적으로 교육하기 위해 설립된 학교였다. 중국의 등소평과 유소기, 베트남의 호지명, 죽산 조봉암과 박헌영의 아내 주세죽이 다녔던 학교였다. 의식주는 물론이고 책과 학용품도 제공했고 용돈까지 지급했다.

가진 것이라곤 꿈밖에 없었던 김명시로서는 최고의 조건에서 마음껏 공부할 수 있었다. 유학 동기생으로는 조봉암의 부인 김조이와 동생 조용암, 조선공산당 여성 트로이카 중 한 명인 고명자가 있었다. 그러나 그녀는 모스크바 학업을 일 년 반 만에 끝내고 상해로 떠나야 했다. 임무가 주어졌기 때문이다. 예비과를 졸업한 1927년 7월, 그녀의 파란만장한 항일투쟁이 시작됐다.

그러나 5년 후 스물여섯(1932) 꽃 같은 나이에 그녀는 일제 경찰에게 체포되어 7년간 신의주형무소에서 옥살이를 했다. 참혹한 옥살이였다. 함께 형(刑)을 산 죽산 조봉암이 "추위 고생이 제일 컸다. 떨다가 떨다가 지쳐서 잠든 사이에 슬그머니 얼어 죽으면 네모난 궤짝 속에 넣어서 파묻었다"고 회고했던 극한의 옥살이였다.

감옥에서 나온(1939) 뒤부터 김명시는 팔로군에 입대해 대륙을 누볐다. 그러던 중 김무정의 밀사를 만나 조선의용군에 합류했고, 그 후 김무정 장군과 목숨을 걸고 전장을 함께 누볐다. 김명시는 남자 군인들과 똑같이 총을 쏘고 똑같이 유격 훈련을 받았고 똑같이 일했다. 의용군에는 여자들도 상당수여서 여자부대가 따로 조직되어 있었다. 김명시는 이 여자부대를 지휘한 장군이었다. 부하가 2천 명이었다는 설(『동아일보』, 1945년 12월 23일 자 1면)도 있다. 백마를 타고 전쟁터를 누빈다 하여 '백마 탄 여장군'이라고 불렸다.

잊힌 여장군

해방 후 여장군 김명시는 봉천(지금의 중국 심양)에서 동지들과 함께 걸어서 서울까지 왔다. 도착하니 12월 중순이었다. 해방을 맞은 한국 민중들에게 김명시는 영웅이었다. 12월 하순, 종로에서 조선의용군 총사령관 김무정 장군과 그의 부관 김명시 장군을 위한 대대적인 환영 행사가 벌어졌다. 평생 민족 해방을 위해 싸운 남녀 두 장군이 조선의용군의 호위를 받으며 종로 거리를 행군했다. 거리를 가득 메운 서울 시민들은 두 사람을 연호하며 환영했다.

1945년 12월 23일 『동아일보』에 인터뷰 기사가 실렸다. 제목은 「조선의 잔 다르크 현대의 부랑(夫娘), 연안서 온 김명시 여장군 담(談)」이었다.

| 김명시는 인터뷰에서 자신이 속한 연안독립동맹은 백범 김구의 대한민국임시정부와 협력할 것이라고 했다. 『동아일보』 1945년 12월 23일.

'부랑'은 인조 때 병약한 부친을 대신해 입대하여 초장(哨長)까지 오른 전설적인 남장 여장부였다. '잔 다르크와 부랑'은 해방 후 김명시의 위상을 말해주는 비견이었다.

그러나 그녀는 해방 4년 후 공산주의 활동으로 피검되어 부천경찰서 유치장에서 스스로 목숨을 끊었다. 김명시의 죽음을 두고 『경향신문』은 "유치장 벽을 통한 수도 파이프에 자신의 치마를 찢어서 걸어놓고 목을 걸고 앉은 채로 자살했다"고 썼다. 하지만 조국과 민족을 위해 평생을 바친 혁명가가 유치장에서 스스로 목숨을 끊었다는 주장을 그대로 믿는 이는 없다. 역사학자 한홍구는 친일반공경찰의 고문으로 죽었을 것이라 추정했다. 자살이었든 타살이었든 그것은 민족의 비극이었다. 나라를 위해 일생을 바친 이가 해방된 조국에서 비극적으로 생을 마쳤다는 사실 그 자체가 민족의 비극이었다.

김명시의 생애를 탐구한 워싱턴대학 교수 남화숙은 "(…) 가장 용감하고 가장 치열하게 한 치의 흐트러짐 없이 민족을 위한 형극의 길을 걸은 여성이다. 주의나 노선을 논하기에 앞서, 우선 그녀의 치열한 투쟁 정신과 민족애 앞에 머리를 숙이지 않을 수 없다("여성2-여장군 김명시의 생애』, 1988, 창작사)"고 했다.

　최근 김명시에 대한 새로운 평가가 있었다. 2017년 봄 여성독립운동 기념사업회는 서대문형무소 역사관에서 여섯 명의 여성독립운동가에 대한 강좌를 열었다. 강좌 제목은 '대륙을 휘달리던 항일 여성 혁명가들'이었고 여섯 명 모두 이념 때문에 외면당한 이들이었다.

　모스크바의 붉은 별 주세죽, 조선의용대 박차정, 한국 최초의 볼셰비키 혁명가 김 알렉산드라, 윤봉길 의사 홍커우 의거의 숨은 기획자 이화림, 조선의 콜론타이(Aleksandra Mikhaylovna Kollontay, 1872~1952, 소련의 첫 여성 외교관)로 불린 허정숙, 그리고 백마 탄 여장군 조선의용군 김명시였다.

　영화 「암살」이후 여성독립운동가에 대한 관심이 높아질 즈음, 언론인 정운현이 24명의 여성독립운동가를 조명한 『조선의 딸, 총을 들다』를 출간했다. 인터뷰에서 기자가 "책에 소개한 24인 가운데 가장 특별하게 생각되는 두 사람을 꼽으라면 누구를 꼽겠느냐?"고 물었다. 정운현은 조금도 망설이지 않고 안경신과 김명시를 꼽았다. 그만큼 삶이 기구했다는 의미다.

　역사학자 강만길 선생에게 "식민지 시대 고향 마산이 배출한 인물을 들라면 누구이겠느냐?"고 물었을 때, 선생은 촌각도 망설이지 않고 "만주 벌판 휘달리며 일본군과 총으로 싸운 김명시이다. 마산의 독립 운동사에서는 그를 가장 앞에 세워야 한다"고 했다.

　일제강점기 민족 해방 운동사에서 이만한 인물을 찾기 힘들다. 하지만 그녀는 잊혔다. 고향에서조차 그 이름을 기억하는 사람이 드물다. 다른 이유는 없다. 그녀가 사회주의자였기 때문이다. 민족의 해방을 위해 평생을 바쳤지만 해방된 조국이 만든 이념의 올무가 김명시를 역사에서 지워 없앴다.

세월 속에 묻혀간 삶들이 묻은 창동의 250년 골목길. 그 높고 낮은 지붕 위에 소녀 김명시의 재잘대는 소리도 묻어 있을 것이다. 걸음을 멈추고 눈을 감은 채 귀를 열면 나지막한 그녀의 음성이 들린다.

"나를 잊지 마세요."

地下運動의主要人物
金炯善等七名送局
三回로나누어自動車로送致
送局前에親知들과面會
檢擧取調一個月餘

◇金炯善事件送局光景

送局된罪名은
治維와出版法
不拘束送局코 云

防疫展覽會
入場者八萬

新發病者七十五名

防疫週間에傳染病

暴風을包藏한
朝鮮家庭의一面

秋霜옷님으로鬪

첫사랑 새봄의花園

死屍母이

發見된屍體
自殺로

| 김명시의 오빠 김형선 관련 신문 기사.

"지하운동의 주요 인물 김형선 등 7명 송국, 3회로 나누어 자동차로 송치, 송국 전에 친지들과 면회, 검거 취조 일개월여." 『동아일보』, 1933년 8월 17일.

| 마산공립보통학교.

| 김명시 동생 김형윤의 마산공립보통학교 학적부.

김명시가 다녔던 마산공립보통학교(지금의 성호초등학교)는 1901년 4월 '마산공립소학교'라는 이름으로 문을 연 마산 최초의 근대식 학교였다. 구한말에 시작하여 일제강점기를 오롯이 거친, 이 도시에서 가장 뿌리 깊은 학교다.

"식민지 시대 마산이 배출한 인물" 김명시, 1907~1949.

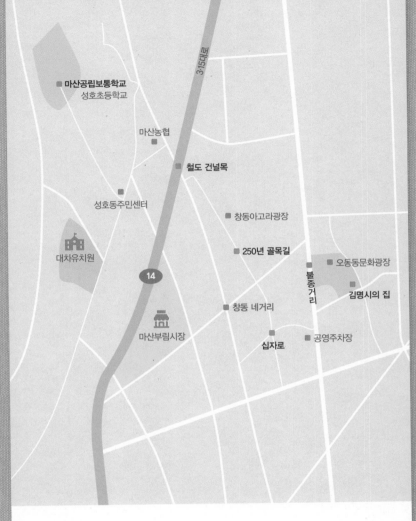

🦶🦶 김명시의 등굣길

김명시의 집 > 불종거리 > 십자로 > 250년 골목길 > 철도 건널목 > 마산 공립보통학교

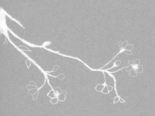

나도향은 세상을 떴다. 1926년 8월 26일, 스물다섯 청춘의
참혹한 요절이었다. 도향이 떠난 다음 해, 『현대평론』에 그
를 추모하는 특집이 실렸다. 정인보, 염상섭, 이태준, 이은
상 등 당대의 걸출한 문인들이 글을 올렸다. 마산에서 도향
과 석 달을 함께 보낸 노산은 시조 「추억 도향」을 올렸다.

나
도
향
의
마
산
석
달

경성의전(지금의 서울대학교 의과대학 전신)에 입학했으나 의사의 길을 거부하고 스스로 글쟁이가 된 도향 나경손(羅慶孫, 1902~1926). 1925년 여름, 그가 마산에 왔다. 말기 폐결핵 치료를 위해 요양 차 온 것이다. 대표작 「벙어리 삼룡」, 「물레방아」, 「뽕」 등을 발표한 그해였다.

마산에 온 도향은 문우(文友) 노산 이은상(1903~1982)의 집에 의탁했다. 피붙이도 옛 친구도 딱히 없었다. 때도 없이 넘어오는 핏덩이를 닦아 내며 아침저녁으로 산책하는 것이 하루 일과였다. 일조일석(一朝一夕)에 나을 병이 아니었다.

그 여름 석 달 동안 도향은 마산 곳곳을 다녔다. 그리고 그때 이야기를 다섯 살 위 염상섭에게 편지로 전했고 염상섭이 이를 잡지사에 보냈다. 단편 『피 묻은 편지 몇 쪽』은 병석에서 남긴 도향의 마지막 작품이었다. 짧은 생을 끝낸 병실에서 피 묻은 원고지에 쓴 작품이었다. 소설은 『신민』 12호(1926. 4.)에 게재됐다.

도향은 친구들이 병문안 오면 이 소설을 읽어 주었다. 이태준이 그때의 도향을 회상했다. "기침에 잠긴 목소리로 어두운 자리에서 보는 듯 외우는 듯, 한마디 서슴지도 않고 내리읽었다. (…) 기침이 일어나고 숨이 가빠지면 듣는 사람에게 읽기를 부탁했다. '좀 더 크게 (…) 좀 더 크게 (…)' 하면서."

당시 노산은 연희전문 문과를 다니다 귀향해 창신학교 교사로 있었다. 노산의 집은 상남동(당시 상남리) 옛 북마산파출소 자리였다. 1960년 3·15의거와 1979년 부마민주항쟁 때 독재에 저항한 마산 시민들 손에 두 번씩이나 불탔던 파출소였다.

노산의 집터는 1925년 도로(옛 로얄호텔에서 올라가는 길로 지금의 노산남7길, 합포서9길)가 나면서 둘로 잘렸다. 도향이 노산의 집에 머물렀을 때는 이 도로 공사가 마무리되고 있을 때쯤이었다. 상남리는 마산포의 변두리 마을이었지만 노산의 부친 이승규(1860~1922)는 토지를 많이 소유하고 있었다. 부친이 떠난 3년 뒤였지만 노산의 살림은 식객 한둘을 두기에 충분한 규모였다.

도향이 왔을 당시 마산 인구는 2만2천 명 정도였다. 그중 일본인이 5천여 명이었다. 1920년 회사령이 폐지되자 도시 곳곳에 공장이 들어섰고 공장 부지를 확보한답시고 앞바다 곳곳에 매립 공사가 시작되고 있을 때였다.

도향이 왔던 해인 1925년 6월, 군북까지만 있던 철도 경전선이 진주까지 개통됐다. 노산의 집은 경전선 북마산역과 가까웠다. 시끌벅적했을 철도 개통식 군중 속에 도향도 서 있었을지 모를 일이다.

도향의 산책로

아침저녁 산책이 도향의 일과였으니 집주변 가볼 만한 곳은 모두 다녔다. 노산이 근무하는 회원리 창신학교(지금의 회원동 한효아파트)에도 갔을 터였다. 북쪽으로 뻗은 신작로(북성로)를 따라가면 800m 정도의 거리였다. 상남리에서 시작했던 창신학교는 도향이 오기 1년 전인 1924년에 회원리로 이전했다. 그곳에는 붉은 벽돌로 새로 지은 장대한 서양식 교사(校舍) 한 채가 서 있었을 뿐 주위는 허허벌판이었다.

초등과정이지만 비인가 고등과를 개설하고 있던 창신학교가 정식으로 고등보통학교[4년제 중학교]를 인가받기 위해 세운 호신학교 건물이었다. 결국 일제의 인가를 받지 못해 제5회 졸업생으로 문을 닫게 됐지만 도향이 왔을 때는 막 시작할 때라 활기가 넘쳤다. 그해 4월 1일 개학했고 건물도 새것이었다.

이 건물은 호주 빅토리아주 장로회가 설계 도면과 함께 보내준 돈으로 지은 뜻깊은 교사였다. 호주 사람들은 이 건물을 일러 라이얼기념

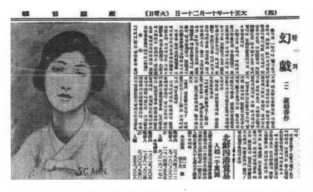

1 나도향의 연재소설 『환희』의 첫 회. 『동아일보』, 1922년 11월 21일.
2 나도향의 장편소설 『환희』 표지.
3 나도향의 소설을 영화화한 「벙어리삼룡이」의 신문 광고.
4 나도향의 소설 『젊은이의 봄』 표지.

중학교(D. M. Lyall Memorial secondary school)라 불렀다. 라이얼(D. M. Lyall, 1876~1921, 한국명 나대궐)은 1909년에 입국한 호주 선교사로 제2대 창신학교 교장이었다. 처음 선교지였던 진주에서는 형평운동의 불을 붙였고, 창신학교에서는 YMCA를 도입한 이였다.

라이얼은 제1차 세계대전(1914~1918)이 나자 1916년 교장 신분을 던지고 홀연히 이집트와 팔레스타인으로 건너가 구호활동에 투신했던 용기 있는 사람이었다. 귀국한 뒤 다시 마산으로 와 일하던 중 병을 얻었고, 1920년에 치료를 위해 호주로 갔다가 다음 해에 운명했다. 그는 불의에 저항하는 것을 두려워하지 않는 정의로운 사람이었다. 라이얼이 세상을 떠나자 많은 사람들이 그를 그리워했다. 이 붉은 건물은 그를 기리며 보낸 호주 사람들의 선물이었다.

건물은 박공지붕을 십자 형태로 엮은 대칭형 2층 건물이었다. 강당으로 사용한 2층 중앙부의 지붕을 치올려 우뚝하고 당당한 느낌을 주었다. 붉은 벽돌 건물이었지만 기단부와 건물 허리에 화강석 띠를 둘러 견고하게 보였다. 규모와 형태는 물론 높게 쌓아올린 붉은 벽돌 벽의 위용이 주위를 압도했다.

이 잘 생긴 건축물은 1990년 창신학교가 봉암동으로 이전할 때 철거됐다. 민족 교육으로 마산 사람들의 자부심을 지켜준 창신학교의 상징이었고, 건축사적으로도 가치가 높은 건물이었다. 워낙 특징이 뚜렷해서 창신학교 동문들의 추억의 상징이기도 했다. 창신학교 출신인 필자만 해도 이 건물을 배경으로 찍은 사진이 서너 장 된다. 그 흔한 아파트를 짓느라 헐어낸 것이 못내 아쉽다.

회원리의 황량한 논밭과 낮은 초가집 사이에 홀로 우뚝했던 서양식 붉은 교사, 그 압도적인 건물을 바라보며 도향은 무슨 생각을 했을까?

도향이 마산에 첫발을 내디뎠던 구마산역(지금의 육호광장)은 노산의 집에서 불과 100~200m 거리였다. 노산의 집과 역 사이에 때때로 사람들이 북적대는 운동장(지금의 마산회원구 선거관리위원회 일대)이 있었다. 마산구락부가 1921년 조성한 최초의 근대식 공설운동장이었다. 마산구락부는 마산의 팻기 있는 청년들이 모인 조직이었다.

3천 평쯤 되는 이 운동장은 마산 사람들에게 근대 스포츠를 체험시킨 장소였다. 마산구락부 회원 행사는 물론 창신학교 운동회와 부민들끼리 벌이는 육상·축구·야구 등 크고 작은 경기가 이곳에서 열렸다. 처음 보는 운동경기가 신기했던지 구경하는 사람들이 많았다. 뒤편 노비산 중턱에까지 사람이 차기도 했다. 사람들이 모여들고 함성도 높았으니 도향도 간혹 운동장에 나가봤을 터였다. 1923년 5월 28일에는 「전 조선 자전거 겸 마라톤대회」가 이 운동장에서 열렸다. 이 대회에서 자전거는 전설적인 엄복동이, 마라톤은 문판개(우무석 시인의 외조부) 선생이 우승했다.

바다를 좋아했던 도향이라 남성동 해안으로도 자주 나갔다. 주로 구마산 선창(지금의 농협 남성동지점 일대) 주변이었다. 마산 바다를 바라보며 불확실한 자신의 미래를 글로 남기기도 했다.

마산의 바다는 좋습니다. 바다의 공기를 마시고 그것을 내뿜을 때는 마치 바다를 삼켰다가 배앝는 듯한 때가 있습니다. 구마산(舊馬山) 지저분한 부두에 섰을 때라도 바다를 내다볼 때, 멀리서 흰 돛을 단 배가 유리

같은 바다 위로 미끄러져 갈 때에는 돛대 끝에 내 맘 한 끝을 매고 한없
이 먼 나라로 나의 마음을 끌어가는 듯합니다.

『피 묻은 편지 몇 쪽』

선창에 나갔을 때, 나선 김에 그곳에서 멀지 않았던 수좌(壽座, 지금
의 수성동 46-1, SC제일은행지점 옆 골목 신정탕 자리)에서 공연이라도 한 편
봤을지 모를 일이다. 1910년대에 설립된 수좌는 2단 좌석으로 된 다목적
문화공간이었다. 수좌로 가는 길, 지금은 좁고 초라한 뒷골목이 됐지만
당시만 해도 통행량이 많고 번잡했던 길이었다. 1921년 7월에는 '사의 찬
미'로 한 시대를 풍미한 윤심덕이 홍난파와 함께 수좌에서 공연했고, 영
화 아리랑을 만든 나운규와 무용가 최승희도 무대에 올랐던 유서 깊은
극장이었다.

신마산 가는 길

어느 맑은 일요일, 도향은 노산과 신마산 구경에 나섰다. 3km 정도여서
걸을 만했지만 가까운 길은 아니었다. 마산에 시내버스가 운행된 것은
도향이 오기 2~3년 전부터지만 택시는 아직 없을 때였다. 하지만 버스를
탔든 걸었든 길은 같았다. 북마산 가구거리를 거쳐 추산동 정법사—몽고
정—마산의료원 앞을 지나는 길이었다.

집을 나서자마자 눈앞에 보인 것은 마산조면공장(지금의 삼성회관 일

| 문창교회

1919년 건축된 우리나라 최초의 석조 교회 건축.

대, 창원에 있는 삼성공조주식회사의 전신인 삼성라디에터가 있던 자리)이었다. 마침 총독부가 면업증식계획을 세웠을 때라 도향이 오기 1년 전에 공장을 크게 지어 넓혔다. 종업원도 일백수십 명이나 됐다. 면화가 반입되는 10월에는 마당에 산적한 면화로 발디딜 틈이 없을 정도였다. 도향이 오기 한 해 전인 3월과 12월에 이 공장에서 동맹파업이 있었다. 기본권 보장과 임금 인상을 내건 파업에 일본 경찰까지 개입했지만 결국 관철시켜냈다. 이 노동쟁의를 기념해 독립기념관에서 이 터를 국내항일운동사적지로 지정했다.

신마산 쪽으로 100~200m 내려 걸으면 오른편(지금의 놀이터 찜질방 자리)에 석조전 한 채가 길을 마주보고 있었다. 문창교회였다. 1901년 시작된 마산 최초의 개신교회였다. 돌로 지은 예배당은 도향이 오기 6년 전(1919)에 건축한 것이었다. 서울의 정동제일교회(1897)와 명동성당(1898)과는 20여 년의 차이는 있지만 화강석 교회당은 문창교회가 처음이었다. 무학산에서 가져온 돌로 벽체를 쌓고 그 위에 함석박공지붕을 얹은 서양식 단층 건물이었다. 원래 마산포교회였는데 이 건물을 짓고서부터 '문창'으로 이름을 바꾸었다. 신사 참배 거부로 유명한 주기철 목사가 1931년부터 5년간 시무했던 교회이기도 하다. 도향이 봤던 석조전은 이미 오래전에 헐렸다. 1993년에는 그나마 교회까지 노비산 중턱으로 옮겨가서 지금은 남아 있는 흔적이 아무것도 없다.

신마산까지는 한참 더 걸어야 했다. 조금 더 내려가니 오른편 길 안쪽 저 멀리 마산보통학교(지금의 성호초등학교) 교문이 보였다. 글

| 1910년대 몽고정 모습

진주행 철도가 나기 전의 모습. 철도 건설 때 바로 옆 지금의 위치에 다시 우물을 팠다. 엽서 아래 부분에 '조선마산명승 몽고정호'라고 적혀 있다.

잘 쓰는 이원수는 4학년, 춤 잘 추는 김해랑은 이 학교의 2학년일 때였다.

학교 앞을 지나니 포교당 정법사였고 정법사를 지나 한참 더 내려가니 오른쪽으로 몽고정이 나왔다. 1923년에 개통된 경남선 철도가 원래 우물터를 지나가게 되어 인접한 곳에 다시 판 우물이었다. 광대바위샘이라고도 불렀던 몽고정은 수질이 좋고 수량이 많은 샘으로 유명했다.

노산과 함께 바닷가 산책도 하고 저녁 늦게까지 놀다 함께 잠든 적도 있었지만 여유롭게 대낮 신작로를 같이 걷는 것은 처음이었다. 한밤중 온 세상이 죽은 듯 고요하면 마치 이승을 떠난 듯 무서워져 미친 사람처럼 눈을 부릅뜨곤 했던 도향이었다. 무서운 꿈도 자주 꾸었다. 자신

의 살이 썩어 흐르는 소리가 들리기도 했고 살과 피를 씹고 마시는 벌레들의 인광(燐光)같은 눈알을 보기도 했다. 그러나 오늘은 달랐다. 고마운 벗과 함께 햇살 아래 구경나선 오늘 도향의 눈길과 말소리는 사뭇 달랐다. 걸음도 병든 이의 것이 아니었다.

한때 음악가의 꿈을 꾸었던 도향이었다. 배재학교 시절엔 단소를 불었고 성악에 소질이 있어 남 앞에서나 혼자서나 자주 노래를 불렀다. 훗날 이중섭이 즐거울 때는 흥에 겨워, 슬플 때는 속내를 감추기 위해 목청껏 불렀다는 춘원의 '낙화암'*과 윤극영의 '반달'을 자주 불렀다. 이날도 "사자수 내린 물에 석양이 빗길 제 (…)"로 시작되는 '낙화암'을 흥얼거렸을 터이다.

몽고정 뒤 갓 개통된 진주행 철로 밑을 지나면 오른쪽이 산전장유였다(•이 책 '임화와 지하련' 편 참조). 해방 후 몽고간장을 일으킨 김홍구 선생은 아직 입사도 하지 않은 때였다. 산전장유를 지난 뒤로는 넓은 직선 도로였다. 도시 계획은 됐지만 개발은 아직 시작되지 않을 때였다. 재판소(지금의 창원지법마산지원), 한일와전발전소(지금의 합포구청) 외에는 대부분 공터였다. 중앙마산이라고 명명된 이 일대의 도시 개발은 1930년대 이후에야 부청, 법원, 세무서, 전기회사 등 공공건물들을 불러들였다.

장군천 월포교를 건너자 왼편(지금의 우방아파트) 아래에 넓은 터를 닦고 있었다. 땅 고르기와 배수 공사가 한창이었고 일꾼들은 대부분 한국

---

* 작곡자는 안기영이다. 안기영(1900~1980)은 연희전문학교에서 음악을 공부한 뒤 미국 오리건 주(州) 엘리슨화이트음악학교에서 성악을 전공했다. 1928년에 귀국하여 이화여자전문학교 교수로 취임했으나 1946년 월북하여 이후 조선음악가동맹 부위원장을 역임했다.

인들이었다. 1924년 5월에 철도 용지 5천 평에 착공한 중앙운동장 공사였다. 이 운동장의 완공식은 도향이 떠난 다음 해인 1926년 1월 26일에 열렸다. 히로히토(裕仁유인)가 비(妃)를 맞은 날(1924. 1. 26.)을 기념한 것이었다. 완공식 날 일본인들이 모여 성혼축하회를 열었고 청년들은 운동회를 개최했다. 일본인 전용이어서 한국인들은 사용하지 못한 운동장이었다. 일제강점기 말기에는 조선여자근로정신대 집단수용소로 이용됐다가 해방 후에는 귀환동포의 집단주거지가 됐던 땅이다.

곧 마산역 광장이었다. 짐 끄는 마차가 몇 대 보였고 광장 주위로 상가들이 드문드문 있었다. 오른편으로 상반(常盤)이라는 여관 간판이 보였다. 광장을 막 지나자 오른쪽이 경찰서(지금의 중부경찰서)였다. 원래 마산부청 앞에 있었다가 도향 오기 4년 전에 옮겨온 것이었다. 일식 기와를 얹은 단층 목조 건물이었고 정면에는 현관으로 오르는 여덟 단의 돌계단이 있었다.

그들의 도시

신마산 거리에 접어들었다. 경정(京町, 지금의 두월동)거리 양쪽에는 각양각색의 점포들이 들어서 있었다. 깨끗하긴 했지만 북적대는 마산포에 비해 상권은 약했다. 하지만 일본인들이 '마산의 긴자'라 불렀던 경정 아닌가? 도향이 자주 봤던 명치정(明治町, 지금의 명동)보다야 못했겠지만 눈길 끄는 집들과 간판들이 많았다. 신마산은 일본인 그들의 도시였다.

신마산 볼거리 중 첫째는 신사(神社, 지금의 제일여중고 자리)였다. 일본 신사라 마음이 크게 내키지는 않았다. 병 때문에 오르막길이 힘들기도 했다. 그렇다고 여기까지 와서 신사를 안 보고 갈 수는 없었다.

마산 신사는 개항 때부터 계획된 것이 아니었다. 각국 공동조계지로 개항됐으니 일본 신사를 배치할 수도 없었다. 마산에 신사를 추진한 것은 1909년 순종 순행 때쯤이었다. 전국에서 열 번째였다. 공사는 마산에 거주하던 스에미츠 이소고로(末光磯五郎말광기오랑)라는 장인이 맡았다. 공사장에 욕조를 두어 일꾼들과 함께 매일 아침 몸을 깨끗이 씻은 후 작업을 시작했다.

신사로 오르는 길 양옆에는 벚나무가 즐비했다. 바닥에는 조약돌이 깔려 있었다. 도향이 묵었던 상남리 길과는 분위기가 사뭇 달랐다. 신사 입구(지금의 제일여고 교문)에는 돌계단(현존)이 깔려 있었다. 근로봉사작업이라는 미명하에 마산포 주민들을 강제 노역시킨 돌계단이었다. 돌계

| 경정거리
도시 안으로 멀리까지 뻗어 있는 길이 지금의 '신마산 통술거리'이다.

단을 밟으며 도리이(鳥居) 아래를 걸었던 두
사람, 마음 한편이 무거웠을 터였다.

　병약한 도향은 가쁜 숨을 내쉬며
신사에 올랐다. 입구에 도착해 걸어
온 길을 되돌아보고서야 신사 터를
이곳에 잡은 이유를 알았다. 도시 공
간위계상 최고의 위치였다. 신월산을 등
지고 앉은 신사 터는 시내와 바다가 훤히
내다보이는 자리였다. 경내에는 수형 좋고 오래
된 정원수들이 잘 가꾸어져 있었다.

| 마산신사.

　신사 구경을 한 후 밖으로 나와 오른쪽으로 300m쯤 걸었다. 창원천
이었다. 1908년 일인들이 가로수로 심은 천변 벚나무가 울창했다. 벚꽃
이 피면 이 거리에선 한바탕 축제가 벌어졌다. 출장식 음식점이 열렸고
이동식 가설무대도 설치해 창원천 벚꽃을 맞았다. 마산의 각 주조장에서
는 직매장을 설치해 마치 주류 품평회처럼 난장을 벌였다. 대구와 부산
은 물론이고 경부선 특별열차가 운행되어 서울에서 하루 8백여 명의 관
앵객(觀櫻客, 벚꽃 구경온 관광객)이 찾아와 붐비기도 했다. 절정은 마산천
맑은 물에 드문드문 꽃잎이 떨어져갈 때로 쳤다.

　밤거리가 특히 아름다웠다. 축제 분위기를 띄우기 위해 인근 주민들
이 벚나무에 본보리(雪洞설동, 종이로 만든 등롱)를 매달아 밤의 벚꽃거리를
달구었다. 이를 두고 '불야성을 이루는 밤의 환락경'이라 말하기도 했다.
이곳 벚꽃은 4월 7일경부터 피기 시작해 13~14일 만개한 후 17~18일경

부터 떨어졌다. 지금보다 10일쯤 늦다. 생태 파괴로 땅이 데워진 탓이다. 신사와 창원천 벚꽃이 아름다워 이 동네 이름을 사쿠라마치(櫻町앵정, 지금의 문화동)라 불렀다.

꽃 진 지 오래지만 도향은 흐드러졌던 벚꽃을 생각하며 경성의 가족을 떠올렸을지 모른다. 작년에 돌아가신 할아버지는 한의였고 아버지는 외과 서양의였다. 6년 전 경성의전에 입학한 것도 가업을 잇고 싶었던 할아버지의 뜻이었다. 할아버지의 손자 사랑은 각별했다. 이름 경손(慶孫, 경사스러운 손자)도 손자 본 것이 너무 기뻐 할아버지가 받아온 이름이었다. 하지만 도향은 그 이름이 싫어서 박종화에게 부탁해 새 이름 도향(稻香)을 얻었다. '벼꽃 향기'라는 뜻이다. 하지만 집안에서는 도향이라는 이름을 싫어했다. 잠시 떠돌다가 사라지는 향기 '향(香)'자가 싫었기 때문이었다.

두 사람은 창원천변을 끼고 아래로 걸었다. 왼편으로 적문(赤門)장유양조장(지금의 평화아파트)과 길 안쪽에 목조 2층의 가부키극장 환서좌(丸西座)가 우뚝했다. 환서좌는 1907년에 세운 마산 최초의 극장이었다. 회전무대에 5백 개의 좌석을 갖춘 고급 공연장이었다. 일본 전통극을 월 12회 공연했고 영화 상영도 했는데 관객은 모두 일본인들이었다.

적문장유를 지나니 청수(清水, 지금의 무학아파트, 전 무학소주 자리)주조장이었다. 시미즈 아츠유키(清水篤行청수독행)가 1912년 설립한 주조장이었다. 주도(酒都) 마산의 술 4분의 1을 생산할 정도로 큰 규모였다. 이 공장에서 생산된 술 대정앵(大正櫻)은 만주와 중국으로까지 진출했다. 담장 안에는 술통이 산처럼 쌓여 있었고 일꾼들이 바쁘게 오가고 있었다. 술

| 창원천변에 핀 벚꽃, 그림엽서.

공장은 오래전에 없어졌지만 공장 앞의 다리는 지금도 '청수교'이다.

술에는 내로라했던 도향이었다. 현진건, 김동인, 박종화, 염상섭, 오상순, 양주동 등과 함께 앞자리를 다투었던 도향이었다. 술에 대한 도향의 전설 같은 이야기가 있다. 어느 추운 겨울, 일본에서 다다이스트 (dadaist) 쓰지 준(辻潤실윤)이 왔을 때였다. 도향은 월탄 박종화, 빙허 현진건과 함께 서울역 앞 주점에서 술을 시작해 종로를 거쳐 동대문까지, 동대문 밖에서 다시 종로까지 오가며 술을 마셨다. 훗날 박종화는 "도향

70사발, 빙허 60사발, 내가 50사발, 쓰지 준이 40사발을 마셨으니 이만
하면 도향과 빙허의 주량을 짐작할 것"이라며 그날을 회고했다.

도향의 말술에 대해 염상섭은 "민족적 처지와 사회적 환경이 이렇지
않았더라면 그와 같이 되지는 않았을 것이다"고 했다. 암울했던 근현대
문학 초창기 문인들의 음주는 개인사만으로 치부해버릴 수 없다는 말이
다. 횡보 염상섭은 임종 직전에 정종 세 숟가락을 넘긴 후 편안히 눈을
감았다는 애주가였다.

경정(京町)거리와 연결되는 경교(京橋) 아래로는 요정 망월(望月, •이
책 '순종' 편 참조)이 있었다. 하천 건너 요정 탄월(呑月)과 일본인들의 공중
목욕장 앵탕(櫻湯)이 마주보고 있었다.

본정(本町, 지금의 3·15대로) 큰길에서 왼쪽으로 틀었다. 목적지인 마
산역 뒤 해안 방축으로 가기 위해서였다. 이곳 도로 폭이 신마산에서 가
장 넓었다. 본정거리에도 개항 직후부터 지은 일본식 건물들이 줄을 지어
있었다. 대부분 1, 2층의 목조 기와 건물이었다. 하얀 애자가 촘촘하게
달린 나무 전봇대들이 줄을 지어 서 있었다.

조금 걸어 내려가니 한 건물이 도향의 눈을 끌었다. 조선식산은행 신
마산출장소(지금의 월남성당 마당 자리)였다. 네거리 모퉁이여서 눈에 잘
띄었다. 병합 다음 해인 1911년 일본제일은행 마산출장소로 지은 건물이
었다. 벽돌조 단층이었지만 층고가 높아 2층만큼 높고 당당했다. 외벽은
벽돌 벽에 회칠을 하여 석재처럼 보였고, 주출입구를 중심으로 좌우대칭
인 전통적인 은행 건물 형식이었다. 일식 기와의 우진각지붕 위에 동그란
천창이 두 개 얹혀 있었다.

이 건물은 1960년대 중반 현재의 성당이 건립될 때 철거됐다. 남아 있었다면 군산 조선은행, 대구 식산은행처럼 사랑받고 있을 터이다. 지금의 월남성당 마당에 서 있는 히말라야시다 밑 보호석이 식산은행 건물 화단석이다. 남은 흔적은 그것뿐이다.

식산은행부터 마산역 방축(지금의 경남은행 신마산지점 앞)까지의 200여m 길 오른편(지금의 해바라기아파트 일대)은 그때까지 매립이 안 된 해안이었다. 도로 안쪽의 건물들은 모두 목조로 지은 일본식이었고 3층도 있었다. 석축 호안 쪽에는 가로수로 심은 수양버들의 가지들이 바닷바람에 흩날렸다.

해안로가 끝나는 신월천의 창원교〔복개되어 없어짐〕를 건너면 곧 오른쪽으로 방축(지금의 문화동로)이었다. 해안 따라 서 있는 수양버들을 지나면 월포해수욕장이었다.

도향이 지났을 때 봤던 해안가 수양버들 중 한 그루가 지금까지 남아 있다. 경남은행 신마산지점에서 해안대로로 나가는 길(문화동로) 중간

| 본정거리 지금의 3·15대로. 왼쪽의 바다가 해바라기아파트 자리다.

| 나도향의 마산 석 달　99

쯤이다. 수양버들의 잎은 건재한 듯 보이지만 오랜 세월 탓에 나무는 속이 텅 빈 채 혼자 외로이 서 있다.

월포해수욕장에서 만난 여인

이윽고 두 사람은 마산역 뒤 해안 방축에 도착했다. 간석지였던 마산역 터는 매립으로 조성된 땅이었다. 행정 구역은 주정(湊町, 지금의 월포동)이라고 했다. 해안의 방축은 매립지에 바닷물이 넘치는 것을 막기 위한 둑이었다. 지금 위치로 보면 해안대로의 중간쯤이다.

바닷가에 길게 누운 방축은 휴일 오후를 즐기기에 딱 좋은 자리였다. 거울 같은 마산만과 그 가운데 뜬 돝섬이 한눈에 들어오는 지점이었다. 해수욕하기에는 조금 이를 때였다. 두 사람은 방축 위에 앉아서 호수처럼 잔잔한 검푸른 바닷물을 바라보며 일요일 한낮을 즐겼다. 방축을 따라 키 큰 소나무들이 늘어서 있었고 방축 아래는 금빛 사장(沙場) 월포해수욕장(지금의 경동메르빌, 월포벽산블루밍, 한성가고파 아파트 앞 길 건너)이었다.

위치가 신마산이었고 한국인에게는 해수욕이 아직 익숙하지 않을 때여서 주로 마산의 일본인들이 이용했다. 서울에서 마산까지 피서특별열차가 운행됐을 정도로 명성이 높았던 해수욕장이었다. 개장일과 폐장일은 신문에서 알렸고, 수영 훈련 차 멀리서 학생들이 단체로 오기도 했다.

목발 김형윤 선생이 "원산의 명사십리에 못지않은 곳이다. 물결이 잔

| 월포해수욕장 물이 맑고 모래가 희어 풍광이 명미하기로 이름이 높다고 설명한 기사이다. 『동아일보』, 1934년 7월 5일.

잔하면서 차지 않고 멀리까지 얕았다. 모래가 깨끗하고 해변의 철도 공지에 창창한 송림이 쭉 늘어져서 백사청송(白沙靑松)의 경치였다"고 격찬했던 해수욕장이었다. 어렸을 때 월포해수욕장을 직접 봤던 배두이 전제일여고 교장은 "반짝거리는 금빛 모래 위에 맑은 물이 찰랑거렸다. 너무 깨끗하고 아름다웠다"고 기억했다.

도향과 노산은 백사장에 드러누워 휘파람과 노래를 불렀다. 스무서넛 청춘의 즐거운 오후였다. 병든 몸도 잠시 잊었다.

도향이 두 손으로 머리를 깍지 낀 채 하늘을 보고 방축에 반듯이 누웠을 때 누군가의 구두가 머리에 부딪혔다. 발에 채였다는 생각에 화가 나 급히 일어나 쳐다보니 여자였다. 젊고 아름다웠다. 새로 유행하는 머

리를 했지만 조금도 남해 보이지 않았다. 아래 위가 다른 투피스를 입었
는데 잘 어울려 어색하지도 않았다. 미안해하며 "실례했다"는 여자의 사
과에 도리어 괜찮다고 도향은 허리까지 굽혀 인사했다. 멀어져가는 침착
한 걸음은 마치 무거운 구리 동상이 걷는 것 같았다.

　　마침 노산이 그녀를 안다고 했다. 집은 구마산, 처녀로 나이는 스물
둘이나 셋, 서울에서 내려온 교사, 이름은 장영옥이라고 했다. 그날 이후
로 도향은 아침에 서너 번이나 혈담을 뱉는 투병 속에서도 신마산 방축
에서 발끝으로 자신의 머리를 건드린 영옥을 잊지 못했다. 시간이 지날
수록 애타는 연심은 깊어만 갔다.

나는 그를 생각하면서 울었습니다. 그를 언제 내가 봤으며 내가 언제 그를 알았겠습니까마는 나의 마음은 그때 방축 위에서 나의 마음에 일으켜 준 파동과 함께 그의 치맛자락이 울렁대는 대로 끌고 간 채 지금까지 돌려보내 주지 않았습니다.

『피 묻은 편지 몇 쪽』

얼마 후 우연한 인연으로 영옥의 동생을 통해 그녀를 다시 만났다. 두 남매와 도향과 노산은 영옥의 집에서 트럼프도 하고 음식을 먹기도 했다. 처음 만났던 신마산 방축에 달구경을 나가기도 했다. 두 사람의 첫 만남 자리, 영옥이 도향을 발끝으로 찼던 그곳에서 웃음을 나누기도 했다.

도향 혼자서 영옥의 집에 갔을 때였다. 도향의 몸 상태를 몰랐던 영옥은 "무슨 번민이 있느냐?"고 물었다. 그 말에 도향은 스스로를 책망하며 후회했다. 도향은 이미 병든 몸, 마치 뱃전에 켜 놓은 촛불 같은 생명이었다. 영옥으로 인해 사랑을 느꼈고 사랑을 깨달았지만 오직 도향 혼자만의 사랑이었다.

죽음이 가까워 오고 있었다. 만날수록 오뇌와 번민이 고조되는 '무서운 행복'이었다. 사랑했기 때문에 떠날 수밖에 없었다.

'무서운 행복'은 영옥과 만나는 것입니다. 만나면 만날수록 나의 가슴 속에는 오뇌와 번민이 고조될 뿐입니다.

아아! 안 만나겠습니다. 다시는 안 만나겠습니다. 죽음이 가까운 사람이 어찌 영옥의 생활까지 침범하려는 대담한 마음을 갖겠습니까?

내가 참으로 영옥을 사랑하니까 그와 만나지 않으려는 것입니다. 가지고 가지요. 나의 관 뚜껑을 덮을 때 나의 가슴에는 그의 사랑을 가지고 가렵니다.

『피 묻은 편지 몇 쪽』

떠나기 이틀 전, 도향은 지팡이에 의지하여 그간 다녔던 마산 곳곳을 걸었다. 석 달밖에 되지 않았지만 가볼 곳이 많았다. 버들가지가 흩날리던 때였다.

구마산 선창과 어시장, 집 가까이 있던 서원곡과 창신학교, 그리고 신마산의 일본거리. 그 맑은 일요일 오후에 영옥을 처음 만났던 해안 방축. 살같이 빨랐던 석 달 동안 도향이 밟았던 마산 땅은 넓었다.

떠나는 장소는 구마산역(지금의 육호광장), 마산에 처음 왔던 그곳이었다. 조그마한 단층 역사에서 개찰하고 플랫 홈으로 들어갈 때 눈물 고인 영옥이 손수건을 흔들었다.

도향의 마산살이는 여기까지다. 흔들리는 차창 너머 저녁 별 하나가 깜박거렸다.

그 후

일본으로 건너간 도향은 동경에서 염상섭과 함께 하숙했다. 이태준과 양주동도 같이 있었다. 염상섭이 동경 역에 도착했던 1926년 1월 19일 도향이 마중 나왔다. 비가 내렸다. 후줄근한 일본 옷에 맨발로 우산을 들고 서 있었다. 벗은 발은 흙이 묻어 더러웠고 우그려 쓴 모자 밑에 유난히 반짝이는 두 눈이 한층 더 움푹 패어 보였다.

그해 봄, 이태준이 본 도향의 모습이다.

1926년 어느 이른 봄날이었다. 동경 일모리(日暮里)역 건너편 동산에 어우러진 참죽나무 꽃이 바람에 휘날리며 길을 붉게 덮었다. 도향은 걸음을 멈추고 앞서가던 나를 불러 세웠다.

그 하얗게 질린 얼굴은 지금도 기억한다. 그는 자기 앞에 떨어진 꽃잎보다 더 붉은 핏덩어리 하나를 굽어보고 섰던 것이다. 기침 한 번을 다시 하더니 또 하나를 뱉어 놓았다.

「도향 생각 몇 가지」, 『현대평론』(제7권 8월호), 1927.

곧 귀국한 뒤 도향은 세상을 떠났다. 마산 왔던 다음 해인 1926년 8월 26일, 스물다섯 청춘의 참혹한 요절이었다. 도향이 떠난 다음 해, 『현대평론』에 그를 추모하는 특집이 실렸다. 정인보, 염상섭, 이태준, 이은상 등 당대의 걸출한 문인들이 글을 올렸다. 마산에서 도향과 석 달을 함께 보낸 노산은 시조 「추억 도향」을 올렸다.

추억 도향

집에서 거리에서 그대 얼굴 볼 수 없네
간 지 벌써 한 해로되 어제런듯 애달파라
벗끼리 모여 앉으나 그대 자리 비었네

그대 무덤 가는 길이 풀 밑에 묻혔구나
해와 달은 기억조차 쓸어가려 하네마는
한 조각 설운 그림자 그려 마지 못하네

거울처럼 마주 앉아 웃고 울기 같이할 때

| 경정 입구.

경정(京町, 지금의 두월동)거리 양쪽에는 각양각
색의 점포들이 들어서 있었다. 깨끗하긴 했지만 북
적대는 마산포에 비해 상권은 약했다. 하지만 일본
인들이 '마산의 긴자'라 불렀던 경정 아닌가?

D. M. LYALL MEMORIAL SECONDARY SCHOOL FOR BOYS, MASAN, KOREA.
Opened December, 1924.   Presbyterian Church of Victo

| 라이얼기념관, 옛 창신학교.

이 건물은 호주 빅토리아주 장로회가 설계 도면과
함께 보내준 돈으로 지은 뜻깊은 교사였다. 호주
사람들은 이 건물을 일러 라이얼기념중학교(D. M.
Lyall Memorial secondary school)라 불렀다.

| 1920년대 마산.

1930년 개조사에서 편찬한 『일본지리대계』(12)의 「조선
편」에 실려 있는 지도이다.

뉘 하나 앞서갈 줄 생각이나 하였던가
애닯다 남겨둔 글만 그대 같이 대하네

(송창우 시인이 현대문으로 번역)

"눈물 고인 마산살이 석 달" 나도향, 1902~1926.

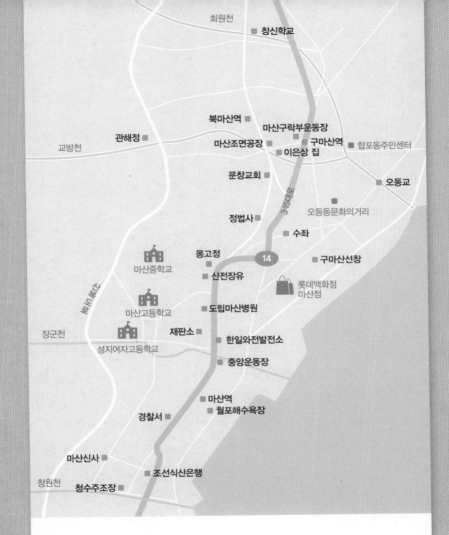

회원천

창신학교

북마산역
마산구락부운동장
관해정
마산조면공장
구마산역
교방천
합포동주민센터
이은상 집

문창교회
오동교

오동동문화의거리
정법사

수좌

몽고정
구마산선창

무학산
14
마산중학교
산전장유
롯데백화점
마산점

마산고등학교
도립마산병원

장군천
재판소
한일와전발전소
성지여자고등학교
중앙운동장

마산역
월포해수욕장
경찰서

마산신사

창원천
조선식산은행
청수주조장

!! 나도향의 나들이길

마산조면공장 ▷ 문창교회 ▷ 정법사 ▷ 몽고정 ▷ 산전장유 ▷ 한일와전발전소 ▷ 중앙운동장 ▷ 마산역 ▷ 마산신사 ▷ 청수주조장 ▷ 창원천 ▷ 조선식산은행 ▷ 월포해수욕장 ▷ 구마산역

2018년 4월 27일 저녁, 판문점 평화의 집 3층에서 제주도 소년 오연준의 청아한 목소리에 실려 「고향의 봄」이 울려 퍼졌다. 노래는 남북 정상과 참석자들 그리고 이 나라 온 국민들에게 평화의 미래를 꿈꾸게 했다. 눈시울을 적신 이도 많았다. 이원수가 우리에게 남긴 고마운 선물이다.

고향의 봄 이원수

1922년, 회사령이 폐지되어 도시로 사람들이 모여들던 때였다. 아버지는
열두 살 아들을 데리고 마산으로 왔다. 첫아들 원수가 태어난 곳은 양산
이었지만 채 일 년도 안 돼 창원으로 옮겨 살았다. 마산에 오기 전 진영
에도 잠시 머물렀다. 가난한 목수였던 아버지에게 도시 건설이 한창이던
마산은 기회의 땅이었다. 어릴 때 창원읍에서 서당 공부를 했던 큰아들
원수에게 신교육을 시키고 싶었던 아버지의 욕심도 있었다.

오동동 바닷가

이원수(1911~1981) 가족이 거처로 잡은 곳은 오동리 80번지(지금의 오동동 인애돌곱창 뒤편), 교방천에서 가까운 초가 셋집이었다. 일제강점기 초기만 해도 논밭이었던 오동리가 주거지로 변해가던 즈음이었다. '오동(午東)'이라는 지명은 오래된 것이 아니었다. 1914년 마산이 독립된 시(市)로 부(府)가 됐을 때 생긴 이름이었다. 오산리(지금의 산호동 일대)와 동성리에서 한 자씩을 따 만든 지명이었다.

이사 온 다음 해에 아버지는 아들 원수를 마산공립보통학교(지금의 성호초등학교) 2학년에 편입시켰다. 1학년 과정은 서당 공부로 갈음했다. 어린 원수는 한문 공부와 달리 보통학교 공부를 쉽고 재미있어 했다. 처음으로 일본글을 배웠고 그림을 그렸고 작문도 했다. 이원수는 그림과 글짓기에서 항상 우등이었다.

2년 후 목수 아버지는 100여m 인근의 오동동 71-2번지(지금의 오동세탁소 옆 동원빌딩 자리, 오동북3길24) 44평 터에 손수 새집을 지어 가족을 이사시켰다. 목수 일이 많았던 덕분이었다. 하지만 새 집을 가진 기쁨은 길지 않았다. 그다음 해에 아버지 문술(文術)은 세상을 떴다.

이원수가 어린 시절을 온통 보낸 오동동은 그에게 많은 추억을 남겨주었다. 오동동 좁은 골목에서 보낸 시간도 많았지만 해안이 가까워 바닷가로 자주 나갔다. 긴 갯벌 안쪽(지금의 서광아파트 일대)에는 갈대가 우거져 있었고 꼬막이 많이 묻혀 있었다. 갈대밭에 있다 해서 '갈밭샘'이라 이름 붙인 우물도 있었다. 갈밭샘은 물이 좋아 동이를 이고 온 여인들이 우물 주위에 늘어서 있었다. 어린 원수도 갈밭샘 주변에서 아이들과 섞

| 동원빌딩 이 건물 터(오동동 71-2번지)에서 국민 동요 「고향의 봄」이 탄생했다.

여 자주 놀았다.

조수가 밀려나가면 동네 어머니들이 갯벌로 나가 조개를 팠다. 이원수는 매일같이 반복되는 그 풍경 속의 일부가 되어 모래 굴을 파고 게를 잡고 바지락도 주웠다. 이원수의 유년 시절 고향은 '복숭아꽃 살구꽃' 피는 창원 소답리였지만, 열두 살부터의 소년 시절 고향은 '모래밭에 게들이 살랑살랑' 나오는 마산 오동리 바닷가였다.

훗날, 스물아홉(1939) 이원수는 어린 시절을 그리며 마산 바다를 노래했다. 금융조합 복직 후 함안에 살면서 쓴 동요 「고향 바다」이다.

고향 바다

봄이 오면 바다는 찰랑찰랑 차알랑
모래밭엔 게들이 살금살금 나오고
우리 동무 뱃전에 나란히 앉아
물결에 한들한들 노래 불렀지

내 고향 바다
내 고향 바다

자려고 눈 감아도 화안히 뵈네
은고기 비늘처럼 반짝이는
내 고향 바다

등곳길과「고향의 봄」

보통학교를 다니면서 이원수가 5년 동안 걸었던 길은 한결같았다. 오동동 골목길에서 마산형무소 담벼락을 지나 불종거리와 구마산 철길을 건너 추산 아래의 보통학교까지였다. 일본인이 놓은 신작로와 철로도 지났지만 대부분 마산포 옛 골목길이었다. 집에서는 1㎞ 거리였다.

등곳길 이원수는 마산형무소(1970년에 회성동으로 이전)의 북쪽 높은 담장 밑을 지났다. 형무소는 오동동 골목을 벗어나기 직전에 있었다. 지금의 삼성생명빌딩과 가톨릭 마산교구청 그리고 동성주차장(옛 한국은행

| 마산형무소, 불종거리에서 찍은 사진, 1960년경.

터) 터 전부였다.

등하굣길 하루 두 번 형무소 담장을 바라보지 않은 적이 없었다. 소년 이원수의 눈에 그 붉은 벽은 길었고 높았고 적막했다. 열 살 갓 넘긴 저학년 때는 높고 붉은 벽이 무섭기도 했다.

부산감옥 마산분감이 생긴 것은 1910년 7월 1일이었다. 처음에는 신마산 반월동 일대에 터를 잡았지만 일본 사람들의 반발로 부림시장 입구의 경무청에서 시작했다. 도시 외곽이던 오동동으로 이전한 것은 1913년이었다.

모든 형무소가 그랬듯이 이곳에도 무수한 선각들이 갇혔다. 농민, 노동자, 학생, 민족주의자와 사회주의자 등 가리지 않았다. 경남 지역 3·1

| 마산에서 찍은 가족 사진, 1939. | 마산에서 시인 김용호 씨와 찍은 사진, 1963.

운동 관련자들도 이곳에 갇혔다. 3월 31일 시위 때는 2천~3천 명의 군
중들이 이곳으로 몰려와 구속자들의 석방과 대한독립만세를 외쳤고, 이
에 화답해 감방 안의 수인들도 함께 만세를 외쳤다. 그 뜨거웠던 열기에
감동한 박광연이라는 간수가 제복을 벗어던지고 시위대 속에 뛰어든 일
도 있었다.

이원수가 보통학교 2학년에 편입했던 1923년 9월, 독립군자금을 모
집하던 죽헌(竹軒) 이교재(李敎載, 1887~1933) 선생이 통영에서 체포되어
3년 형을 받고 이곳에서 옥살이를 하고 있었다. 죽헌의 마산형무소 옥
살이는 3·1운동으로 2년 6개월 형을 산 대구형무소에 이어 두 번째였다.
백범의 임시정부 경상남북도 상주대표였던 선생은 그 후 두 번이나 옥
살이를 더했다. 마지막 6년 형을 받고 복역한 부산형무소에서 고문후유
증으로 강제 출소됐지만 출감한 지 10일 만에 순국했다. 대구, 마산, 서

대문, 부산의 형무소를 드나들며 민족의 독립을 위해 삶을 바쳤다. 해방 다음 해인 1946년 9월 삼남 지방에 내려온 백범이 창원군(지금의 마산합포구) 진전면 오서리 죽헌의 집을 직접 찾아 유족들을 위로했다는 기록이 『백범일지』에 남아 있다.

마산형무소의 상황은 해방 후에도 크게 다르지 않았다. 보도연맹 관련자 1,681명이 이곳에 투옥됐다가 학살됐다. "좌익 아버지를 둔 제 아내를 버려야 대통령이 될 자격이 있다면 저는 대통령 후보직을 사퇴하겠다"는 연설로 이 나라 아내들의 마음을 녹였던 노무현 대통령의 장인 권오석 씨도 당시 이곳에 갇혀 있었다.

붉은 벽돌 담장과 그 너머로 더 높은 벽이 무겁게 주위를 짓누르는 건물이었다. 등굣길 이원수가 호기심 어린 눈으로 담장 안을 살폈을 만한 분위기였다. 식민지 시대 형무소의 북벽 아래를 지나면서 어린 원수는 무슨 생각을 했을까? 먼 훗날 자신이 159번 수인번호를 달고 다다미가 깔린 좁고 차가운 독방에 갇히게 될 줄 상상이나 했을까?

형무소의 긴 담장이 끝나면 불종거리였다. 책가방을 둘러 멘 이원수는 폭 7m인 비포장 불종거리를 건넌 후 중성동 골목 안으로 접어들었다.

애국가보다 많이 불린다는 「고향의 봄」은 아버지가 지어준 오동동 새집에서 썼다. 방정환의 『어린이』 1926년 4월호에 발표되어 세상에 나왔다. 홍난파가 노래로 만든 것은 3년 후였다. 세상을 뜨기 1년 전에 이원수는 「고향의 봄」에 대한 소회를 남겼다.

| 마산 산호공원 「고향의 봄」 노래비 제막식에서, 1968.

내가 자란 고향은 경남 창원읍이다. (…) 나는 동문 밖에서 좀 떨어져 있는 소답리라는 마을의 서당엘 다녔다.

소답리는 작은 마을이었지만 읍내에서도 볼 수 없는 오래되고 큰 기와 집의 부잣집들이 있었다. 큰 고목의 정자나무와 봄이면 뒷산의 진달래와 철쭉꽃이 어우러져 피고, 마을 집 돌담 너머로 보이는 복숭아꽃 살구꽃도 아름다웠다.

(…) 봄이 되면 남쪽 들판에 물결치는 푸르고 윤기 나는 보리밭, 봄바람에 흐느적이며 춤추는 길가의 수양버들. (…) 그런 것들이 그립고 거기서 놀던 때가 한없이 즐거웠던 것 같았다.

「자전회고록–흘러가는 세월 속에」, 『월간소년』(1980년 10월호).

이원수가 말한 소답리의 큰 기와집들은 무오사화(1498) 때 폐족이 됐다가 중종반정으로 복관된 탁영(濯纓) 김일손(金馹孫, 1464~1498)의 후손들이 살던 집이다. 한국 추상조각의 선구자인 서울대학교 미술대학 교수 김종영(1915~1982)이 집안 장손이었다. 현재 김종영의 증조부가 1926년 이전하여 증축한 기와집(지금의 창원시 의창구 소답동 131-14, 등록문화재 제200호, '김종영 생가'라 부른다)과 별당 그리고 별당의 대문채인 사미루(四美樓)가 남아 있다. 아버지가 영남 부호였던 김종영은 이원수보다 네 살 아래였다.

고향의 봄

나의 살던 고향은 꽃피는 산골
복숭아꽃 살구꽃 아기 진달래
울긋불긋 꽃 대궐 차린 동네
그 속에서 놀던 때가 그립습니다.

꽃동네 새 동네 나의 옛 고향
파란 들 남쪽에서 바람이 불면
냇가에 수양버들 춤추는 동네
그 속에서 놀던 때가 그립습니다.

상업학교 가는 길

1928년 4월, 이원수는 5년간 다닌 보통학교를 졸업(성호초등학교 20회)하고 마산공립상업학교(지금의 용마고등학교가 된 마산상업고등학교의 전신)에 입학했다. 당시는 3년제 을종 상업학교*였다. 1922년에 개교했으니 이원수는 7회 입학생이었다.

지금 학제로 보면 지금의 중학교 과정에 불과하지만 당시에는 보통학교도 드물게 가던 시절이었다. 마산에는 보통학교 졸업생이 진학할 학교가 없던 때였다. 5년제 마산중학(1936)은 생기기 전이었고 창신학교에 중학과정의 호신학교를 설립했지만 정식 인가가 없었다. 심상고등소학교(지금의 월영초등학교)에 고등과가 있었지만 일본 아이들의 학교였다.

마산공립상업학교는 쉽게 들어갈 수 있는 곳이 아니었다. 모집 인원도 겨우 50명밖에 되지 않았다. 아버지를 여의고 어머니는 건강이 좋지 않아 가난했던 이원수에게는 더더욱 그랬다. 그런 이원수의 뒤에는 동생을 위한 누이의 희생이 있었다. 원수의 큰 누이 송연은 10대 나이에 오동동 남선권번에 입적해 기생이 됐다가 소실로 평생을 살았다. 가난한 가족을 위해서였고 동생 원수의 학업을 도우기 위해서였다.

이원수는 누이의 희생으로 자신이 공부할 수 있었다는 자책감으로 평생 마음 아파했다. 재미 항공학자인 장남 이경화 박사는 "가난한 목수였던 아버지는 일찍 돌아가셨고 어려운 집안을 위해 남의 소실로 들어가 불행한 삶을 사신 누님의 도움으로 학교를 다닐 수 있었다. 그러나 늘

---

* 일제강점기 때 상업학교는 갑종학교(5년제)와 을종학교(3년제)의 두 학제가 있었다.

| 농촌지도자 양성을 목적으로 설립된 복음농업실수학교의 벼베기 실습 장면, 1934, 창신학교.

어려웠던 형편 때문에 일찍 홀로 된 누님을 제대로 도와드리지도 못했다"며 마음 아파하던 아버지 이원수의 한탄을 자주 들었다.

이원수의 아버지와 어머니는 재혼이었다. 아버지는 일찍 사별하여 아이가 없었고 어머니에게는 초혼에 둔 딸 셋이 있었다. 원수와는 나이 차가 많았고 전남편 자식이라 그랬는지 호적에 올리지는 않았다. 함께 살다가 일찍 시집을 갔는데 멀지 않은 곳에 살았다. 부모 재혼 후 낳은 누나(송연)와 누이동생 둘(말연, 우연)까지, 딸 여섯에 원수가 외동아들이었다.

어머니가 데리고 온 세 누나들도 가난에 고생이 심했다. 그중 한 누나는 광산에서 돌 깨는 일을 했다. 광산은 반월산 뒤편(지금의 3·15아트센터 인근) 북쪽이었다. 집에서 3㎞ 거리였다. 원수는 광산에 돌 깨러 간 누나 마중 길에 허기를 잊기 위해 길가에 핀 찔레꽃을 따먹기도 했다. 그 체험을 언어화한 시가 「찔레꽃」이다. 시의 배경이 됐던 장소는 용마산과 반월산, 그리고 그 사이의 산호동 들판(바냇들)이었다. 가수 이연실이 부른 「찔레꽃」은 이 동시를 개사한 것이다.

찔레꽃

찔레꽃이 하얗게 피었다오
누나 일 가는 광산 길에 피었다오

찔레꽃 이파리는 맛도 있지
남모르게 가만히 먹어 봤다오

광산에 돌 깨는 누나 맞으러
저무는 산길에 나왔다가

하얀 찔레꽃 따 먹었다오
우리 누나 기다리며 따 먹었다오

『신소년』, 1930.

상업학교는 구마산역(지금의 육호광장) 부근의 불종거리 초입에 있었다. 보통학교보다는 가까웠지만 가는 길이 달랐다. 오동동 골목을 빠져나와 교방천을 끼고 불종거리 쪽으로 600여m 걸어야 했다. 천변에는 움막처럼 낮은 집들이 줄지어 서 있었고 길 중간쯤에 1924년 개장된 우(牛)시장도 이었다. 하천 건너 상남리는 대부분 논밭이었다. 교방천은 무학산에서 발원된 하천 중 가장 수량이 많았다. 여름이면 둑이 터질 때도 많았다.

이원수가 상업학교로 오갈 때, 불종거리 인근 골목(오동동 103번지, 지금의 동광교회 옆 골목)에 일본에서 건너온 어린아이가 살고 있었다. 훗날 조각가가 된 문신(1923~1995)이었다. 문신은 조그만 오두막에서 할머니와 함께 살았다. 마산에 오자마자 할머니의 손을 잡고 정법사 배달유치원에 다녔고, 이원수가 상업학교 2학년이던 1929년 마산보통학교(지금의 성호초등학교)에 입학했다.

상업학교 학생 이원수는 교방천을 따라 걷다가 불종거리에서 오른쪽으로 틀어 다리를 건너야 했다. 흔히 월남다리라고 불리던 성동교로 당시 보기 드문 콘크리트 다리였다. 성동교를 월남다리라고 부른 것은 다리 남서쪽 모퉁이(지금의 선일의원 자리)에 잡화를 파는 월남상회가 있었기 때문이었다. 주인은 3·15의거 당시 민주당 마산시당 간부였던 강경술(1910~1979)이었다. 3·15의거 주동자로 구금되어 당한 모진 고문 때문에 척추와 좌골이 부러져 노후 장애를 안고 살다 떠났다. 하지만 월남다리 이야기는 훨씬 뒷날의 일이고, 이원수가 3년 동안 건넜던 당시의 다리는 성동교였다. 단순하고 나지막한 난간을 가진 다리였다.

성동교를 막 건너면 길 건너 북서쪽 모퉁이(지금의 1층에 태광당이 있는 4층 건물 일대)에 크고 오래된 전통 양식의 건축물이 있었다. 마산기업전습소였다. 웅장한 건물이라 등하교 때마다 이원수의 눈에 들어왔다. 실업(實業) 장려 시설이었던 기업전습소는 일본 정부의 임시 은사금으로 건설됐다. 병합 직후 일본 정부가 나누어준 시혜 차원의 돈이었다.

애당초 마산기업전습소는 창동에 있던 마산창 유정당에서 시작했다. 한일 병합 직후 마산창 부지가 분할 해체될 때 이곳으로 이축해 왔다. 일본인 손에 해체된 마산창 유정당은 규모와 위계 면에서 마산 일대 최고의 건축물이었다. 요즘 말로 '랜드마크'여서 마산포 사람들의 자부심이기도 했다.

그렇게도 우뚝 섰던 유정당이 일본인의 손에 헐려 사라졌을 때, 그리고 초라한 모습으로 그들의 기업전습소가 되어 불종거리에 다시 나타났을 때, 그 추락을 지켜본 마산포 사람들의 심정은 어떤 것이었을까? 식민의 역사에서 모든 것이 부끄럽지만 이만한 치욕도 드물 것이다. 부끄러움은 사람에게만 있는 것이 아니다.

하지만 학생 이원수가 이런 사실을 알 리는 만무했을 터. 이원수에게 유정당은 기업전습소 건물일 뿐 더도 덜도 아니었다. 규모 있는 건축물이라 하굣길에 잠깐 멈춰 공포(栱包)라도 살폈을지 모를 일이다.

상업학교는 기업전습소 앞을 지나 100m쯤(지금의 상남동 성당 일대)에 있었다. 남쪽 운동장을 내려다보는 일자형 교사(校舍)는 인근 건물들과 비교가 안될 만큼 크고 멋있었다.

| 이원수의 마산공립상업학교 학적부.

마산공립상업학교는 1922년에 섰다. 총독부 문화정치의 산물이었다. 한일 공학으로 인가를 받았지만 사실상 한국 학생 위주였다. 설립 때 마산의 한국인 유지들이 기성회를 만들어 지원하기도 했다. 첫 입학식과 초창기 수업은 창동 노동야학에서 했다. 상남동에 자리를 잡은 것은 개교 1년이 지난 1923년 6월 1일이었다. 논밭 3,240평을 매입하여 기숙사와 운동장을 갖추고 본관은 벽돌조 2층으로 지었다. 웅장하고 기품 있는 건물이었다. 일식 기와 우진각지붕에 좁고 긴 수직형 창문을 가졌고 외벽은 붉은 벽돌이었다. 중문과 사잇문으로 구성된 교문의 문주(門柱) 디자인도 멋있었다.

마산 지역민들의 염원과 지원으로 세운 학교라 그랬을까? 상업학교

1 결혼식 직후 수원에서 찍은 최순애와 이원수 부부. 외가의 가족 사진.

2 이원수의 가족 사진.

3 왼쪽부터 이주홍. 이원수.

4 이원수와 부인 최순애.

는 나라 잃은 마산포 사람들의 공공장소로 사용되기도 했다. 1924년 10월 19일 개최된 제1회 추계 대운동회에는 수천 명의 마산포 주민들이 운집했다. 운동경기에다 악대부의 장쾌한 연주까지 더해 대성황을 이루었던 행사였다. 마칠 때는 참석자들 모두 만세삼창을 외치기도 했다. 이원수도 3년간 이 행사에 함께했다.

상업학교 3년간 이원수는 평범한 학생이었다. 학적부의 호주(戶主)란에는 아버지가 사망해 이원수 자신이 호주라고 적혀 있었다. 이원수는 성격이 온화하고 성실했으며 문학을 좋아했다. 가장 점수가 높았던 과목은 조선어였고, 그 반대는 수학, 특히 주산 점수가 제일 낮았다. 졸업 후 희망한 진로는 첫 번째가 금융조합이었고 그다음이 회사 또는 군청이었다. 첫 직장이 함안금융조합이었으니 뜻을 이룬 셈이었다.

3년제 을종학교가 못내 아쉬웠던지 1935년경부터 5년제 10학급 갑종상업학교로 승격시키자는 운동이 전개됐다. 승격기성회장은 옥기환 선생이었으며 지역 유지들이 대거 참여했고 언론도 동조했다. 갑종학교로의 뜻을 이룬 건 1939년이었고 산호동의 현재 위치(지금의 마산용마고등학교)로 옮겨간 것은 1941년이었다.

산호동으로 이전한 뒤 학교가 있던 자리는 장곡천(長谷川) 성냥공장으로 사용되다가 1950년대 중반 마산에서 유명했던 쌍마표 성냥공장 터가 됐다. 학교가 없어지고 20여 년간 성냥공장으로 사용된 탓에 사람들은 이곳을 '성냥공장 터'라고 불렀다. 1960년대에 토지 개발이 되어 터의 일부에 상남동 성당이 들어섰다. 성당 봉헌 미사는 마산교구 초대 김수환 스테파노 주교가 집전(1966. 12. 28)했다.

산호리 신혼집

결혼은 「오빠 생각」의 최순애와 했다. 출감 다섯 달 후(1936. 6. 6), 수원의 신부 집에서였다. 방정환의 『어린이』에 글을 발표한 인연으로 얼굴도 모른 채 7년간 편지를 주고받다 약속한 결혼이었다. 「고향의 봄」과 「오빠생각」이 맺어준 부부였다.

신혼집은 오동동 본가에서 1km쯤 떨어진 용마산 바로 밑(지금의 산호동 합포로 175-3, 마산도서관 아래)이었다. 옛 오산진이 있던 마을이었다. 신접살림은 함석지붕을 얹은 아래채 한 칸을 세 얻어 시작했다. 1년 뒤 이원수가 함안금융조합에 복직(1937)될 때까지 살았던 집이다. 오래된 푸조나무들이 집터 바로 뒤에 줄지어 서 있어서 신혼집은 마치 푸조나무 숲에 파묻힌 듯했다.

대문 바로 앞이 마을 공동우물이었다. 수원댁 새 신부 최순애는 대문 앞 우물물을 길어 밥 짓고 빨래하며 일 나간 신랑 원수를 기다렸다. 가난을 몰랐던 최순애라 힘이 들 때도 있었지만 두 사람 생에서 가장 달콤했던 시간이었다. 그때의 집과 우물, 푸조나무들이 아직 그대로 남아 있다.

산호동 신혼 시절 이원수는 창동에 있는 한성당 건재약방(지금의 고려당 우측 3층 건물) 서기로 일했다. 함안금융조합에 복직하기 전까지 1년쯤 다녔다. 1930년대 초 김상권 선생이 창업한 한성당 건재약방은 마산에서 가장 오래되고 규모도 큰 유명한 한약방이었다.

신혼이었던 두 사람은 집 뒤 용마산에 오르기도 하고 산호리 해안을 걷기도 했다. 마산이 낯설었던 신부와 함께 도시 이곳저곳을 구경 다니기도 했다. 마침 두 사람 신혼 시절이 지하련의 친정집이 지어질 때였다(•이 책 '임화와 지하련' 편 참조). 두 집 사이의 거리는 불과 300~400m였다. 지하련의 친정집은 마산 최고의 현대식 저택이었으니 소문이 났을 터였다. 가난한 신혼부부가 산책삼아 부잣집 짓는 구경이라도 나갔을지 모를 일이다.

당시 산호동 일대는 모두 논밭이었고 신혼집과 오동동 본가와는 창원가도라 불렸던 해안 길로 연결됐다. 신혼집에서 한성당 건재약방까지는 1.7㎞ 거리였고 오동동 본가는 그 중간쯤이었다. 외아들이었던 이원수는 퇴근길마다 본가에 들러 건강이 좋지 않은 어머니를 챙기곤 했다.

가족을 따라 마산 오동동으로 이사 온 뒤 보통학교와 상업학교, 형무소 수감 생활에 최순애와 차린 신혼집까지, 이원수의 삶에서 마산은 떼어낼 수 없는 공간이었다. 오동동에서 중성동과 추산동 골목을 지나 보통학교를 오가며 소년기를 보냈고, 교방천을 건너 상남동을 오가며 사춘기를 지냈다. 그의 시 「어머니 무학산(舞鶴山)」에서 "(…) 무학산은 진정 어머니 품 같아라"고 했듯이 마산은 그가 남긴 수많은 글들의 모태 공간이었다.

남은 이야기가 있다. 일제강점기 말기인 1942~1943년 조선금융연합조직회 기관지 『반도의 빛』에 이원수의 친일시 다섯 편이 게재된 사실이 밝혀졌다. 2002년, 그가 세상을 뜬 27년 뒤였다. 이 때문에 민족문제연구소와 친일인명사전편찬위원회는 2008년 발간된 『친일인명사전』에 이원수의 이름을 올렸다. 이를 두고 자녀들이 아버지를 대신해 공식 사과했다.

"(…) 아버지가 친일 작품을 썼을 것이라고는 상상조차 못했다. (…) 모든 분들께 정말 죄송하다. 이 자리를 빌려 용서를 구한다. (…) 아버지를 비난하더라도 일제의 압박을 받던 당시의 어려운 상황도 고려해 주시면 고맙겠다. (…)"

2018년 4월 27일 저녁, 판문점 평화의 집 3층에서 제주도 소년 오연준의 청아한 목소리에 실려 「고향의 봄」이 울려 퍼졌다. 노래는 남북 정상과 참석자들 그리고 이 나라 온 국민들에게 평화의 미래를 꿈꾸게 했다. 눈시울을 적신 이도 많았다. 이원수가 우리에게 남긴 고마운 선물이었다.

| 성동교와 기업전습소.

| 마산공립상업학교, 1923.

성동교를 막 건너면 길 건너 북서쪽 모퉁이(지금의 1층에 태광당이 있는 4층 건물 일대)에 크고 오래 된 전통 양식의·건축물이 있었다. 마산기업전습 소였다.

1928년 4월, 이원수는 5년간 다닌 보통학교를 졸업(성호초등학교 20회)하고 마산공립상업 학교(지금의 용마고등학교가 된 마산상업고 등학교의 전신)에 입학했다. 당시는 3년제 을 종 상업학교였다. 1922년에 개교했으니 이원수 는 7회 입학생이었다.

| 유정당.

| 우물 이원수 신혼집 대문 앞에 있음.

일본인 손에 해체된 마산창 유정당은 규모와 위 계 면에서 마산 일대 최고의 건축물이었다. 요즘 말로 '랜드마크'여서 마산포 사람들의 자부심이기 도 했다.

수원댁 새 신부 최순애는 대문 앞 우물물을 길어 밥 짓고 빨래하며 일 나간 신랑 원수를 기다렸다.

"그의 삶에서 떼어낼 수 없는 공간, 마산" 이원수, 1911~1981.

회원천

14

용마산

산호공원

신혼집

노산동주민센터

상남초등학교

3·15대로

육호광장 교차로

교방천

마산용마고등학교

합포동주민센터

마산공립상업학교

마산기업전습소

성동교

처음 이사온 집

마산공립보통학교
성호초등학교

이원수의 집

마산형무소

불종거리

갈밭샘

오동동문화의거리

마산부림시장

한성당건재약방

👣 이원수의 등굣길

보통학교 등굣길 이원수의 집 › 마산형무소 › 불종거리
　　　　　　　　　 › 마산공립보통학교

상업학교 등굣길 이원수의 집 › 교방천 › 성동교 › 마산기업전습소
　　　　　　　　　 › 마산공립상업학교

임화는 마산병원(진해의 도립마산의료원)으로 통원 치료를 했다. 자신을 간호하던 지하련의 배 속에는 아들 원배가 자라고 있었다. 병원까지는 800여 m. 걸어서 15분이면 충분히 도착할 수 있는 거리였다. 집에서 50m쯤 건너 있던 철도 건널목을 돌아 철길을 걸었다. 남쪽 방향이라 양지발랐다. 왼편으로 멀리 은빛 바다가 보였고 오른편 추산의 허리에는 벚나무가 빼곡했다. 진해 벚나무가 이름을 얻기 전에 마산 벚나무가 유명했다. 마산 벚나무의 중심은 추산이었다.

전답 3백 마지기 대지주의 외아들. 시쳇말로 금수저였다. 게다가 스무 살 젊은 나이에 스스로 사업을 시작해 물려받은 재산보다 더 큰 부를 쌓았다. 서른 살쯤에 풍경 2천3백 마지기 마석꾼의 반열에 올랐다. 돈 많이 돈다는 마산 어시장에서도 소문난 갑부였다.

가난과 누명으로 헐벗은 삶을 살았지만 인생을
'아름다운 소풍'이라 했던 이였다. 그를 두고 김
훈은 "그처럼 시와 인간이 일치하는 시인을 본
적이 없다"고 했다. 맞는 말이다. 천상병은 자신
의 시처럼 인생을 소풍 온 듯 살다 떠났다.

"마산 역사 속에서
전후를 막론하고
옥기환 선생을 능가할 사람은 찾기 어렵다."

언론인이면서 마산 역사 연구에 평생을 바친 이학렬 선생의 말이다.

만석꾼 옥기환

전답 3백 마지기 대지주의 외아들, 시쳇말로 금수저였다. 게다가 스무 살 젊은 나이에 스스로 사업을 시작해 물려받은 재산보다 더 큰 부를 쌓았다. 서른 살쯤에 물경 2천3백 마지기 만석꾼의 반열에 올랐다. 돈 많이 돈다는 마산어시장에서도 소문난 갑부였다.

남전(藍田) 옥기환(玉麒煥, 1875~1953)은 마산포에서 4대째 산 토박이였다. 태어나고 산 곳은 남성동 113번지(지금의 신한은행지점 자리), 마산포에 신작로가 나기 전이었다.

남전은 자신이 축적한 부를 나누어 쓸 줄 알았다. 장날(5일과 10일)

이면 허기진 이들을 위해 대문 앞에 솥을 걸고 국밥을 끓였다. 마산 장날이 '옥 부잣집 국밥 먹는 날'로 통했다. 식솔들에게 배고픔을 체험시키기 위해 매년 8월 15일에는 멀건 갱죽을 끓여 먹이기도 했다.

많이 가질수록 체제에 순응하는 것이 세상 이치다. 지켜야 될 것이 많아서이다. 그런 점에서 옥기환의 삶은 더욱 빛난다. 가진 자의 한계가 있긴 했지만 일제강점기 내내 쉽지 않은 길을 걸었다. 특히 돈이 없어 배우지 못하는 아이들의 교육에 남다른 관심을 가졌다.

교육에 대한 선생의 열정은 30여 년간 지속된 마산노동야학의 설립과 운영에서 발현됐다. 이외에도 마산공립상업학교(지금의 마산용마고등학교)와 마산중학교(지금의 마산고등학교)의 설립, 마산여자야학에도 적극 지원했다. 북간도 민족학교인 동흥중학교 확장을 위한 모금(1924)에도 참여했다. 자신의 회갑(1935)을 기념해 마산의 모든 공사립학교와 유치원에 극빈 학생 구제비로 거금을 기부하기도 했다. 식민지 시대 마산 교육에 남긴 남전의 발자취는 깊고 넓었다.

노동야학

남전은 서른셋이던 1907년에 마산의 뜻있는 젊은이들과 함께 '마산노동야학'을 설립해 스스로 교장이 됐다. 우리나라 최초의 근대 야학이었다. 노동야학이 전국적으로 번성했던 것이 1920년대였던 것에 비추어 매우 빠른 시기였다. 사립 창신학교가 독서숙이었던 때다.

1921년 7월 16일 자 『동아일보』 사회면에 「조선 최초의 노동야학, 마산야학의 14년 기념」이라는 제목의 기사가 있다. 이 기사에서 옥기환의 노동야학은 "마산 노동계에 새로운 생명이 되는 교육기관"이라는 칭송을 받았다. 교육시설이 절대 부족했고 대다수 민중의 삶이 궁핍했던 때였다. 학교에 갈 수 있었던 사람이 많지 않았다. 비록 정규학교는 아니었지만 옥기환의 노동야학은 공부하고 싶은 이들에게 배움의 길을 열어 주었다.

머리 땋은 총각, 상투 얹은 기혼자, 머리를 빡빡 깎은 어린아이까지 뒤섞인 학교였다. 어시장에서 품을 팔던 일용노동자나 공장 노동자, 혹은 농민이나 도시빈민들의 자제들이었다. 수업료는 없었다. 학습교재까지 남전이 무상으로 제공했다. 망해 가는 나라를 걱정하던 마산의 청년 지식인들과 창신학교 교사들이 강의료 없이 학생들을 가르쳤다. 운영에 필요한 비용은 남전이 댔다. 수업연한은 1년이었고 처음 시작했을 때 학생 수는 20여 명이었다. 교과목은 조선어를 중점으로 하고 일본어·산수·한문 등을 가르쳤다.

남성동 69번지의 허름한 창고를 수리해 학교 문을 열었다. 당시 최고로 번잡했던 동굴강(지금의 너른마당) 선창가였다. 1907년은 마산포 어시장의 번성기였고, 노동야학은 그 한복판에서 시작했다. 아직 매립되기 전이라 소라처럼 둥글게 생긴 포구가 육지 속에 쏙 들어와 있던 동굴강이 본래의 모습이었을 때였다. 야학이 앉은 터는 2~3m되는 좁은 해안 길에 면하고 있었다. 직사각형으로 생긴 44평의 땅이었다. 학교로 사용한 창고 건물은 20~30평 정도의 초가 목조 건물이었을 터였다.

110년이 흐른 지금, 흔적도 없이 사라진 동굴강은 너른마당이 됐고 노동야학 터에는 3층 건물(지금의 전일수산냉동 왼편이 야학 터)이 들어서 있다.

개교 후 7년쯤 지나자 학생 수가 많아졌다. 좁은 초가 창고에 계속 있을 수가 없었다. 의논 끝에 1914년 10월 '마산민의소'가 세운 창동의 민의소공회당으로 학교를 옮겼다. 민의소공회당의 위치는 옛 시민극장 자리였다. 대지 200평에 기와지붕을 얹은 단층 건물이었다. 강당에는 150여 명이 앉을 수 있었고 마당에는 300여 명이 설 수 있었다. 사무실과 숙직실 등 부속 건물도 있었다. 1908년 종로에 지은 황성YMCA(지금의 서울YMCA) 강당에 버금가는 공회당이라고 했던 건물이었다.

남성동 어시장 초가 창고에 비해 훨씬 넓고 좋은 민의소공회당을 학교로 사용하는 동안 노동야학은 더 많은 배움의 기회를 시민들에게 제공했다. 모든 공립학교들이 일제의 식민정책에 부응할 때였다. 비록 제한적이었지만 노동야학에서는 민족정신을 고양하면서 일제의 국권 강탈을 고발하고 극복하는 데 힘을 쏟았다.

민의소공회당에서 5년간 지낸 후 학교 건물을 마련했다. 공회당에서 50m쯤 떨어진 창동 28번지 99평 땅에 번듯한 목조 기와 건물을 신축(1919)하여 옮겼다. 비용은 대부분 옥기환이 부담했다. 지금 이 터에는 3·15대로변의 4층 창동빌딩이 서 있다. 노동야학 당시에는 3·15대로는 철도였고 교문은 뒤편 골목 쪽이었다. 마산공립상업학교(지금의 마산용마고등학교 전신)의 첫 입학식과 개교 후 1년간의 수업도 이곳에서 했다.

학교를 신축 건물로 옮기자 노동야학을 찾는 학생들이 더 많아졌고 활동도 다양해졌다. 1921년 9월에는 교사와 학생 들이 나서서 노동야학 선전대도 조직했다. 선전대는 마산 인근의 중리·석전·진동·창원·의령 등지를 순회하면서 '노동야학 급무를 부르짖음', '노동과 지식', '농촌의 개선책' 등의 제목으로 선전계몽운동을 전개했다. 바야흐로 노동야학은 식민지 민중의 계몽 터전이었다. 일경과의 충돌은 다반사였다.

옥기환의 노동야학에서 시작된 마산의 야학운동은 1920년대 들어 최고조에 달했다. 부인야학·어시장야학·산호리야학 등 성별·직업·지역 등으로 구분된 다양한 야학들이 10여 군데나 있었다.

야학이 많아지자 보통학교 고학년이 선생님과 함께 야학에서 글을 가르치기도 했다. 「고향의 봄」을 쓴 이원수도 이틀에 한 번씩 선생님을 따라 산호동과 양덕동 야학에 나가 글을 가르쳤다.

야학으로 모여드는 학생 수가 계속 많아지자 창동 교사로도 부족해졌다. 이윽고 1931년, 중성동에 토지 1천여 평(지금의 백제삼계탕 앞 대형 주차장 자리, 옛 중앙중학교)을 매입해 이전했다. 근사한 건물도 새로 지었다. 어지간한 공립학교보다 규모가 컸고 설비도 좋았다. '전국 제일의 하이칼라 학교'라는 신문보도까지 있었을 정도였다.

중성동으로 이전하면서 교명을 '마산노동야학교'에서 '마산중앙야학교'로 바꾸었다. '노동'이 빠지고 그 자리에 '중앙'이 들어간 것이었다. '노동'이라는 교명에 대한 일제의 사상 트집 때문이었다. 중앙야학은 지금의 마산중앙중학교와 마산공업고등학교의 모태이다.

식민지 시대와 해방 공간, 그리고 3·15의거에 이르기까지 마산노동야학 출신들이 지역사회에 끼친 영향은 매우 컸다. 하지만 비정규학교여

| 마산중앙야학교 졸업 사진 1939년 3월 15일.

서인지 학적자료가 남아 있지 않아 아쉽다. 다행히 1939년 3월 15일 촬
영한 마산중앙야학교 제25회 졸업기념 사진이 있다. 격자유리창이 박힌
중성동 목조 교사 앞에서 찍은 사진이다. 흰 도포에 하얀 수염이 성성한
어른이 남전 옥기환이다. 좌우에 검은 도포를 입은 남자 교사 두 명이 앉
았고, 그 주위로 남녀 각각 24명의 졸업생이 또릿또릿한 눈길로 앞을 보
고 있다. 선생이 예순다섯 되던 해였다.

마산민의소 공회당

마산노동야학이 1914년부터 1919년까지 교사로 사용했던 공회당은 마산민의소가 지은 시민 공간이었다. 1908년 봄에 설립된 마산민의소는 자주적이고 자치적인 사회운동단체였다. 상권 수호 투쟁, 외국인에 대한 토지 불매, 사립 일어학교 설립 반대, 국채보상운동 등에 나섰던 사실상 반일 단체였다. 그 까닭에 병합 직후 일제의 압력으로 해산 당했다.

| 후세 다츠지, 1880~1953.

　노동야학이 공회당을 학교로 사용했을 때는 마산민의소가 해산 당한 뒤였다. 마산민의소는 해산 총회에서 남은 잔여금 500원을 사립 창신학교에 기증했다. 이미 반일 교육으로 이름이 났던 창신학교에 해산 잔여금을 기증한 것만 보아도 마산민의소의 성향을 알 수 있다. 누구나 할 수 있는 일이 아니었다.

　노동야학이 신축 건물을 지어서 이전한(1919) 뒤부터 공회당은 마산구락부 회관으로 이용됐다. 1920년 창립된 마산구락부는 해산 당한 마산민의소의 정신을 계승한 조직이었다. 옥기환도 함께했다.

　마산구락부는 사회담론을 주고받는 토론회와 유명 인사들의 강연회 장소로 공회당을 적극 이용했다. 진보적인 단체의 행사장으로도 제공했다. 마산청년회 창립총회(1924), 독서회 창립총회(1925), 신간회 마산지회 창립대회(1927)가 이 공회당에서 열렸다. 이런 점들이 감안되어 공회당

터는 국내항일운동사적지로 지정됐다.

민의소공회당에서 열렸던 유명한 행사가 있다. 1923년 8월, 변호사 후세 다츠지(布施辰治포시진치)의 강연이었다. 청년 조직에서 마련한 행사였다. 후세를 초청한 이는 메이지대학교(明治大學校, 명치대학교) 재학 중 변호사 시험에 합격한 김형두였다. 그는 직접 강연의 통역도 맡았다. 김형두는 마산 최초의 한국인 근대 의료 기관이었던 삼성병원 김형철 원장(•이 책 '명도석' 편 참조)의 동생이었다. '무산계급의 정신'이라는 주제로 1시간 가까이 진행된 후세 다츠지의 열변에 참석자들은 열광했다. 일본인 경찰서장과 조선인 고등계 형사주임이 강연 중 주의를 주기도 했다.

후세는 법의 보호를 받지 못하는 약자들을 위해 평생을 보낸 사회주의 인권변호사였다. 우리나라의 독립을 적극 지지했고 독립운동가들의 변론도 많이 맡았다. 이준익 감독의 영화 「박열」에서 주인공 박열을 변론했던 이도 그였다. 광복 후에는 우리나라 헌법 초안 작업에까지 참여했다. 이런 공로를 기려 정부는 그의 사후에 건국훈장 애족장을 추서했다.

이랬던 민의소공회당이 1935년 8월 나락으로 떨어졌다. 마산부의원이며 신마산에서 마산극장을 경영하던 일본인 청부업자 혼다 스치고로(本田槌五郎본전퇴오랑)에게 매각됐다. 그는 팔용산 수원지를 건설한 이였다. 소유권을 이전받은 혼다는 곧바로 공회당을 헐고 영화를 상영하는 극장으로 신축했다. 1941년에는 화재가 나 개축하기도 했다. 극장 이름은 공락관(公樂館)이었다. 조각가 문신(1923~1995)이 십 대의 어린 나이에 영화 간판을 그렸다는 극장이다. 해방 후 공락관의 사무원이었다는 이가 불

| 혼다 스치고로가 지은 공락관(옛 시민극장).

하받아 문을 연 것이 '시민극장'이다. 시민극장은 1950년 7월 15일 마산 보도연맹 가입자들을 속여 동원했던 학살의 시발지이기도 했다.

원동무역

남전 옥기환을 말할 때 가장 많이 언급되는 것이 노동야학과 원동무역 주식회사이다. 원동무역은 마산 최초의 한국인 주식회사로 남전이 어시 장에서 운영했던 원동상회가 효시다. 3·1만세운동이 있던 1919년 9월 명 도석·김철두와 함께 발기한 후 11월에 창립총회를 가졌다. 업무는 육상부·해상부·위탁판매 등이었다. 1923년부터는 민족 운동가 남저(南樗) 이우식(李祐植, 1891~1966)이 대표를 맡았고, 남전은 이사와 대주주로 참여했다. 남전은 20여 년 지속적으로 참여하다가 일제강점기 말기에 손을 놓았다.

위치는 남성동 91번지로 당시 최고 번화가(지금의 동서북9길)였다. 지금은 도시 뒷길 취급을 당하지만 그때는 달랐다. 원동무역 앞 도로는 남성동 매립지와 함께 병합 직후에 생긴 마산포 최초의 계획 도로였다. 창동과 부림동이 큰길로 연결됐고 어시장이 바로 인접한 요지였다. 비슷한 시기(1922)에 마산포 상인들의 금융 지원을 목적으로 설립한 구마산금융조합(옛 중소기업은행 자리)과 엇비슷하게 마주보고 있었다. 구마산금융조합의 대표도 남전이었다.

사업이 번창했던 원동무역은 기존의 낡은 건물을 헐고 그 자리에 현대식 사옥을 지었다. 1927년 8월에 착공하여 1928년 4월에 준공했다. 지하 1층, 지상 2층의 콘크리트 건물에 부속동도 있었다. 신축한 원동무역 사옥은 마산포에서 가장 돋보이는 집이었다. 세련되게 디자인된 당당하고 균형 잡힌 건물이었다. 시각적 안정감을 높이기 위해 기단부를 두었고, 무게감 있는 엔타블러처(entablature)가 얹혀 있었다. 르네상스식 열주를 연상시키는 수직형 벽과 일부 벽의 최상부에는 섬세하게 조각된 갓돌(capstone)이 박혀 있었다. 도로에 바싹 붙여 지은 건물이라 처마는 없었지만 화려하고 중후한 출입구를 가진 건물이었다. 설계를 한 건축가도 집을 지은 이도 알려져 있지 않지만 일제강점기 마산포 사람들의 자부심을 한껏 채워준 건물이었다.

규모는 크지 않았다. 하지만 옥기환·명 도석·이우식 등 원동무역 사람들의 사회적 무게감이 그득했던 '민족 공간'이었다. 해방 후에는 마산교육청으로, 한국전쟁 때에는 마산 주둔 미군인사처 사무실로 사용됐다. 지금은 3층이 증축되고 외관도 크게 훼손되 어 본래 모습을 찾아볼 수 없지만, 외피만 달라졌을 뿐 원래 건물은 그 속에 들어 있 을 터이다.

| 남저 이우식, 1891~1966.

원동무역은 회사 운영 기간 내내 민족주의자들과의 관계를 유지했 다. 부산에서 백산무역을 운영한 안희제를 통해 상해임시정부에도 자금 을 지원했다. 특히 1915년 경북 달성에서 결성된 조선국권회복단과의 관 계가 깊었다. 창신학교 교사이면서 노동야학에서 학생을 가르쳤던 국학 자 안확과 옥기환의 인연 때문이었다. 안확은 조선국권회복단 마산지부 장이었다. 이런 사실들로 인해 원동무역 터는 국내 항일운동사적지로 지 정됐다.

남전의 자택(지금의 신한은행지점 자리)은 회사에서 60여m 거리였다. 회사와 자택을 오갔던 골목길은 낡은 모습으로 아직 남아 있다. 동신주 차장 옆을 끼고 신한은행 뒤쪽으로 가는 좁은 길이다. 어시장과 원동무 역, 마산 창고 등 남전이 사업을 위해 걸었던 길들은 대부분 남성동 일대 였다.

초대 마산부윤

남전 옥기환의 삶에 흠도 없지 않다. 일제에 굴신했다. 1911년 마산 경찰
서장이 발기한 친일 단체 교풍회에 가담했고 명치신궁 봉찬회에 성금도
기탁했다. 부협의원으로도 활동했다. 일제강점기 말기에는 타마야마 미
츠키(玉山舜基옥산순기)로 창씨개명도 했다. 하지만 그가 펼친 덕이 워낙 두
터워 누구도 크게 탓하지는 않았다.

해방 후 마산의 미군정청 초대사령관 데일리(Dairy)가 남전에게 초대
부윤(府尹, 지금의 시장)을 맡아달라고 요청했다. 시민 여론과 주위의 권고
를 감안하여 신망이 가장 높은 남전을 택한 것이었다. 데일리는 마산중
학교(지금의 마산고등학교) 영어 교사였던 통역관 홍성은과 함께 직접 남
전의 자택을 찾아가 부탁했다. 하지만 남전은 데일리의 제안을 거절했
다. 공직이 자신에게 맞지 않다는 소신 때문이었다.

거듭된 요청 끝에 데일리가 "당신에게 당신 나라 일과 당신이 사는
사회 일을 해달라는데 이렇게 거절할 수 있느냐"고 질책했다. 그러자 남
전의 마음이 바뀌었다. 적절한 사람이 나타날 때까지만 맡겠다는 조건을
달고 해방된 마산의 초대 부윤(1945. 12. 15.~1946. 5. 14.)직을 수락했다.

언론인이면서 마산 역사 연구에 평생을 바친 이학렬 선생은 "마산역
사 속에서 전후를 막론하고 옥기환 선생을 능가할 사람은 찾기 어렵다"
고 남전을 평가했다.

| 마산부청. 1936.

남전의 마음이 바뀌었다. 적절한 사람이 나타날 때까지만 맡겠다는 조건을 달고 해방된 마산의 초대 부윤(1945. 12. 15.~1946. 5.)직을 수락했다.

| 원동무역주식회사. 1928.

원동무역은 마산 최초의 한국인 주식회사로 남전이 어시장에서 운영했던 원동상회가 효시다.

위치는 남성동 91번지로 당시 최고 번화가(지금의 동서북9길)였다. 지금은 도시 뒷길 취급을 당하지만 그때는 달랐다. 원동무역 앞 도로는 남성동 매립지와 함께 병합 직후에 생긴 마산포 최초의 계획 도로였다. 창동과 부림동이 큰길로 연결됐고 어시장이 바로 인접한 요지였다.

"마산 역사에서 능가할 사람이 없었던 옥 부잣집 외아들" 옥기환, 1875~1953.

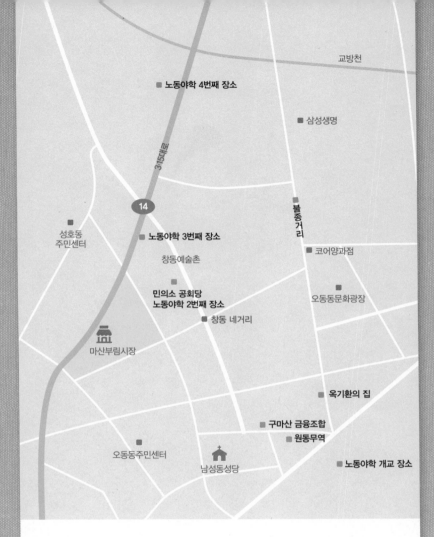

교방천

■ 노동야학 4번째 장소

■ 삼성생명

3·15대로

14

성호동
주민센터

■ 노동야학 3번째 장소

불종거리

창동예술촌

■ 코어양과점

민의소 공회당
노동야학 2번째 장소

■ 오동동문화광장

■ 창동 네거리

마산부림시장

■ 옥기환의 집

■ 구마산 금융조합

■ 원동무역

오동동주민센터

남성동성당

■ 노동야학 개교 장소

‼️옥기환과 마산포

노동야학 개교 장소•원동무역•옥기환의 집•구마산 금융조합•민의소 공
회당 노동야학 2번째 장소•노동야학 3번째 장소•노동야학 4번째 장소

마산 객주는 구마산 선창을 중심으로 모여 있었다. '제2의 개성 상인'이라 불릴 만큼 배타적 단결력이 강했던 객주들이었다. 상권 침탈을 노렸던 일본인들과 마찰도 많았다. 백석이 두 번째 쓴 시 「통영」의 "내가 들은 마산 객주집의 어린 딸은 난(蘭)이라는 이 같고"에서 보듯, 백석은 구마산 선창가 어느 객주집에서 낯선 마산 객주의 어린 딸 이야기를 듣기도 했다.

시인 백석

1988년 북한 문인 해금 후 그들의 삶과 작품이 폭넓게 알려지기 시작했다. 감추어져 있던 작품들이 소개됐고, 기구했던 삶들이 세간의 이목을 끌었다. 그중에서도 각별한 관심을 받은 이는 백석(白石, 1912~1996)이었다. 많은 사람들이 낯선 그의 시어와 서정성에 매료됐다. 불우하게 생을 마친 기구한 삶에도 귀를 세웠다. 친일시가 없었고 동인이나 유파에 속하지도 않았다.

백석은 만주 안동 세관에서 일하다가 해방되어 고향으로 돌아왔고, 남북이 갈라지자 북한 사람이 됐다. 월북도 납북도 아닌 재북(在北) 작가였다. 해금 후 그의 시는 교과서에 실렸고, 수능시험에 출제됐고, 그가 남긴 시집 『사슴』 초간본은 경매에서 무려 7천만 원에 낙찰됐다. 그를 다룬 논문과 책이 1천여 편을 넘겼고 '남 지용(충북 옥천) 북 백석(평북 정주)'이라는 신종어까지 생겼다.

백석은 1912년 소월의 고향 평북 정주에서 출생했다. 본명은 백기행(白夔行), 전형적인 시골 가정의 3남 1녀 중 장남이었다. 고향에서 오산소학교(1924)와 오산고보(1928)를 졸업한 후 동경 청산학원 영어사범과에 진학하여 1934년 졸업했다. 첫 직장은 조선일보 교정부 기자였다. 백석이라는 필명을 세상에 드러낸 건 1930년 1월 조선일보 신춘문예에 당선되면서부터였다. 당선작은 단편소설 「그 母(모)의 아들」이었다. 백석의 석(石) 자는 자신이 좋아했던 단가(短歌)의 거장 이시카와 다쿠보쿠(石川啄本석천탁본, 1886~1912)의 이름에서 따온 것이다.

란(蘭)을 찾아서

1936년, 시인 백석이 마산 불종거리를 걸었다. 통영 처녀 란(蘭)을 찾아가던 길이었다. 그는 그해 이 길을 1월과 2월 그리고 12월, 모두 세 번을 걸었다. 백석의 길은 구마산역(지금의 육호광장)에서 불종거리를 거쳐 구마산 선창(지금의 마산어시장 내 농협 남성동지점)까지 약 1㎞의 비포장 흙길이었다.

백석이 처음 란(본명 박경련)을 만난 것은 1년 전인 1935년 6월, 실비

| 「나와 나타샤와 흰 당나귀」 전문
  백석이 편집을 맡았던 잡지 『여성』(3권 3호, 1938년 3월호)에 발표. 삽화는 당시 백석과 절친한 관계였던 정현웅 화백이 그렸다.

가 내리던 무더운 밤이었다. 서울 낙원동 장안여관(허준의 외조모 경영)에서 가진 친구 허준의 결혼 축하 자리였고, 란은 신부의 친구였다. 란은 이화고녀 학생, 백석은 조선일보 기자였다. 첫 만남 때부터 백석은 란에게 마음을 뺏겼다. 난초에 비유해 별칭을 '란(蘭)'이라 지은 것도 첫 만남 직후였다. 무남독녀였던 란의 용모는 수려하고 청초했다. 아버지는 일찍 작고했지만 재산을 남긴 덕에 살림은 넉넉한 편이었다.

　　란을 만난 다음 해인 1936년 1월 초, 백석은 친구 신현중(1910~1980)과 함께 통영에 가기로 작정했다. 지난여름 만났던 란을 만나기 위해서였다. 겨울방학 기간이라 란이 통영 집에 있으리라 믿고 떠났다. 마산을 거쳐 가는 길을 택했다. 란을 처음 만났던 지난해 7월에도 신현중과 허준 셋이서 통영에 간 적이 있었지만 그때는 부산을 거쳐서 갔다.

서울역에서 출발한 백석은 삼랑진에서 기차를 갈아탄 후 구마산역에 내렸다. 통영으로 가는 배를 타기 위해서였다. 하지만 하필 그날은 란이 서울로 가는 날이었다. 선창에서 내린 란이 구마산역으로 올라가고 있을 때 백석은 배를 타기 위해 구마산역에서 선창으로 내려가고 있었다. 두 사람은 불종거리에서 지나쳤다. 백석은 몰랐고 란은 알았다. 란과 함께 가던 서정귀가 백석을 알아보고 란에게 귀띔해주어 알게 됐다. 그러나 란은 역으로 가던 걸음을 멈추어 알은체를 하지 않고 서울행 기차를 탔다.

통영에 도착한 백석은 란의 집이 있는 명정골에서 시 「통영」을 썼다. 1936년 1월 8일이었다. 충렬사 앞 계단에서 란이 사는 '하이얀 회담벽' 집과 명정골, 그리고 통영 시내와 한산도 바다를 바라보며 썼다. 지난해 여름에 왔을 때도 같은 제목의 시를 썼으니 두 번째 「통영」이었다. 백석의 시 중 '마산'이 등장하는 유일한 시다. 1936년 1월 23일 『조선일보』에 발표됐다.

구마산의 선창에선 좋아하는 사람이 울며 나리는 배에 올라서

(…)

내가 들은 마산 객주집의 어린 딸은 난(蘭)이라는 이 같고

통영에서 돌아온 열흘쯤 뒤(1936. 1. 20.) 백석은 첫 시집 『사슴』을 발행했다. 100부 한정판이었다. 한지로 만든 시집의 가격은 2원이었다. 지

| 백석의 유일한 시집 『사슴』 초판본
시집 안에는 백석이 이육사 시인의 동생인 문학평론가 이원조에게 직접 줬다는 뜻으로 '이원조씨 백석'이라고 적혀 있다.

금 돈으로 약 3만 원, 당시 최고가였다. 김기림과 정지용이 격찬했고, 『사슴』을 구할 수 없었던 스무 살 윤동주는 도서관에서 노트에 필사해 평생 소중히 지녔다.

한 달 후 2월에도 백석은 불종거리를 걸었다. 두 번째 마산길이었다. 이 여행에서 「통영」이라는 제목의 세 번째 시를 발표했고 그 직후 조선일보를 떠났다. 그가 간 곳은 함흥의 영생고등보통학교였다. 어렸을 적부터 꿈꾸었던 영어 교사가 됐다. 하지만 두 학기를 바쁘게 마친 백석은 겨울방학이 되자 곧바로 서울로 돌아왔다. 란에 대한 그리움 때문이었다.

세 번째 마산길은 12월 하순이었다. 이번에는 정식으로 란의 어머니에게 청혼한다는 뜻을 전했다. 하지만 돌아온 답은 거절이었다. 집에 내려와 있던 란을 만나게 해주지도 않았다. 부산을 거쳐 한 번, 마산을 거쳐 세 번이나 찾았지만 실비 내렸던 여름밤의 첫 만남 후 백석은 란의 얼굴을 한 번도 보지 못했다.

다음 해 봄, 충격적인 소식이 함흥에 있는 백석에게 전해졌다. 란의 결혼 소식이었다. 그것도 친구 신현중의 신부가 된다는 것이었다. 1937년 4월 7일 수요일, 란은 통영 명정골 집 마당에서 결혼식을 올렸다. 신혼 여행지는 진주 촉석루였고, 신접살림은 서울 가회동 단칸방에서 시작했다. 결혼하던 날, 란은 신랑 친구인 백석이 오지 않아 의아하게 생각했다. 자신에게 품었던 백석의 연정을 전혀 몰랐던 것이다. 백석과 란의 인연은 그렇게 끝났다.

란을 향한 백석의 간절한 속내가 담긴 글이 있다. 1936년 2월 22일자 『조선일보』에 발표한 수필 「편지」이다. 시집 『사슴』을 받은 신석정의 축하 헌시 「수선화」에 대한 답글이었다.

(…) 남쪽 바닷가 어떤 낡은 항구의 처녀 하나를 나는 좋아했습니다. 머리가 까맣고 눈이 크고 코가 높고 목이 패고 키가 호리낭창했습니다. 그가 열 살이 못되어 젊디젊은 그 아버지는 가슴을 앓아 죽고 그는 아름다운 젊은 홀어머니와 둘이 동지섣달에도 눈이 오지 않는 따뜻한 이 낡은 항구의 크나큰 기와집에서 그늘진 풀같이 살아왔습니다.

어느 해 유월이 저물게 실비 오는 무더운 밤에 처음으로 그를 안 나는 여러 아름다운 것에 그를 견주어 봤습니다. 당신께서 좋아하시는 산새에도 해오라비에도 또 진달래에도 그리고 산호에도 (…), 그러나 나는 어리석어서 아름다움이 닮은 것을 골라낼 수 없었습니다. (…)

이뿐 아니다. 인연은 끝났지만 백석은 내내 그녀를 잊지 못했다. 「바다」(1937. 10.), 「나와 나타샤와 흰 당나귀」(1938. 3.), 「내가 생각하는 것은」(1938. 4.), 연작시 「물닭의 소리」의 '삼호(三湖)', '남향(南鄉)', '야우소회(夜雨小懷)'(1938. 10.), 「흰 바람벽이 있어」(1941. 4.) ….

란의 잔영은 오랫동안 지워지지 않고 그의 시어(詩語)가 되어 어른거렸다.

첫발 디딘 구마산역

란을 찾아 경성역에서 기차를 탄 백석은 대구를 지나 삼랑진역에서 내렸다. 마산선 철도로 갈아타기 위해서였다. 마산선 철도는 일찍이 철도 선각자 박기종이 개척한 철도 노선이었다. 하지만 러일전쟁 중이라는 이유를 내세운 일본 군부에게 사업권을 잃고 말았다.

철도 부설권을 빼앗은 일본 군부는 1904년 8월 31일 마산의 일본 영사 앞으로 발신불명의 전보를 쳤다. 전보 내용은 「철도대 내일 귀지(貴地)로 향함」이었다. 이 한 통의 전보 외에 어떤 의논과 통보도 없었다. 전쟁 중에 군에서 보낸 전보라 되물을 수도 없었다.

다음 날 아침 마산만에는 철도 용재를 만재한 여러 척의 운송선이 입항했다. 배에는 철도대 장교와 대원들 그리고 민간 토목업자들이 타고 있었다. 그때야 비로소 군사 철도가 마산에 건설된다는 사실이 알려졌다. 철도대는 도착 즉시 측량 작업과 함께 공사에 들어갔다. 전쟁 중에

놓는 군사 철도였다. 민관이 밤낮 밀어붙인 돌관(突貫) 공사로 다음 해 6월 개통됐다. 이 철도는 현재 부림동과 합성동을 잇는 중앙간선도로(지금의 3·15대로)로 이용되고 있다.

철도 공사가 끝날 무렵이 마침 러일전쟁 승전 직후였다. 마산의 일본 거류민단은 철도 개통과 러일전쟁 승리를 묶어 대규모 축하 행사를 열었다. 1905년 6월 6일에 열린 축하 행사 장소는 경정(京町, 지금의 두월동) 3정목(3町目, 3가)이었다. 오후 2시에 시작된 행사는 야간제등축하행진으로 이어졌다. 새벽까지 계속된 이날 축하연에 마산 시내 술통이 바닥날 정도였다. 군사 전용으로 개통된 마산선 철도는 그해 11월 민간에게 개방됐고, 역은 마산역 한 곳(지금의 월포동 월포벽산블루밍아파트 자리)뿐이었다. 백석이 내린 구마산역은 5년 후인 1910년에 개설됐다.

백석이 삼랑진에서 갈아탄 기차는 삼랑진−낙동강−한림정−진영−덕산−창원을 거쳐 구마산역(지금의 육호광장)에 도착했다. 구마산역은 주변에 비해 약간 높은 지세였다. 북쪽으로 회원천이, 남쪽으로 교방천이 흐르는 메소포타미아(Mesopotamia) 지형이었다.

백석이 역에서 나왔을 때, 눈앞에는 상남리의 초가들과 용마산 아래 산호리의 논밭들, 그리고 그 건너 마산만이 포근하게 퍼져 있었다. 지세가 높아 은빛 마산 바다도 보였다. 왼편 북쪽으로는 바냇들 너머 이산(鯉山, 지금의 마산무학여자고등학교 뒷산)이 아늑했다. 역 뒤쪽으로는 나지막한 산이었다. 자신이 다니는 『조선일보』의 주간이었던 이은상이 호로 택한 노비산이었다. 노산의 대표작 「가고파」는 1932년에 썼고, 1년 뒤 김동진이 곡을 붙였다. 불과 3~4년 전의 일이었다. 그 노래의 '남쪽 바다'

| 구마산역 1936년 7월 준공. 지금의 육호광장에 위치.

가 '마산 바다'라는 사실을 백석도 알았을 터였다.

백석이 가야할 곳은 구마산 선창이 있는 오른쪽 마산포 방향이었다. 백석이 1월에 내린 구마산역은 직원이 3명밖에 없던 작은 역이었다. 일제강점기 마산상업학교 학생이었던 김성길 선생은 "규모가 작은 단층 기와지붕이었으며 동향으로 앉아 있었다"고 기억했다. 이 작은 역이 제 수명을 다하자 1936년 7월 현대식으로 지은 큰 역이 들어섰다. 원래 역과달리 서향이었다. 준공 때 『동아일보』 기사에서 '모던(modern)한 건축양식의 건물'이라고 했던 신식 건물이었다. 백석은 구마산역에 처음 왔던 1936년 1월과 두 번째였던 2월에는 낡고 조그마한 단층 역사에서 나왔고, 12월 말 세 번째 왔을 때는 새로 지은 역을 통했다.

| 조선일보 재직 시절의 백석(뒷줄 가운데).

　　백석이 왔던 1936년, 마산에는 31,000명 정도가 살고 있었다. 그중 일본인이 5,400여 명이었다. 하지만 일본인들 대부분은 그들의 도시 신마산에 모여 살았다. 백석이 걸었던 불종거리는 한국인들의 거리였다. 중일전쟁 직전이었고 강압 통치가 한반도를 짓누르고 있을 때였지만 마산의 도시 분위기는 사뭇 달랐다.

　　백석이 왔던 그해는 유난히 건설공사가 많았다. 『朝鮮と建築(조선과 건축)』같은 저널에서도 마산의 건축 경기에 대해 언급할 정도였다. "건축의 양식이 도회적 색채를 띠고 있다, 철근콘크리트조가 많다, 마산 건설

업계가 황금시대를 맞았다"는 등으로 마산의 상황을 전할 때였다. 부 청사(예전의 마산시청, 지금의 마산합포구청)도 이때 지었다. 4월 1일에 착공한 뒤 6개월 만인 9월 30일에 준공하여 대내동에서 이전했다.

사회 분위기도 흥청거렸다. 일찍부터 술로 유명해진 도시였다. 마산 술을 일본의 명주 나다자케(灘酒탄주)에 비견해 만주에서는 '조선의 나다자케'라 부를 정도였다. 술과 함께 벚꽃도 유명했다. 1908년 신마산 가로에 심었던 벚나무가 이즈음 장관을 이루었다. 백석이 왔던 다음 해(1937)에 마산부에서 관광 안내서로 간행한 「觀光の馬山(관광의 마산)」의 표지에도 명주(銘酒)라고 적힌 술통과 함께 만개한 벚꽃을 묘사해 놓았다. 일본인들에게 마산은 '술과 꽃의 도시'였고 백석이 왔던 그 즈음이 절정이었다.

백석의 마산길

역에서 나와 불종거리에 들어선 백석의 헤어스타일은 여전했다. 올백으로 넘긴 긴 머리카락이 바람에 흩날렸다. 통의동 하숙집에서 광화문을 지나 조선일보까지 걸어 출근했던 이 '모던보이'의 멋진 모습이 문인들 입에 오르내릴 때였다. 시인 김광균은 당시의 백석을 '미목수려(眉目秀麗)'라고 형용했고, 조선일보에 같이 근무했던 11살 위 석영 안석주는 '이국적'이라고 했다. 여류 문인들의 입에도 백석 이름이 자주 오르내렸다.

조선일보 입사 후 백석은 전공을 살려 번역과 교정 일을 봤다. 언어 천재답게 백석의 외국어 실력은 탁월했다. 영어 외에 러시아어와 독일어의 번역도 가능했다. 신문지면에 인도 시인 타고르의 산문을 번역해 실었다. 임종을 앞둔 러시아 작가 안톤 체호프가 누이에게 보낸 마지막 병상 편지 여덟 편을 소개하기도 했다. 때로는 문학비평가의 논문도 번역해 실었다. 그는 이런 과정을 통해 한국 시가 한국 문화의 진정한 표현으로까지 이르지 못했음을 깨달았다. 한국적인 정서와 방언이 가장 온전하게 남아 있는 평안도 사투리가 가장 한국적인 시어가 될 수 있다는 생각을 하게 됐다.

백석이 걸었던 불종거리는 인위적으로 뚫은 신작로였다. 철도가 들어왔던 1905년경 마산포는 코어양과점 부근까지만 집이 있었다. 그 위로는 구부렁한 논두렁이 이리저리 얽혀 있던 들판이었다. 두렁 폭은 넓은 건 한 발, 좁은 건 반 발이었고, 두렁으로 나누어진 논밭들도 넓어야 한두 마지기였다.

1905년에 들어온 기차는 마산포를 가로질러 지났지만 역은 없었다. 하지만 언젠가는 역이 생길 것이어서 역 터와 역으로 가는 길 터는 미리 정해 두었다. 그 정해 둔 터에 구마산역을 짓고 길을 뚫은 것은 그로부터 5년이 지난 후였다. 일본군이 군용지라고만 하면 보상 없이 땅을 사용할 수 있을 때였다. 돈도 절차도 필요 없었다. 그들이 마음만 먹으면 무엇이라도 합법적으로 뺏을 수 있었던 시절이었다. 역 터와 길 터도 그렇게 가져갔다. 역으로 가는 길의 폭은 7m였고, 구간은 구마산역(지금의 육호광장)에서 마산포 입구(지금의 코어양과점)까지였다. 완만한 비포장 내리막길, 불종거리는 그렇게 탄생됐다.

백석이 불종거리로 들어섰을 때 초입 왼편이 마산공립상업학교였다

(•이 책 '이원수' 편 참조). 서양식 붉은 벽돌 건물이어서 동경에서 대학을 다녔던 백석의 눈에 익숙했다. 백석이 왔던 그해 이 학교의 입학 경쟁률이 매우 높았다. 모집정원 50명에 395명이 응시해 8대 1이나 됐다. 취업문이 그만큼 넓었기 때문이었다. 이때 전교생 150명 중 일본 학생은 18명뿐이었다.

상업학교를 지나 조금 내려가니 곧 오른편에 전통 양식의 건물이 보였다. 크고 웅장한 건물이라 눈에 잘 띄었다. 마산기업전습소(•이 책 '이원수' 편 참조)로 사용됐던 마산창 유정당 건물이었다. 기업전습소는 이미 거창으로 옮겨가고 건물을 민간에서 임대해 사용하고 있었다.

교방천의 성동교를 건너 오른편 허당 명도석의 집 앞을 지났지만 서울에서 온 젊은 시인이 선생을 알 리 없었다. 당시 허당 선생은 쉰둘이었다. 부질없는 일이지만 청년 백석과 초로의 허당 선생이 당시 불종거리 어느 지점에서 무심히 쳐다보며 스쳐 지나지는 않았을까, 하고 상상해 본다.

허당 선생 집을 막 지나니 건너편이 높은 벽의 마산형무소였다. 굳이 입간판을 보지 않아도 건물 형태만으로도 이곳이 형무소임을 알 수 있었다. 통치 권력의 폭력을 상징하는 형무소 붉은 벽이 불종거리 행인들을 짓누르고 있었다. 벽 가운데쯤 붙은 육중한 철문이 거리를 압도했고, 벽 너머에는 높은 굴뚝과 감시용 망루가 힐끗 보였다. 백석이 왔던 1936년 1월 초, 이원수는 형무소 안 독방에서 1월 말의 석방을 기다리며 떨고 있었다. 가던 발걸음을 잠깐 멈추고 담장 안으로 눈길을 돌려봤을까? 식민지 동족이 갇혀 있는 감옥 앞을 지나며 젊은 시인은 무슨 생각을 했

| 영생고보 축구 교사였던 백석.

| 영생고보 재직 시절의 백석.

을까?

높고 붉은 형무소 벽을 지나니 거리 분위기가 많이 달라졌다. 형무소 담장이 끝나자 운송사, 철공소 등(지금의 동성주차장과 경남은행 오동동지점 사이)의 간판이 보였다. 조금 더 내려가 네거리(코어양과점 앞)에 이르자 길 폭이 10m로 넓어졌다. 여기서부터는 1923~1924년경 뚫린 길이었다. 오른쪽 창동으로 들어가는 길(동서북10길) 입구쯤에 종대(鐘臺)와 종이 있었다. 불이 나거나 위급할 때 사람들에게 급히 알리기 위한 불종이었다. '불종거리'라는 이름을 남긴 종이다.

이어서 왼편(참여성병원 건너편)으로 2층의 목조 기와 건물이 눈에 띄었다. 1929년에 설립한 산업금융주식회사였다. 당시 신재료였던 시멘트 뿜칠과 석재를 혼용해서 외관을 꾸민 세련된 건물이었다. 규모가 크지는 않았지만 근대식 조형미가 돋보였다. 창고업·위탁업·운송업도 했지만 주업은 금전대부와 보험업이었다. 급한 돈이 필요한 마산포 주민들에게 때로는 고마운 건물이기도 했지만 높은 이자율이 두려웠던 건물이기도 했다.

다시 네거리(지금의 신한은행 앞)가 나왔다. 오른쪽으로 난 길이 마산포의 중심상가거리(지금의 남성로)였다. 나무 전봇대가 길 양옆으로 열 지어 있었고 그 뒤에 현대식 건물들이 빼곡히 들어서 있었다. 가깝게는 병원이, 멀게는 석조로 보이는 은행 건물이 보였다. 번화한 거리였다. 네거리 남동쪽 모퉁이에는 목재 판벽의 2층 기와집(지금의 전통곰탕으로 현존, 남성동 1-1)이 있었다. 가지런한 모양이었고 규모도 주변 건물에 비해 작지 않았다.

이 기와집 맞은편 모퉁이(지금은 도로가 된 신한은행 앞)에 격자형 사각 유리가 촘촘한 미닫이문의 단층 건물이 있었다. 시인 임화와 소설가 지하련의 집이었다.(•이 책 '임화와 지하련' 편 참조) 두 사람은 이곳에 오래 살지는 않았지만 그때가 백석이 왔을 즈음이었다.

임화가 마산에 머물 때 「문학상의 지방주의 문제」라는 글로 백석의 시를 비평한 적이 있다. 이 글에서 임화는 백석의 방언에 대해 '강렬한 민족적 과거에의 애착'으로 평가하면서 일반화되지 않은 방언을 집요하게 구사한다는 점을 다소 비판했다. 혹시 그 글을 불종거리의 이 집에서 썼을지도 모를 일이다.

임화의 집에서 곧장 내려가면 하사마 후사타로(迫間房太郎박간방태랑)의 매립지였다. 현재의 어시장 간선도로인 합포로(1968)는 없을 때였다. 하사마 매립지로 진입하기 직전의 너른마당은 유서 깊은 옛 동굴강 자리였다. 마산어시장 전용굴강이었고 북선(北鮮)에서 온 명태 배가 풍랑을 피하기 위해 정박하기도 했던 곳이다. 이미 매립되어 길로 변했으니 백석이 그런 과거를 알 까닭이 없었다.

하사마 매립지로 들어서니 주변 분위기가 많이 달랐다. 두부처럼 반듯반듯한 땅 위에 크고 작은 건물들이 줄을 지어 서 있었다. 매립지를 들어서자마자 오른편 부산철공소(지금의 거창상회와 그린상회 자리)와 왼편 마산창고(지금의 마산상회 일대)가 마주보고 서 있었다. 당시 마산에는 10여 개의 철공소가 있었는데 그중 한국인이 경영한 곳은 두셋 정도였다. 부산철공소는 그중 하나였다. 압맥기와 석유발동기 등을 제작하고 수리해주는 철공소였다.

마산창고주식회사는 1920년 5월 어시장에서 활동하던 한인 사업가들이 합작해 설립한 회사였다. 사업 규모가 아주 컸다. 상호는 마산창고이지만 창고업 외에 운수업·대부업·해산물 위탁판매업 등 다양한 업종을 취급했다. 백석이 왔을 때는 옥기환이 사장이었다. 창업 직후에 사회주의 독립운동가 김형선(김명시의 오빠)이 5년간 사무원으로 근무하기도 했다.

　　1911년부터 1914년까지 있었던 하사마의 남성동 매립 공사는 마산포 어시장 상권을 탈취한 일대 사건이었다. 일찍이(1899) 동성리에 살던 김경덕이 정부의 매립 허가를 받은 곳이었다. 하지만 김경덕은 착공 직후 사망했다. 매립 승계권을 갖기 위해 일본인 히로시 세이죠(弘淸三홍청삼)가 설쳤고, 후에는 마산포의 자본가 15명이 돈을 모아 공동으로 매립을 청원하기도 했다. 하지만 그런 와중에 나라가 병합되어 모두 없었던 일이 됐다. 하사마 후사타로가 매립한 남성동 해안은 김경덕이 계획했던 바로 그곳이었다. 이 매립지가 선창을 독차지해 어시장 상권을 다 가져갔다.

　　하사마는 부산 최고의 부자였다. 유명한 동래별장의 주인이었고 부산 경제를 쥐락펴락했던 자이다. 도내 소작지의 3.5%를 소유했고 소작농을 자그마치 2,000여 호나 거느린 대지주였다. 하사마가 매립한 남성동 땅은 도로와 대지를 합쳐 모두 11,600평이었다. 그는 이 땅을 일체 매각하지 않았다. 백석이 봤던 매립지 건물들은 모두 하사마의 임대 건물이었다. 임대료도 높았다. 백석이 왔던 1936년 2월, 그는 둘째 아들 하사마 히데오(迫間秀雄박간수웅)에게 이 땅을 모두 물려주었다. 이 역시 해방 때까지 땅 전부를 매각하지 않고 임대했다.

| 어시장에 아직 남아 있는 건물 일제강점기에 건축한 건물들이다.

매립지의 점포들은 활어·염장어·건어물 등 어류를 파는 가게들과 선구점·수리점들이었다. 붉은 벽돌이나 판자비늘 벽으로 된 1, 2층 건물이었다. 지붕은 대부분 기와나 골함석이었고 초가는 없었다. 그 시점에서 보면 마산포에서 가장 근대적인 분위기가 풍겼던 곳이기도 했다. 당시 건물 몇 채는 아직까지 그 모습으로 남아 있다.

객주집도 있었다. 마산 객주는 구마산 선창을 중심으로 모여 있었다. '제2의 개성 상인'이라 불릴 만큼 배타적 단결력이 강했던 객주들이었다. 상권 침탈을 노렸던 일본인들과 마찰도 많았다. 백석이 두 번째 쓴 시 「통영」의 "(…) 내가 들은 마산 객주집의 어린 딸은 난(蘭)이라는 이 같고 (…)"에서 보듯, 백석은 구마산 선창가 어느 객주집에서 낯선 마산 객주의 어린 딸 이야기를 듣기도 했다.

구마산 선창

백석은 목적지인 구마산 선창(지금의 마산농협 남성동지점 자리가 선창의 중앙)에 도착했다. 낯선 뱃머리, "(…) 좋아하는 사람이 울며 나리는 (…)" 바로 그곳이었다. 매립이 되기 전에 원래 마산포에는 동서에 두 개의 굴강과 서성선창, 백일세선창, 어선창, 오산선창 등 네 개의 선창이 있었다. 하지만 백석이 왔을 때는 이들 굴강과 선창은 매립으로 모두 자취를 감춘 뒤였다.

선창에 도착한 백석이 바다를 바라보니 시야가 확 트였다. ㄷ자로 오목하게 들어와 있는 호안은 총 길이 200m쯤 되는 석축이었다. 호안 오른쪽 끝에는 60m가 넘는 석축방파제가 45도 각도로 튀어 나와 있어 선

| 구마산선창 방파제 1924년 축조되어 백석이 구마산 선창에 왔을때 봤던 방파제이다.

창으로 오는 파도를 막아주고 있었다. 왼편에는 택산기선(澤山汽船)이, 오른편에는 대판상선 창고가 우뚝 서 있었다. 부산에 본점을 둔 택산기선은 오사카와 고베로 가는 판신(阪神) 항로와 도쿄와 히로시마로 가는 경빈(京濱) 항로를 격일로 운행하고 있었다. 하지만 구마산 선창을 주로 드나든 배는 부산·거제·통영 등으로 이어지는 연안 연락선들이었다.

선창가에는 크고 작은 상점들이 줄을 지어 있었고 사람들도 북적거렸다. 파는 사람이 누구인지, 사는 사람은 누구인지, 선창이 낯설었던 백석은 구분하지도 못했다.

대구 성어기 때는 이 선창에서 신포동 매축지(지금의 롯데백화점)까지 길가에도 대구가 쌓였을 만큼 많이 들어왔다. 거제 앞바다에서 들어온 대구라 맛도 좋았다. 진해만에서 잡히는 대구가 한 해 400만~500만 마리였는데 그중 120만 마리가 구마산 선창을 통해 전국 13도로 나갔다. 구마산역이 있었기에 가능한 일이었다.

백석이 왔던 1936년 1월과 2월 그리고 12월은 모두 대구 성어기였다. 발에 차일 만큼 길가에 쌓인 대구를 백석도 봤을 것이었다. 객주집이건 부둣가 허름한 식당에서건 싱싱한 놈으로 갓 끓인 대구탕 한 그릇에 평안도 사람 백석도 추운 겨울에 언 몸을 녹였을 터였다.

| 산업금융주식회사.

왼편(참여성병원 건너편)으로 2층의 목조 기와건물
이 눈에 띄었다. 1929년에 설립한 산업금융주식
회사였다. 당시 신재료였던 시멘트 뿜칠과 석재를
혼용해서 외관을 꾸민 세련된 건물이었다.

| 백석의 북한 시절 가족 사진.

아랫줄 오른쪽이 백석, 왼쪽은 그의 세 번째 부인 리
윤희. 뒷줄 남녀는 아들과 딸.

| 불종거리 도면, 1937.

백석이 걸었던 불종거리는 한국인들의 거리였다.
중일전쟁 직전이었고 강압 통치가 한반도를 짓누
르고 있을 때였지만 마산의 도시 분위기는 사뭇 달
랐다.

| 남성동 매립 도면, 1919.

1911년부터 1914년까지 있었던 하사마의 남성
동 매립 공사는 마산포 어시장 상권을 탈취
한 일대 사건이었다.

"여인을 찾아 떠나온 시인의 마산길" 백석, 1912~1996.

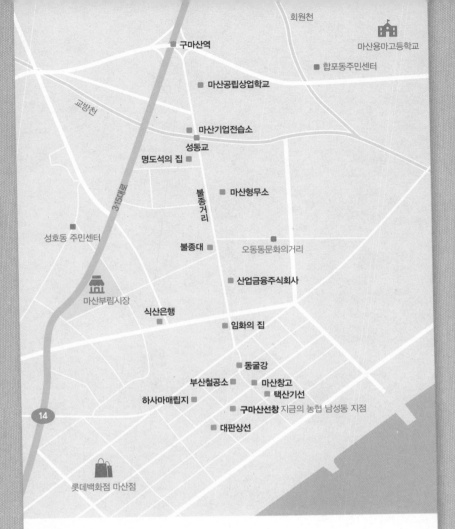

백석의 마산길

구마산역 ≫ 불종거리 ≫ 마산공립상업학교 ≫ 마산기업전습소 ≫ 명도석의 집 ≫ 마산형무소 ≫ 불종대 ≫ 산업금융주식회사 ≫ 임화의 집 ≫ 하사마 후시타로의 매립지 ≫ 부산철공소 ≫ 마산창고주식회사 ≫ 구마산선창(택산기선, 대판상선)

지하련의 산호리 주택은 세월을 못 이겨 손상된 부분이 많다.
화재까지 겹쳐 훼손이 더 됐다. 그래도 아직 본모습을 잃지는
않았다.

그래서 묻는다.
이 집을 드나든 그들의 흔적은 정녕 되찾을 수 없는 것인지….

임
화
와

지
하
련

1935년 7월 하순, 한여름 더위를 뚫고 임화가 마산에 왔다. 만주사변 후였고 중일전쟁 직전이었다. 대륙 침략을 눈앞에 둔 때여서 일제의 폭압 정치가 노골화되고 있었다. 스멀스멀 새어나오는 전쟁의 기운이 살갗에 느껴질 때였다. 마산 앞바다에는 군수품 수송을 위한 제2부두가 들어섰고 중앙부두 공사도 막 시작됐다. 술·간장·된장·쌀·옷 등 마산의 특산들을 전장으로 실어 나를 참이었다.

그해 9월 11일 『매일신보』 「학예왕래」 편에 '임화 씨 마산부 新町(신정) 73-3 轉居(전거)'라는 기사가 실렸다. 신정은 지금의 마산합포구 추산동.

카프의 서기장이자 당대 최고의 좌파 문학가 임화가 마산 추산동에 거처를 잡았다는 소식이었다.

임화(1908~1953, 본명 임인식)가 마산에 온 목적은 결핵 치료였지만 숨은 이유는 지하련(1912~1960, 소설가, 본명 이현욱) 때문이었다. 1912년 경남 거창군 위천면에서 후실의 딸로 태어난 지하련은 열여섯이 되던 해(1927)에 큰오빠가 있는 곳으로 왔다. 동경소화고등여학교와 동경여자경제전문학교를 나온 엘리트 신여성이었다.

두 사람이 처음 만난 것은 1930년경 동경에서였다. 임화는 프로문예운동 일로 갔고 지하련은 유학생이었다. 지하련이 먼저 연정을 품었다. 임화가 평양실비병원에 입원했을 때(1934) 그녀는 천리 길을 뚫고 병원으로 찾아갔다. 이 일이 결정적 계기였다. 눈보라가 치던 평양의 어느 겨울 밤, 예고 없이 지하련이 임화의 병실에 나타났다.

"지나간 어느 때입니다. 내가 빈사의 병욕(病褥)에 누웠을 때 그는 대단히 먼 길에서 왔습니다.

밖에선 눈보라가 치고 바람이 불고 겨울 날씨가 사나운 밤, 나의 방문을 밀고 들어선 그를 나는 대단히 인상 깊이 기억하고 있습니다.

그의 온몸에서 살아 있는 곳이라고는 손밖에 없는 것 같았습니다. 깎아 세운 석상처럼 우뚝 선 얼굴은 창백하고 단지 손끝이 바르르 떨렸을 뿐입니다."

−「내 애인의 면영(面影)」, 『조광』, 1938. 2.

이 만남이 임화가 마산을 요양지로 택한 이유였다. 흰 피부와 수려한 외모로 '조선의 루돌프 발렌티노(Rudolph Valentino, 1895~1926, 당시 할리우드 최고의 미남 배우)'라는 별칭을 가졌던 모던 보이. 1929년에는 영화 「유랑」과 「혼가」에 주연으로 출연했던 다재다능한 인물. 그의 마산살이는 그렇게 시작됐다. 2년 7개월이라는 짧지 않은 시간이었다. 임화는 이 도시에서 병든 몸을 다스리며 굴곡의 시대를 글로 남겼다.

추산동

이미 헌 동네가 된 지 오래지만 당시 지명은 신정(新町)이었다. 철도가 들어오고 공장이 생기고 인구가 늘면서 생긴 새 동네였다. 시내와 바다도 가까웠고 병원 다니기도 좋아 이곳에 자리를 잡았다. 집 뒤 철길을 건너면 바로 산이었다. 추산을 끼고 앉은 신정은 해방 후 추산동으로 개명됐다. 추산은 무학산 능선 중 바다로 뻗은 줄기여서 마산 시내와 가장 가까운 산이다. 여몽연합군이 일본 정벌의 깃발을 올렸던 정동행성이 있었던 곳이다. 정동행성은 추산의 남쪽이었고, 신정은 추산의 동쪽 언저리였다.

　1923년, 마산역을 출발해 북마산역으로 가는 철도가 추산동의 허리를 잘랐다. 임화의 집은 철도를 등지고 있었다. 지금의 3·15의거 기념탑 북쪽으로 200여m 지점이었다. 임화는 기와를 얹은 마당 넓은 주택의 남쪽 방 한 칸을 얻어 살았다. 비바람이 치면 창틈으로 물이 새는 허름한 집이었다.

1930년, 철도 옆 언덕(지금의 마산박물관) 위에 정수장이 들어섰다. 팔용산(당시에는 반룡산이라 했다) 수원지에 저수한 물을 끌어들여 정수하는 곳이었다. 팔용산의 수원지는 마산의 토목업자 혼다 스치고로(本田槌五郎 본전퇴오랑)가, 정수장은 경성의 조선토목공업사가 공사했다.

그해 6월 6일 봉암저수지 물을 6.1km 밖 추산정수장으로 연결시킨 통수식이 있었다. 도지사와 진해요항사령관 등 마산 지역의 일본인 우두머리들이 모두 참석해 잔치를 벌였다. 그날을 기념해 총독 사이토 마코토(齋藤實 재등실)가 '山明水淸(산명수청)' 넉 자를 써서 보냈고 마산부윤 이다가키 신지(板垣只二 판원지이)는 '水德無疆(수덕무강)' 넉 자를 썼다. 두 글은 화강석에 음각되어 정수장의 요소(要所)에 머릿돌로 박혔다. "산수의 경치가 맑고 아름답다, 물의 덕이 크나커서 그 끝이 없다"는 의미다. 조선이 영원히 자기네 것일 줄로 믿었던 지배자의 확신과 여유가 서린 사자성어였다. 하긴 15리 밖 산수를 이곳까지 끌어들였고, 다시 22,400m 거미줄 같은 관로로 수돗물을 내렸으니 그 자부심이 얼마나 높았겠는가? 그날의 일을 아는지 모르는지 山明水淸(산명수청), 水德無疆(수덕무강)이 새겨진 돌은 오늘도 추산공원 한쪽에 한가로이 누워 있다.

임화의 집에서 정수장까지는 걸어서 5~6분 거리였다. 아름답고 자그마한 공원이어서 자주 찾았다. 마산 바다를 좋아했던 임화였다. 바다와 무학산을 한눈에 볼 수 있는 추산에서 마음도 다듬고 글도 다듬었을 터였다. 산책 중 '수덕무강' 머릿돌도 봤을 텐데 그 여유로운 글 앞에서 그는 무슨 생각을 했을까?

임화의 집 북쪽 50m 지점에 철도 건널목이 있다. 일본말로 후미키리
(踏み切り)다. 추산동 아랫동네와 윗동네를 연결해주는 좁은 건널목이었
다. 가까이는 추산의 성덕암으로, 좀 더 걸으면 교방천의 관해정과 무학
산으로 이어지는 길이었다. 마산병원으로 통원했던 터여서 그가 매일 두
차례 건넜던 건널목이다.

추산동에서 맞은 첫여름의 어느 날, 폭풍우가 몰아치던 오후였다. 임
화의 귀에 진주행 기차의 긴 기적소리가 들렸다.

합포에서   1935년 팔월 ×일

유리창을 두드리는 빗발은 더 한층 요란하다.
담벽을 흘러내려 창틈을 새어드는 물이 자꾸만
방바닥을 적신다.
까닭 없이 무서운 일기다.
암만해도 내 방에 앉았을 수가 없다. 날마다 허리만 펴면 내다보이던 바
다가 비바람이 자욱해 가지고 아무것도 안 보인다.
세 시 넘어 진주 가는 기차가 동떨어지게 기인 고동 소리를
지르고 집 뒤를 지나간다.
아마도 우중이라 특별히 후미키리를 주의하는 모양이다.

기차가 지나간 뒤 임화는 우의를 걸치고 구마산 선창(지금의 농협 남
성동지점)으로 나갔다. 맨발에 고무신만 신은 채였다. 비바람이 워낙 거세
어 몇 걸음 못 가서 우산이 부서져 풀숲에 내던졌다. "몸은 금세 쥐강아

지가 됐다(임화의 표현)." 임화가 비바람 속에 섰던 그 선창은 5개월 뒤 백석이 란을 찾아 통영 가는 배를 탔던 곳이었다.

마산병원 가는 길

임화는 마산병원(지금의 도립마산의료원)으로 통원 치료를 했다. 자신을 간호하던 지하련의 배 속에는 아들 원배가 자라고 있었다. 병원까지는 800여m, 걸어서 15분이면 충분히 도착할 수 있는 거리였다. 집에서 50m쯤 건너 있던 철도 건널목을 돌아 철길을 걸었다. 남쪽 방향이라 양지발랐다. 왼편으로 멀리 은빛 바다가 보였고 오른편 추산의 허리에는 벚나무가 빼곡했다. 진해 벚나무가 이름을 얻기 전에 마산 벚나무가 유명했다. 마산 벚나무의 중심은 추산이었다.

조금 걸으면 정수장으로 올라가는 화강석 돌계단이 나왔다. 경사는 급했지만 단단하게 만들어진 계단이었다. 지금도 그때 그 모습으로 남아 있다.

철교 건너기 직전 오른쪽으로 내려가는 좁은 길로 들어섰다. 곧 산전장유(山田醬油, 지금의 몽고간장)였다. 일본인 야마다 노부스케(山田信助산전신조)가 세운 회사였다. 마산 최초의 일본 간장 공장이었다. 1905년 신마산에서 시작했다가 1910년 옮겨왔다. 몽고정의 풍부한 수량과 물맛 때문에 이곳에 터를 잡았다. 산전장유의 공장은 박공 기와지붕의 목조 건물이었다. 1층은 공장이었고 건물 왼쪽 편에 2층을 얹어 사무실로 사용했다.

산전장유를 오늘의 몽고간장으로 이끈 이는 김홍구(1914~1971, 지금의 몽고식품 김만식 명예회장 부친) 선생이다. 마산합포구 진북면 인곡리 사람인 김홍구는 1928년 진동공립보통학교(지금의 진동초등학교)를 졸업했다. 자전거 통학을 한 탓에 자전거 타는 솜씨가 좋았다. 보통학교 졸업 2년 후 김홍구는 자전거를 타고 무작정 마산 시내로 왔다. 마산포 입구에서 산전(山田)이라는 간판을 보고 취직

| 조각가 김복진이 그린 임화.

부탁을 했다. 당시 직원은 일본인 4명뿐이었다. 산전장유 다섯 번째 직원이 된 김홍구는 자전거로 마산 구석구석을 다니며 온종일 산전 왜간장을 배달했다.

해방이 되어 사장 야마다(山田산전) 가족이 일본으로 떠날 때 30대 초반 김홍구가 도왔다. 주인이 없어진 산전장유는 해방 후 그가 관리해 오늘에 이르렀다. '몽고'라는 브랜드는 김홍구 선생이 공장 앞 몽고정에서 땄다.

임화가 하루 두 번 산전장유 앞을 지났던 1935년은 청년 김홍구가 짐자전거로 이집 저집 왜간장을 배달하던 때였다. 임화는 스물여덟 살이었고 김홍구는 스물두 살이었다. 두 사람이 마주친 적이 더러 있었을 텐

| 산전장유 건물

　해방 후 몽고간장 시절에 찍은 사진이다. 일제강점기 산전장유의 공장은 박공 기와지붕의 목
조 건물이었다. 1층은 공장이었고 건물 왼쪽 편에 2층을 얹어 사무실로 사용했다.

데, 서로 눈인사라도 나누는 사이였을까?

　산전장유에서 마산병원까지는 500여m 직선 길이었다. 신마산과 마
산포를 잇는 간선도로였다. 아직 무학초등학교는 없었고 주변은 대부분
공터였다. 임화가 통원했던 마산병원은 이 지역 최고의 공공병원이었다.
1904년 일본인이 창포동에 세운 사립병원을 1914년에 공공병원으로 바
꾸었다. 진주자혜병원(1910년 개원한 경남 최초의 공공의료시설로 2013년 폐
쇄) 분원인 경남자혜의원으로 운영하다가 3·1만세운동이 일어난 그해 도
립마산병원으로 개명했다. 지금의 위치로 옮겨온 것은 1926년이었다. 임
화가 치료를 받았던 병원은 1927년에 건축한 근대식 의료시설이었다. 벽
돌로 지은 단아한 서양식 단층 건물이었다.

　추산동 시절, 임화는 장시(長詩) 「낙동강」의 시인 김용호와 교류했다.

김용호는 임화보다 네 살 아래였다. 김용호는 이극로가 주경야독을 하던 1912년(•이 책 '이극로' 편 참조) 상남리와 인접한 중성동 94-5번지에서 태어났다. 그는 고향(마산)을 그리워한 시를 많이 남겼다. 임화와 만났을 때는 마산상업학교를 졸업한 후 원동무역에 근무하면서 명치대학으로 유학을 준비하는 중이었다. 김용호는 틈틈이 임화를 만나 그의 식견 높은 이야기를 들었다. 일경의 감시를 받은 임화라 집안에서 긴 시간을 같이 있을 수는 없었다. 두 사람은 추산동 철로와 신포동 바닷가를 산책하며 함께 시간을 보냈다.

아침 해안 산책

산책을 즐겼던 임화는 마산 해안을 자주 걸었다. 1935년, 폭풍이 지나간 8월의 어느 이른 새벽에도 해안을 걸었다. 아직 해가 바다 건너 산등성이를 오르기 전이었다. 산책 구간은 신포동 매립지에서 시작해 질펀하게 물이 드나드는 갈풀 더미였던 산호동 구강(舊江) 나루터까지였다.

신포동 매립지는 지금의 롯데백화점과 삼익아파트 일대였다. 매립지는 일본인들이 출자한 마산매축주식회사가 1929년부터 6년간 공사한 65,000평이었다. 매립용 흙이 부족해 자산동 온누리빌라 남쪽 일대를 매입해 취토장으로 사용하기도 했다. 마산포와 신마산으로 나누어져 있던 병목형 도시가 이 매립으로 일자형 도시로 연결됐다. 일제강점기에는 이 매립지를 풍정(豊町)이라 불렀고 해방 후에 신포동이 됐다.

임화가 산책 나갔을 때는 매립 공사가 준공되기 직전이었다. 건물이 들어섰을 리 없었고 횡한 빈 공터에 뽀얀 먼지만 날고 있을 때였다. 임화의 산책로는 신포동 매립지에서 하사마 매립지—어선창—오산선창—오동교—구강나루터로 이어지는 길이었다. 2km쯤 되는 거리였으니 천천히 오가면 한두 시간 가까이 걸렸을 터였다. 하사마 매립지는 반듯한 직선 도로였지만 매립지를 벗어나면 옛길 그대로였다. 임화가 걸었던 그 옛길은 80년 세월이 흐르는 동안 많이 변했다. 당시의 흔적들은 대부분 시간과 함께 사라지고 없다.

그나마 다행이랄까. 임화의 산책길 중 짧은 한 토막이 그 모습 그대로 살아남아 있다. 복어거리 입구에 있는 일육식당과 진미식당 사이에 있는 좁은 골목길(지금의 오동동3길)이다. 80m쯤 들어가다 좌측으로 꺾이면서 다시 20여m까지 모두 100m 정도다. 이 길은 오산선창으로 연결되던 옛 바닷길이었다. 골목 안에서 좌측으로 꺾어지는 지점이 오산선창(지금의 마산합포구 오동동 250-1번지, 명해장국) 뱃머리였다. 지금이야 잘 보이지도 않는 뒷골목이지만 그 옛날에는 산호리와 봉암·양덕 사람들이 마산포로 건너왔던 길이었다. 창원에서 나온 길이라 해서 창원가도(昌原街道)라 불렀다.

오산선창을 지나면 오동교까지는 400여m였다. 오른쪽 해변으로 병합 초기에 매립한 땅(지금의 서광아침의빛아파트)이 먼저 나왔다. 조선물산주식회사를 거쳐 해방 후에 고려모직이 된 땅이었지만 임화가 지났을 때는 아직 큰 건물이 들어서지 않았다. 오동교와 인접해서도 매립된 땅 한 필(지금의 서울미 치과의원과 하나병원 일대)이 반듯이 정지(整地)되어 있었다. 7~8년 전에 산전장유 설립자 야마다가 매립한 2,000여 평이었다.

이 땅까지가 마산부였고 오동교를 지나면 창원군이었다. 여기서부터 산호리 구강(舊江)까지는 자연 해안 그대로였다. 일찍이 "총 한 발에 새 열 마리 이상 잡는다"는 마산 갯벌이었다. 그만큼 갯벌에 갈대가 우거졌다는 말이다. 임화는 산호리 해안의 갯벌과 갈대가 좋아 이쪽을 산책길로 삼았다.

목적지 구강나루터에 도착하기까지 40~50분 걸렸다. 느린 걸음이었다. 오산(午山, 지금의 용마산 옛 이름) 아래의 포구라 오산진이라고도 불렸던 곳이다. 구강은 마산포 장(場)이 열린 새강(매립 전 남성동 해안 일대)보다 앞섰던 장터였다. 음력 10, 20, 30일이 이곳 구강장이었고, 5, 15, 25일은 마산포의 새강장이었다.

구강은 20세기 초 항일상권투쟁으로 이름난 포구였다. 구강과 새강, 두 장(場)에 비해 일본인들의 신마산 상권은 초라했다. 사람이 적었으니 그럴 수밖에 없었다. 이를 못마땅하게 여긴 일본 영사관과 일본 상인들이 구강장을 강제로 신마산 본정(本町, 지금의 월남동) 네거리로 이전(1902. 8.)했다. 이 터무니없는 횡포에 구강 상인과 마산포 주민들이 격렬히 싸워 이전한 지 넉 달 만에 시장을 되찾았다. 이름 하여 구강상권수호투쟁이었다.

일제강점기 마산 지역 항일운동의 밑거름이 된 이 투쟁의 중심에는 객주들이 세운 마산상호회가 있었다. 마산상호회는 마산상공회의소(2010년 창원상공회의소로 통합)의 연원이다. 1908년 탄생한 자주적 단체 마산민의소(•이 책 '옥기환' 편 참조)도 마산상호회가 산파 역할을 했다.

하지만 임화가 왔을 때는 구강상권투쟁도, 마산상호회도, 상인들과 주민들의 함성도 모두 사라진 뒤였다. 그렇지만 2년 넘게 마산에 살면서 기개 넘쳤던 이들의 뒷이야기는 곳곳에서 주워들었을 터였다.

구강나루터는 용마산 남동쪽 기슭에 있었다. 당시 나루가 있었던 해안은 오래전 매립되어 도시 속에 묻혀버렸다. 다행히 나루터 끝자락이 자유2교 남쪽 갯골에 아직 남아서 사라져간 시간을 말해주고 있다.

되돌아오는 산책길은 들물 때였다. 해안 낮은 터가 젖어들고 있었다. 그 시간 마산 바다의 여름 들물은 음력 보름(양력 1935년 8월 13일)과 그믐(8월 28일)이니 아마 그쯤이었을 터였다.

아침 물결과 서늘한 해풍을 안고 선창에 도착하니 아침 여덟시 직전이었다. 그득한 바닷물이 선창 귀퉁이에 찰랑찰랑했다. 하루 일이 시작될 때라 어선과 짐배들이 분주하게 어디론가 나가고 있었고 그 사이에 조그만 증기선들이 물벌레처럼 돌아다녔다. 선창 남쪽 모퉁이의 대판상선 창고에 막 떠오른 아침햇살이 내리쬐고 있었다.

마산포에서 배운 낚시

임화는 낚시에 재미를 붙여 자주 바다로 나갔다. 1935년 여름부터 1937년 가을까지 2년 동안 임화는 낚시로 시간을 낚았다. 마산에 왔던 첫여름 친구의 권유였다. 낚싯대를 잡아본 뒤부터 날씨도 밤낮도 가리지 않고 빠져들었다. 마산 온 이듬해인 1936년부터는 지하련의 셋째 오라비이상조와 많이 다녔다. 지역에서 만나기 힘든 사상적 동지이자 존경하는 친구였다. 이상조가 네 살 위였지만 생각이 같았던 두 사람은 낚시를 하며 속마음을 나누었다.

대구에서 적색노조사건으로 구속됐다가 만기 출옥한 이상조는 고문 후유증이 심했다. 한여름에도 허리에 붕대를 감고 다녔다. 지하련이 사소설(私小說) 「체향초」에서 "어렸을 적 유난히 따르던, 낚시질을 좋아했던" 그 오라비였다.

두 사람은 밤낚시를 좋아했다. 달밤에 팔뚝만 한 숭어 떼 수십 마리가 뒤섞여 뛰는 모습도 같이 봤다. 철썩거리는 물소리와 온몸에 달빛을 받으며 징검징검 뛰는 숭어 떼를 보며 함께 찬탄하기도 했다. 큰 고기가 있다는 말에 두 사람은 신마산까지 건너가 낚시를 던졌다. 아직 매축 중인 공사장에 들어가다 임화가 무릎을 다치기도 했다. 제2부두에서였다.

임화에게 낚시는 마산이 처음이었지만 때와 장소를 가리지 않고 열중한 탓에 상당한 수준의 낚시꾼이 됐다. 급기야 낚시하기 좋은 가을이 가는 것을 애석해했고 낚시하지 못하는 겨울을 참기 어려워했다. 1936년 3월부터 11월까지는 복선(覆船)의 위험을 무릅쓰고 다녔으니 그의 낚시 열정은 짐작할 만했다. 대어를 낚을 요량으로 먼 바다까지 나갔던 것이다. 낚시 실력이 점차 늘어서 고기 떼를 유도할 수 있는 경지에까지 올랐다. 넓은 바닷가에서 "낚기와 아니 낚기를(임화의 표현)" 임의로 할 수 있을 정도였다. 뒷날 「조어비의(釣魚秘義, 1941)」라는 글로 자신의 낚시 연원과 낚시 기술을 자세히 설명하기도 했다.

임화의 낚시터는 신마산 중앙부두에서 구마산 선창과 오동동 산호동까지 펼쳐진 마산포 해안이었다. 때때로 배를 타고 먼 바다로 나가기

| 임화.

도 했지만 자주 있던 일은 아니었다.

어구(漁具)를 푼 곳은 주로 구마산 선창이었다. 왼쪽으로 택산상회, 오른쪽으로 대판상선과 그 끝의 방파제, 더 나가면 새로 매립한 신포동 매립지, 낚시를 던질 곳이 한두 군데가 아니었다.

남성동과 상남동

임화와 지하련은 남성동에도 살았다. 기록전문가 박영주 선생이 김두이(•이 책 '명도석' 편에 나오는 의사 김형철의 작은 딸) 여사로부터 직접 들은 증언이다. 김두이 여사의 언니는 지하련의 절친이었다.

"임화와 지하련이 살던 집이 우리 집과 가까워서 언니와 지하련은 자주 오갔다. 지하련 언니가 나를 좋아해 나도 그 집에 자주 드나들었다. 위치는 바로 우리 집 앞 네거리(지금의 신한은행지점 자리)의 모퉁이였다. 단층 기와집이었고 길에서 바로 들어갈 수 있는 구조였다. 사각 유리가 박힌 미닫이문을 열고 들어가면 마루였고 마루 건너에 방이 있었다."

이 증언대로라면 임화가 남성동에서 거주한 시기는 추산동 이후 어느 짧은 시기였을 것이다. 목조 미닫이문이 달린 길가 단층집인데 애당초 점포라도 할 요량으로 지은 집이었다. 당시 가로변에 흔히 있었던 양식이었고 두 사람이 임시로 살았음직하다. 비록 작고 세든 집이었지만 위치는 마산포의 중심이었다. 남쪽으로 어시장과 바다가 연결됐고 창동

과 오동동이 지척이었다. 마산의 도심 풍광을 제대로 볼 수
있는 위치였다.

| 지하련.

1936년 임화의 남성동 집 앞 불종거리는 역과 선창
을 이어주는 최단 거리의 해륙 운송로였다. 시원하게 뚫
린 넓은 길 위로 싱싱한 해산물을 가득 실은 리어카들이 신
바람을 내며 역으로 올랐을 터였다. 걷기를 좋아했던 임화였
으니 거리에서 자주 봤을 정경이었다. 이 길은 전라도와 충청
도는 물론이고 서울과 멀리 청나라까지 건너갔다는 이야기가 전설처럼
남아 있는 마산의 대구 수송로였다.

짧은 시간이었지만 임화와 지하련이 꾸몄던 남성동 집은 1984년 철
거되어 지금은 지번조차 사라진 아스팔트 위의 땅(지금의 신한은행 마산지
점 앞)이 됐다. 두 사람의 그때 모습은 시간 속에 사라졌지만 장소는 여
전히 길 위에 남아 있다.

1936년 7월 8일, 가족 반대를 무릅쓰고 두 사람은 결혼했다. 마산의
어느 산사(山寺)에서 친지 몇 사람과 하루를 즐기면서 올린 결혼식이었
다. 임화는 재혼이었다.

결혼과 함께 두 사람은 갓난 아들 원배를 데리고 상남동 199번지로
집을 옮겼다. 지하련의 친정이 산호리로 옮겨오기 전이었다. 상남동은
마산포 끝자락이었다. 두 사람의 집은 초가가 닥지닥지 붙은 상남동에
서도 가장 변두리 하천변이었다. 하지만 세월이 변해 지금은 대로변이 됐
다. 육호광장에서 마산용마고등학교로 내려가는 허당로 왼쪽 오일뱅크
주유소 일대이다.

1936년 『신인문학』 기자가 임화의 상남동 집을 방문한 뒤 "서재에는 장미꽃 한 송이가 분(盆)에 꽂혀 있고 벽에는 풍경화가 걸려 있다. 그리고 뒤로는 높다란 노비산이 날개를 벌려 있고 앞으로는 마산항의 푸른 물이 그림같이 펼쳐 있다"라고 썼다.

상남동 집에서 보면, 산호리의 텅 빈 논밭 건너로 마산 바다가 눈앞이었고 남서쪽 50~60m 건너에는 2층 상업학교(지금의 상남동성당 일대)가 덩그랬다. 그 너머로는 서울로 연결되던 구마산역이었다. 임화가 상남동으로 이사 왔던 그 달(1936. 7.)에 2층으로 새로 지은 역이 개통됐다. 집과 워낙 가까워서 역에서 뿜어대는 기적 소리가 또렷이 들렸다. 기차에만 오르면 고향 서울도 지척이라 마음도 달랠 겸 임화는 자주 역에 들렀다. 그 역에서, 주린 배로 제 땅에 살 수 없어 "살림 떠 업고 북만주로 가는 이민 떼를 싫도록 보며(「춘래불사춘」, 『조광』, 1937. 4.)" 분노하기도 했다.

임화가 상남동으로 온 직후, 지하련의 친정에서 산호리에 집을 지었다. 용마산을 등지고 앉은 현대식 주택이었다. 임화의 집과는 불과 200~300m, 먼발치에서 보이는 거리였다. 아직 상업학교가 이전하기 전이어서 두 집 사이는 물론 산호리 전체가 온통 텅 빈 논밭일 때였다.

다시 산호리에서, 지하련

1938년 2월 말, 두 사람은 아들 원배와 함께 마산을 떠났다. 구마산역에서 서울 가는 기차를 탔다. 낚시를 하며 들이마신 해풍 탓이었는지 건강

은 상당히 회복됐다. 기구했던 임화의 생애 중 가장 편안했던 2년 7개월
이었다. 이렇게 떠난 마산이 마지막이었다. 한국전쟁 때 낙동강전선 북
측 종군기자로 가까이 온 적은 있었다. 하지만 그가 마산에 다시 왔다는
소문은 들리지 않았다.

임화와 함께 서울로 간 지하련에게 결핵이 옮았다. 남편 때문이었다.
어쩔 수 없이 2년 만에 요양차 혼자 다시 내려왔다. 1940년 5월, 거처는
오라비들이 살고 있던 산호리 주택(지금의 산호동 562번지)이었다. 집 아래
에는 상업학교 공사가 한창일 때였다.

산호리 지하련의 친정집은 1936~1937년에 그녀의 오라비들이 지었
다. 지상 2층 목조에 일본식 시멘트 기와를 얹은 집이었다. 150여 평 대
지에 건물이 65평이었다. 가족 수를 고려한 큰 집이었다. 거창군 위천
면 강천리에서 창원군 웅남면 월림리로 이주(1926)한 뒤 10년 만에 산호
리로 거처를 옮긴 것이었다. 소문난 부자 지하련의 친정 아버지 이진우
(1919년 사망)의 유산으로 지었는데, 당시 마산 최대 최고의 저택이었다.

오라비의 집은 1920~1930년대에 유행했던 소위 문화주택이었다. 당
시 상류층에서 선호한 개량한옥과는 내용과 형식이 달랐다. 식당과 욕실
과 화장실을 내부에 두고 거실을 실내 생활의 중심 공간으로 배치한 현
대식 구조였다. 천창(天窓)을 두어 부엌으로 햇빛을 끌어들였고 계단 손
잡이와 붙박이장, 천정까지 섬세하게 장식을 한 고급주택이었다. 외관은
서양식이었다. 각 실에 따라 지붕의 높이를 달리했고 굴뚝도 장식화한
리드미컬한 형태였다. 모르타르를 뿜어 외벽을 부드럽게 처리했고 담장
은 기단석 위에 붉은 벽돌을 쌓아 무게감을 줬다. 새로운 경향의 설계와

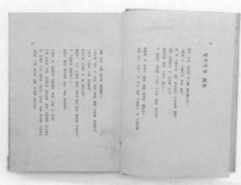

| 임화의 첫 시집 『현해탄』 초판본. 동광당. 1938.

시공 기법이었다. 설계자가 누구인지는 알 수 없지만 공사는 마산에 들어와 있던 중국인 근대건축 기술자들의 솜씨로 보인다.

산호리 주택이 앉은 곳은 당시 마산포에서 많이 떨어진 위치였다. 좌파 지식인이었던 지하련 오라비들의 남다른 취향이 이 장소를 택했을 터였다. 산호리 들판을 내다보며 우뚝 섰던 양옥이라 마산포 사람들 입에 오르내렸다.

지하련이 머물던 때 산호리는 오산진 해안마을이 사람 사는 곳의 전부였다. 그 밖에는 전부 들판이었다. 어디에서건 마산 앞바다가 훤히 보이는 약간 경사진 논밭이었다. 들판 한가운데의 상업학교는 지하련이 내려온 다음 해에 공사를 끝내고 이전했다.

지하련은 1940년 5월부터 1943년 11월까지 산호리에 머물면서 「결별」(1940), 「체향초」(1941), 「가을」(1941), 「산길」(1941) 등의 작품을 남겼다. 그녀가 남긴 총 여덟 편의 단편 중 네 편을 이곳에서 썼다. 지하련을

| 지하련 주택, 1937년경 지음.
제43회 한국방송대상 작품상을 받은 MBC경남의 다큐멘터리 〈낡은 집〉의 소재가 된 집이다.

두고 "남편 임화의 분신으로 파멸한 미완의 문학일생"이라는 평가도 있다. 하지만 소설가 황석영은 그녀의 단편 「도정」(1948)을 '한국 101 명(名) 단편'에 선정하는 명예를 헌정했다.

건강도 여의치 않았고 내성적이었던 지하련에게 양지바른 산호리 친정집은 더없이 좋은 공간이었다. 오라비는 햇빛이 알맞게 들고 바다가 내다보이는 방을 그녀에게 내주었다.

산호리는 그녀를 문학의 바다로 이끌어준 원천이었다. 산호리 논밭과 마산포 해안을 자주 걸었고 때로는 용마산 기슭을 오르내리며 마음과 글을 가다듬었다. 가끔 동무들과 바닷가로 낚시질도 나갔다. 셋째 오라비 이상조와 올케도 낚시를 좋아해 함께 나가기도 했다. 길길이 뻗은 미역 풀 사이로 고기들 노는 모습이 거울 속처럼 훤히 들여다보일 정도로 물이 맑았던 때였다. 가끔 배를 타고 돝섬까지 나가 조개도 잡고 미역도 뜯으며 일상을 즐기기도 했다.

하지만 외로운 생활이었다. 서울에 떨어진 임화는 "세상이 소란해서 맘 둘 곳 없는데 너는 앓고 아이들은 가엽고 나는 고달프고 쓸쓸타"했고, 산호리에 혼자 머문 지하련은 "서울로 가는 열차가 어느 강물을 지나려니 하는 생각으로 다시 날이 밝고 한다"는 글로 서로를 그리워했다.

지하련은 봉건적 전통이 남아 있던 때에 여성 해방을 온몸으로 실천한 이였다. 이혼남과의 결혼과 혼전 임신도 그녀의 선택이었다. 시대는 그녀를 일상에 안주시키려 했지만 그녀는 시대의 복판을 관통하며 피해 가지 않았다.

먼저 북으로 올라간 남편의 뒤를 따라 지하련도 1948년 말 북으로 갔다. 전쟁 막바지였던 1953년 임화는 남로당 핵심들과 처형당했다. 남편의 죽음을 안 지하련은 평양거리를 미친 듯 헤매다가 평안북도 회청 인근의 교화소에서 1960년 병사했다. 기구하게 생을 마친 두 사람, 남쪽에서는 월북했다고 북쪽에서는 반동이라고 남북 모두에서 잊혀야만 했다.

사람은 모두 떠났지만 무심한 건물은 아직 서 있다. 이 집을 드나든 사람들의 면면이 이채롭다. 지하련과 항일운동가 형제들(상만, 상백, 상조, 상배, 상선, 이들 중 둘째 상백은 항일운동 기록이 없다)에 더해 임화까지 드나든 집이다. 형제 셋과 지하련 부부까지 다섯이 월북했다. 이로 인해 남은 가족과 집안은 철저히 붕괴됐다. 굴절된 현대사 생채기의 한복판에

| 신포동 매립 도면, 조선총독부, 1931.

임화가 산책 나갔을 때는 매립 공사가 준공되기 직전이었다. 건물이 들어섰을 리 없었고 횅한 빈 공터에 뽀얀 먼지만 날고 있을 때였다. 임화의 산책로는 신포동 매립지에서 하사마 매립지-어선창-오산선창-오동교-구강나루터로 이어지는 길이었다.

| 해방 직후 제2부두.

마산 앞바다에는 군수품 수송을 위한 제2부두가 들어섰고 중앙부두 공사도 막 시작됐다. 술·간장·된장·쌀·옷 등 마산의 특산들을 전장으로 실어 나를 참이었다.

| 도립마산병원, 1927.

진주자혜병원(1910년 개원한 경남 최초의 공공 의료시설로 2013년 폐쇄) 분원인 경남자혜의원으로 운영하다가 3·1만세운동이 일어난 그해 도립마산병원으로 개명했다. 지금의 위치로 옮겨온 것은 1926년이었다.

섰던 이들이었다.

지하련의 산호리 주택은 세월을 못 이겨 손상된 부분이 많다. 화재까지 겹쳐 훼손이 더 됐다. 그래도 아직 본모습을 잃지는 않았다. 그래서 묻는다. 이 집을 드나든 그들의 흔적은 정녕 되찾을 수 없는 것인지….

"문학의 바다를 찾은 좌파 문학가와 엘리트 신여성" 임화, 1908~1953. / 지하련, 1912~?

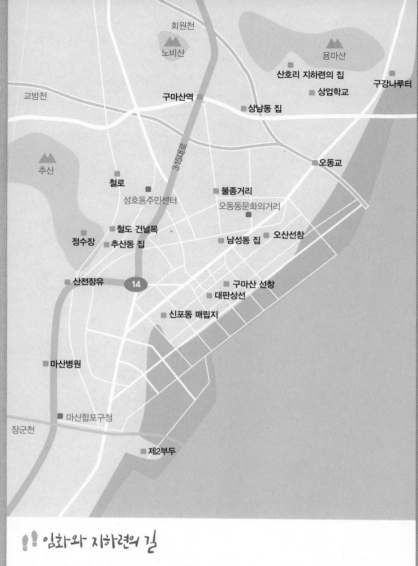

임화와 지하련의 길

아침 해안 산책길 신포동 매립지 › 하사마 매립지 › 어선창 › 오산선창
오동교 › 구강나루터

마산병원 가는 길 임화의 집 › 철도 건널목 › 정수장 › 산전장유 › 마산병원

명도석 선생을 죽게 한 조국은 선생이 떠난 지 36년, 해방된 지 45년이 지난 1990년에야 건국훈장 애국장을 추서했다. 선생을 기린 표적 몇이 마산 시내에 있다. 중성동 생가 터 앞에 박힌 표지석과 봉암로변에 세운 기념비, 그리고 2004년 선생의 호로 명명된 마산용마고등학교 앞 허당로이다.

독립지사 명도석

사람마다 공과가 있어 시비를 가릴 때가 많다. 마산도 마찬가지다. 대표적인 인물이 노산 이은상이다. 작곡가 조두남과 반야월, 문학가 이원수와 김춘수도 그렇다. 20세기 백 년 동안 질곡의 역사 탓도 있고 시류에 약한 인간의 모습이기도 하다.

하지만 명도석은 달랐다. 어느 누구도 그를 두고 흠 한 점 말한 이 없다. "주권 잃은 나라는 주인 없는 빈집과 같다. 내 나라가 주권국이 될 때까지 헌신하겠다"며 스스로 다짐하고 이를 각인하는 의미로 호를 허당(虛堂)이라 지은 이였다.

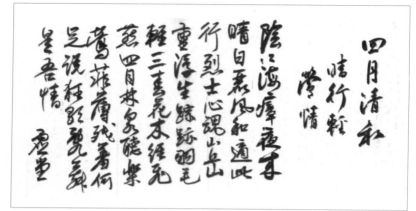

| 사월청화.

　선생이 남긴 한시(漢詩)는 모두 없어지고 겨우 세 편 남았다. 그중 1946년 봄에 쓴 칠언율시가 「四月淸和(사월청화)」이다. 해방 후 선생의 심경이 잘 녹아 있다.

四月淸和　　　　　　청화한 사월

陰陰海瘴夜來晴	음음해장야래청	흐리고 어둔 바다 기운 밤 되니 맑아지고
日麗風和適此行	일려풍화적차행	햇살 곱고 바람 자니 길 떠나기 좋구나
烈士心魂山岳重	열사심혼산악중	열사의 마음과 혼은 산악처럼 무거운데
浮生踪跡羽毛輕	부생종적우모경	뜬 인생의 자취들은 깃털처럼 가볍구나
三春花木經飛燕	삼춘화목경비연	삼월 꽃과 나무에는 제비 날개 가벼웁고
四月林泉廳樂鶯	사월임천청락앵	사월 숲 속 샘터에는 꾀꼬리 소리 즐거운데
菲薄殘羞何足說	비박잔수하족설	부족하고 못난 부끄러움 어찌 말로 다할까
狂歌亂舞是吾情	광가난무시오정	미친 듯 노래하고 어지러이 춤추는 내 마음이여

갑종 요시찰 인물

허당 명도석(明道奭, 1885~1954)은 중성동 64-2
번지(지금의 불종거리 동광교회 건너편)에서 태어났
다. 아홉 살 때 아버지를 잃자 다니던 서당을 그
만두고 사환 자리를 얻어 일터로 나갔다.

| 박용만, 1881~1928.

마산어시장 상인조합 총무였던 선생 이름 석
자가 세상에 나온 것은 1907년에 설립된 마산노
동야학 개교 때였다. 마산노동야학은 나라는 무
너졌지만 사람은 키워야 한다며 남전 옥기환이 세
운 학교였다. 당시 허당은 나이 스물셋의 마산어시장 객주였다. 허당은
이 학교에 참여한 마산의 뜻있는 청년들과 교유하며 마음을 곧추세웠다.

3·1만세운동에 주도적으로 참여했다. 서른다섯 살 때였다. 3월 10
일 추산정 만세 시위에는 사전 모의부터 가담했다. 3월 12일에는 지역인
사들과 거사를 계획하고 필요한 자금을 댔다. 거사일은 3월 21일이었다.
이날 허당은 태극기를 든 군중과 함께 '대한독립'이라고 쓴 큰 깃발을 앞
세우고 시위를 주도했다.

3·1운동 다음 해인 1920년 4월에는 동아일보 창간 주주로 참여했다.
그해 가을에는 재미 항일운동가 박용만이 보낸 밀사와 중국 봉천성의 안
동에서 만났다. 도중에 일본 경찰에 발각, 체포되어 평양 경찰서로 끌려
갔으나 증거 부족으로 6개월 만에 풀려났다.

민족주의자로서의 일생을 살았던 허당의 삶 중 가장 두드러졌던 것
은 신간회 활동이었다. 신간회는 1927년 2월 민족주의 좌파와 사회주의

新幹會創立總會
십오일반청년회관에서개회
민중대회와신간회의합동성립
民衆, 新幹合同完成

| 신간회 창립 보도 기사. 『조선일보』, 1927년 2월 14일.

자들이 연합한 민족협동전선이었다. 서울에 본부를 두고 전국 150여 지회가 있었으며 회원이 3만~4만 명이나 됐던 일제강점기 최대의 반일사회운동단체였다.

신간회 마산지회 창립대회는 1927년 7월 20일 마산민의소 공회당(옛 시민극장 자리)에서 열렸다. 이 대회에서 명도석은 정치문화부장을 맡았다. 1년 후인 1928년 12월 제2회 정기대회에서 회장이 됐다. 길지 않았던 신간회 마산지회의 4차례 전체대회에서 매번 주요 간부직에 선임됐고 신간회가 해소될 때까지 요직을 맡았다. 신간회 마산지회는 중앙조직의 일반강령 외에 「사립의신여학교 동맹휴학사건에 대한 조사검토」, 「보통학교 수업료인상 반대」등 지역의 현안에도 깊이 관여했다.

1930년 말 부산지회를 시작으로 신간회 전국 각 지회에서 해소 결의가 잇따랐다. 하지만 1931년 1월에 열린 마산지회 집행위원회에서는 "(…) 현재의 사회정세로서는 급각도로 해소할 변전이 없으므로(…)" 해소 반대로 의견을 모았다. 이어 열린 3월 정기대회에서 이를 정식으로 추인했다. 그러나 두 달 후에 신간회 본회가 해산되자 마산지회도 부득이 해산할 수밖에 없었다.

길지 않은 기간이었다. 그 4년간 신간회 마산지회는 지역사회운동의

| 신간회 25인, 우측 하단이 허당. 신간회기념사업회, 2009.

핵심적 역할을 했고, 그 중심에 허당이 있었다. 이런 이유로 2009년 신간회기념사업회가 개최한 「보훈의 달 기획전」에서 월남 이상재, 단재 신채호, 고당 조만식, 만해 한용운 등과 함께 '신간회 사람들 25인'에 허당 명도석이 포함되기도 했다.

허당은 사업가였지만 노동운동에도 매우 호의적이어서 지역의 좌우양 진영으로부터 존경을 받았다. 운송업을 할 때는 회사 차량을 만주독립운동단체의 자금 지원 통로로 사용하기도 했고, 총독부가 일방적으로 밀어붙인 '1역(驛)1점(店)'의 소운송업 통합 정책(효율적인 식민 지배를 위해 자유영업이었던 소운송업을 한 역에 한 개의 합동운송으로 통합시킨 정책)에도 저항했다.

1930년 전국의 백여 명 인사들이 나서 조선어사전편찬회를 출범할 때도 이극로, 이희승, 정인보, 방정환 등과 함께 발기인으로 이름을 올렸다. 이때 편찬회 간사였으며 끝내 조선어학회 사건으로 옥사한 김해 사람 이윤재는 허당의 집에서 수개월 숨어 살기도 했다.

내선일체를 내세우며 강제한 창씨개명에는 반대의 전면에 나서 끝내 거부했다. 이 때문에 일제로부터는 심한 압박을 받았지만 그를 아는 사람들에게는 귀감이 됐다.

일제강점기 말기(1944)에는 몽양 여운형이 주도한 조선건국동맹의 경남대표를 맡았다. 건국동맹은 일본 패망과 조국 광복을 대비한 비밀결사 조직이었다. 이런 선생의 삶에 내린 일제 경찰의 최종 평가는 '갑종 요시찰 인물'이었다.

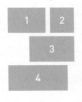

1 해방 직전 봉안 이상촌에서 열린 '조선건국동맹' 모임, 좌로부터 네 번째가 여운형.
2 여운형, 미국 『라이프』 잡지, 1947년 6월.
3 조선건국동맹 성명.
4 신간회 강령.

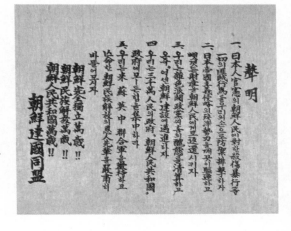

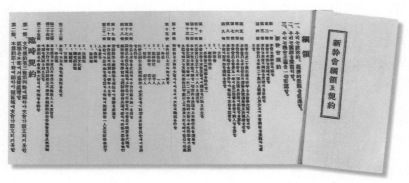

해방된 조국에서

1945년 8월 15일 낮 12시, 일왕 히로히토(裕仁유인)의 떨리는 목소리가 라디오에서 나왔다. 태평양전쟁 항복 선언이었다. 최후의 한 명까지 싸우자던 일제에게는 종말이었고 우리 민족에게는 해방선언이었다. 사람들이 창동으로 남성동으로 불종거리로 쏟아져 나왔다. 거리로 나온 사람들은 차마 믿어 지지 않는 사실을 서로 확인하며 소리 높여 만세를 외쳤다. 밤이 되어서도 만세 소리는 끝나지 않았다.

바로 그 시각, 중성동 자택에서 담 너머 들려오는 만세 소리를 들으며 허당은 진중히 앞날을 생각하고 있었다. 이미 작년 조선건국동맹 경남조직을 운영하면서 해방 후 새로운 나라를 은밀히 준비해온 터였다.

해방 다음 날인 8월 16일 마산에는 세 갈래의 모임이 있었다. 무정부주의, 사회주의, 친일 성향 인사들의 모임이었다. 각각 해방 정국을 전망하고 이후 정국의 주도권을 잡기 위해서였다. 세 파의 처지가 달랐기 때문에 각기 생각과 방향도 달랐다. 하지만 해방 후 혼란을 막기 위해 하루 속히 시민자치기구를 만들어야 한다는 데는 입장이 같았다. 전국적으로도 치안 유지가 당면 과제였지만 그중 마산과 같은 항구 도시는 더 문제가 심했다. 고국으로 돌아오는 귀환동포와 본국으로 돌아가는 일본인들의 인파에 도시가 온통 아수라장이어서 시민자치기구가 시급했다. 문제는 지도자였다.

8월 16일 밤에는 70여 명의 인사들이 모여 '해방 축하 마산시민대회'를 열기로 했다. 축하 행사는 바로 다음 날 열렸다. 장소는 공락관(옛 시민극장)이었다. 8월 17일 밤, 해방에 들뜬 사람들이 빼곡히 자리를 메운

축하 행사가 열렸다. 마산의 실질적인 자치권력 '조선건
국준비위원회 마산위원회' 결성대회를 겸했고, 위원
장으로 허당이 추대됐다. 허당은 여운형과 건국동맹
에서 활동한 중도좌파 성향이었지만 각 정파에서 수
용했다. 허당과 함께할 임원으로는 각 정파 지도자들
이 고루 참여했다. 동요 「산토끼」를 작사한 이일래
는 선전부장이었다.

| 이일래, 1903~1979.

건준 출근길

건준 마산위원장으로 뽑힌 허당의 어깨는 한층 무거웠다. 해방이 됐다고
했지만 아직 일본군은 무장해제조차 하지 않았다. 심지어 마산 주둔 일
본군 지휘관은 착검무장한 병력을 끌고 건준 사무실을 포위해 "일본인
들의 생명을 위협하고 재산을 탈취하는 자에게는 무력을 행사하겠다"고
겁박까지 했다. 8월 15일 일본이 패망한 것은 사실이지만 아직 군사력이
건재했다는 의미였다. 건준 마산위원회의 활동은 한계가 있을 수밖에 없
었다. 선생의 짐이 더 무거웠던 이유이기도 했다.

　건준 마산위원회는 불종거리 끝자락쯤에 있었다. 지금의 경남은행
창동지점 건너편 브이원(V1)모텔 자리로 옛 한일은행 마산지점이 있던
곳이었다. 건준 사무실로 사용할 때의 건물 1층은 마산식당이었다. 불종
거리 동광교회 건너편이었던 허당의 집에서 500~600m로 걸어서 10분

거리였다.

허당의 중성동 자택은 2층 양옥이었다. 당시 보기 드문 고급주택이었다. 이 집에는 허당 선생 내외와 큰아들 부부 그리고 손자까지 3대가 살고 있었다. 집 대문은 불종거리 쪽에 있었다. 마당을 중심으로 오른편이 2층 본채였고 왼편이 허당이 쓰는 사랑채였다. 마당에는 허당이 직접 만든 한반도 모양의 정원이 있었다. 지도 아래쪽에 작은 연못이 있었고 그 속에 큼직한 돌을 하나 놓아두었다. 제주도였다. 정원에는 오래된 무화과나무, 은행나무, 감나무가 있었고, 사랑채 뒤뜰은 채소와 딸기 등을 가꾸는 텃밭이었다. 중성동은 부촌이어서 주변의 집들도 대부분 단층 기와집들이었다.

평소 흰 한복 두루마기를 즐겨 입었던 터라 건준 출근 때도 옷차림은 마찬가지였다. 불종거리는 해방되기 6년 전에 20m 폭으로 넓혀져 있었다. 집을 나서면 바로 옆이 물 맑기로 유명한 통샘이었다. 이미 중성동 일대에 수도가 들어왔을 때지만 통샘 물은 멀리서도 길러다 먹었다. 허당의 가족들도 이 우물물을 먹었다.

통샘을 지나면 바로 옆이 남전 옥기환 선생의 자택(지금의 대우증권 자리)이었다. 장남 종수 씨와 함께 거주했다. 남성동에서 이곳으로 이사 와서 살았다. 기와를 얹은 단층 한옥이었고 마산 갑부였던 만큼 집이 엄청 넓었다. 해방 직후이니 아직 초대 마산부윤에 취임하기 전이었다. 두 사람의 나이 차는 열 살이었지만 앞서거니 뒤서거니 하며 평생 같은 길을 걸었다. 노동야학도 같이했고 원동무역도 함께 설립했다. 굳이 구분한다면 남전은 교육운동에, 허당은 사회운동에 무게 중심을 두었던 삶이었다. 해방된 조국에서 건준 일로 바쁘게 오가던 허당을 남전도 흐뭇한 눈으로 지켜봤을 것이었다.

남전과 허당, 식민지 시대 평생 같은 길을 걸었지만 해방 후 갈등이 조금 있었다고 한다. 남전이 미군정에 협력하는 것을 두고 허당이 "미국이나 일본이나 다 외센데 왜 그러시냐?"고 따져 물었다. 열 살 아래 명도석의 송곳 같은 말에 옥기환이 난감해 했고, 그 후 두 사람 사이가 전과 같지 않았다는 이야기이다.

옥기환 선생의 집 건너편이 마산형무소였다. 마산 사람들은 '붉은 벽돌집'이라 불렀다. 불종거리를 걸을 때마다 허당 눈에 가장 아프게 들어왔던 건물이었다. 하지만 세상이 바뀌었다. 나라는 해방됐고 갇혔던 이들도 모두 떠난 뒤였다. 같은 건물이었지만 이젠 다른 건물이었고, 바라보는 이도 같은 허당이었지만 이젠 다른 허당이었다. '갑종 요시찰 인물'이 아니라 '조선건국준비위원회 마산위원장'이었다.

해방 직후 불종거리는 마산 최대의 광로였지만 비포장이긴 마찬가지였다. 건준 마산위원회가 있는 쪽은 얕은 내리막이라 걷기에 편했다. 허당의 일생 중 가장 행복했던 걸음이었다. 불종거리 중간쯤에서 창동 네거리로 들어가는 길목을 지났다. 불종대가 있던 곳이었다. 구한말에 설치됐다가 1939년경 불종거리가 확장될 때 철거되어 없어진 뒤였다. 이름만 남은 '불종거리'였다.

마산포의 중심거리라 2층 건물들이 많았다. 도로 안쪽에는 초가도 있었지만 도로변에는 기와지붕이 많았다. 시계점·금융업소·옷가게·잡화점·사무소 등 건물의 용도도 다양했다. 다이아몬드형으로 제작된 최신

식 슬레이트지붕도 있었고 간간히 콘크리트 건물도 보였다. 건물들은 판
자벽을 포함해 붉은 벽돌 벽이나 시멘트 모르타르 벽 등의 다양한 모습
들이었다. 점포에는 아직 일본어로 된 간판들이 붙어 있었지만 그새 일
본어 간판을 내리거나 지우고 한글 간판으로 바꾸어 단 점포들도 있었다.

그 아래 네거리(지금의 신한은행 지점 앞)까지 내려온 허당은 오른쪽으
로 몸을 틀었다. 몇 걸음 안 가서 건준 사무실이었지만 그 앞에 있는 한
병원에 멈추어 섰다. 김형철 원장의 삼성병원(동성동 299번지, 지금의 한국
투자증권 자리 중 우측)이었다.

지전(芝田) 김형철(1891~1965)은 마산 최초의 한국인 의사였다. 동성
동 자신의 병원 자리에서 태어났고 마산공립소학교(지금의 성호초등학교)
를 1회로 나왔다. 1918년 일본 오카야마(岡山강산) 의전을 졸업하고 그해
10월 개업했다. 개업한 지 넉 달 만에 3·1만세운동이 일어났다. 3월 20일
에 일어난 함안군북의거와 4월 3일에 터진 마산삼진의거 부상자들이 일
본인 의사에게 치료받기를 거부했다. 그러자 선생이 나섰다. 갓 개업한
병원이었지만 모자라는 병실을 내실과 지하실로 대치하며 성심껏 치료했
다. 돈은 받지 않았다. 경찰의 감시로 병원 오기가 쉽지 않게 되자 왕진
가방을 들고 직접 찾아가 치료해주었다. 이 일로 경찰에 연금되기도 했다.

지전은 3·1만세운동 뒤에도 후하게 인술을 베풀어 일제강점기 내내
한국인들 사이에 평판이 좋았다. 부협의원이나 학교평의원 선출 때는 언
제나 하마평에 올랐다. 허당이 이끈 마산 신간회에도 참여해 서로에 대
한 신뢰가 높았다. 두 사람의 관계는 허당이 세상을 뜰 때까지 지속됐다.
의령 사람 백산 안희제와 남저 이우식 그리고 허당 명도석이 치료를 빙자

해 삼성병원을 찾기도 했다. 원장 김형철은 이들 세 사람을 위해 별실을 내주었고, 그곳에서 비밀스런 말들이 오가곤 했다.

김형철은 해방 후 초대부터 4대까지 마산의사회 회장을 지낸 마산 의료계의 상징적 인물이다. 1965년에 작고한 선생의 묘는 내서읍 마산 대학 교정에 있다. 이런 선생을 기리기 위해 그가 떠난 지 52년이 지난 2017년 6월 15일 선생의 병원 터에 표지석을 세웠다.

허당에게 주어진 가장 중요한 책무는 안전하게 해방 정국을 이끌어 가는 것이었다. 이런 허당과 건국준비위원회를 가장 불안하게 바라본 이들은 일제의 주구 친일파들이었다. 당시 경호대장으로 허당과 가장 가까이 있었던 정수영 씨의 1999년 증언(당시 76세)이다.

"불안에 떨던 친일파가 두어 번 건준 사무실로 선생을 찾아왔다. 죽을죄를 지었으니 이 돈으로 건준 재정에 보태라며 허당 앞에 돈 보따리를 내 놓았다. 곧 허당의 호통이 터졌고 쫓겨나왔다. 건준 마산위원회는 종이 한 장까지 허당의 사비로 충당했다. 허당은 치안대원들에게 '모든 비용을 마련해줄 테니 절대 민폐를 끼치지 말라'고 엄히 당부하며 조심시켰다."

9월 7일 인민위원회로 개편되기까지였지만 20여 일 동안의 건준 마산위원회의 짧은 시간이 독립지사 허당에게는 가장 행복한 시간이었다.

숨은 이야기

평생 민족의 독립을 위해 살았던 허당이었다. 하지만 해방된 조국의 전쟁판에서 친일반공 파락호들에게 '빨갱이'로 낙인찍혀 갖은 고초를 당했다. 마치 밀양 사람 김원봉처럼.

허당은 그때의 고문 후유증으로 시름시름 앓다가 세상을 떴다. 회생이 어렵다는 사실을 알자 스스로 곡기를 끊고 떠났다. 1954년 6월 4일, 중성동 자택에서였다.

성격이 꼿꼿했지만 어려운 이들의 사정도 잘 알았다. 세상을 떠나면서 "통장에 있는 돈은 모두 집안일을 도운 아주머니에게 드려라"는 당부를 남겼다. 사업가로도 성공해 부도 많이 쌓았지만 정작 허당 자신은 검소했고 절약했다. 길가다가 새끼줄이나 신문지가 뒹굴면 한복 두루마기 소매에 넣어와 재사용했던 선생이었다.

손자 인호 씨가 아버지에게 들었다는 숨은 이야기이다. 1947~1948년경이었다. 늦은 저녁 무렵 남자 세 명이 허당의 집을 찾았다. 차림새와 눈길이 예사롭지 않았다. 허당은 큰아들 주한을 밖으로 내보낸 뒤 세 사람과 밀담을 나누었다. 두어 시간 후 남자들이 떠나자 허당은 아들을 불렀다. 영문도 모른 채 아버지 앞에 앉은 아들 주한에게 허당은 집문서를 비롯해 그동안 자신이 보관하고 있던 여러 서류들을 내보였다. 그러고는 "이것들이 우리 집안과 재산 관련 서류다. 이제부터는 장남인 네가 관리하도록 해라. 나는 내일 아침 날이 밝는 대로 북으로 떠난다. 이젠 네가 가장이다. 내가 없더라도 어머니 잘 모시고 집안 간수 잘해라"는 청천벽력 같은 말을 뱉었다. 놀란 아들 주한은 계속 이어진 아버지의 이야기를 듣고서야 조금 전에 왔던 세 사람이 북에서 내려온 밀사였던 것을 알았다.

북에서 김일성이 정부 수립(1948. 9. 9.)을 준비하고 있을 때였다. 김일성은 북쪽 정부의 정통성을 과시하기 위해 남쪽의 신망 받는 지도자들을 끌어들였다. 허당도 그 대상이었다. 해방은 됐지만 상황이 좋지 않았다. 단죄 받아야 할 친일파들이 단죄는커녕 오히려 점점 득세해가던 때였다. 이런 현실에 기막혔고 좌절했던 허당이라 마음이 흔들렸을 터였다. 하지만 다행인지 불행인지 이 일은 새벽이 오기 전에 낌새를 챈 경찰에 의해 없었던 일로 끝났다. "만약 그때 할아버지께서 월북했더라면 어찌 됐을까요? 온 집안이 풍비박산 났겠죠?" 인호 씨는 이야기를 하면서도 어이없는 표정으로 가슴을 쓸어내렸다.

또 다른 이야기 하나. 명한수는 허당의 6촌 동생이었다. 그는 밀양에서 농사를 짓고 사는 평범한 소시민이었다. 재종형이자 독립지사였던 허당은 명한수에게 존경의 대상이자 집안의 자랑이었다. 허당 생전에도 왕래가 많았지만 세상 뜬 뒤에도 자주 중성동 집으로 찾아왔다.

그런 명한수의 이마 한가운데에 큰 흉터가 있었다. 하루는 손자 인호가 "할아버지, 이마 흉터는 왜 생겼어요?"하고 물었다. 그러자 "이거, 네 할아버지 때문이다. 일제강점기 말기에 밀양 시골에 사는 내가 창씨개명을 끝까지 거부하는 것이 너무 힘들더라. 그래서 하루는 네 할아버지께 '형님, 왜놈들 등살에 도저히 못 견디겠습니다. 내로라하는 사람 모두 다 했는데 나 같은 사람이야 이제 창씨개명해도 되겠지요?'라고 했지. 그러자 네 할아버지가 바로 옆에 있던 놋그릇을 치켜들어 '이놈아 두 번 죽을 것 없다. 내 손에 죽어라'면서 내 머리를 내리쳐서 생긴 흉터다"라고 했다. 당사자 인호 씨의 이야기다.

민족을 위해 평생을 바친 선생을 죽게 한 조국은 선생이 떠난 지 36년, 해방된 지 45년이 지난 1990년에야 건국훈장 애국장을 추서했다.

선생을 기린 표적 몇이 마산 시내에 있다. 중성동 생가 터 앞에 박힌 표지석과 봉암로변에 세운 기념비, 그리고 2004년 선생의 호로 명명된 마산용마고등학교 앞 허당로이다.

"'갑종 요시찰 인물'에서 조선건국준비위원회 마산 위원장" 명도석, 1885~1954.

🐾 명도석의 건준 출근길

명도석의 집 > 통샘 > 옥기환의 집 > 마산형무소 > 불종거리 > 삼성병원
> 마산건국준비위원회

시인은 마산중학을 졸업하고 서울대 경제학과에 입학한 뒤
로는 오직 시(詩)에서만 고향을 그리워했을 뿐 이 도시와 다
른 인연을 맺지 못했다.

악독한 정권에게 "아이론 밑 와이셔츠같이" 전기고문을 세
번 당한 후 간첩이 됐을 때도, 행려병자로 오인되어 정신병
원에 누웠을 때도, "아버지 어머니는 고향 산소에 있고 (…)
형과 누이들은 부산에 있는데, 여비가 없으니 가지 못한다"
며 호소했을 때도…. 마산에는 그를 동향(同鄕)이라 여긴 이
조차 별로 없었다.

귀천 천상병

가난과 누명으로 헐벗은 삶을 살았지만 인생을 '아름다운 소풍'이라 했던 이였다. 그를 두고 김훈은 "그처럼 시와 인간이 일치하는 시인을 본 적이 없다"고 했다. 맞는 말이다. 천상병은 자신의 시처럼 인생을 소풍 온 듯 살다 떠났다.

고향에 대한 그리움이 각별했다. 스물네 살이 될 때까지 히메지(嬉路희로), 진동, 다테야마(館山관산), 마산, 부산으로 옮겨 가며 살았다. 그는 성장기의 추억이 서린 이 다섯 곳을 모두 고향이라 했고 각 곳에서의 기억을 언어화했다.

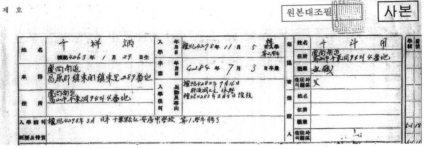

| 천상병의 6년제 마산공립중학교 학적부.

그중 가장 많이 언급한 곳이 네 살부터 아홉 살까지 살았던 진동과 6년제 마산중학교 시절을 보낸 마산, 그리고 아버지의 무덤이 있는 진북이었다.

일찍이 "원하노니 향토당산에 죽어 묻히고파. 바다가 멀찌감치 보일 듯 말 듯 청명천연(淸明天然)에 (…)"라고 했다. 천상병의 향토당산은 지금의 창원시 마산합포구 진북면 대티리 뒷산, 아버지가 묻힌 곳이다. 하지만 그는 자신의 바람대로 그곳에 눕진 못했다.

오동동 우환동포

심온(深溫) 천상병(千祥炳, 1930~1993)이 태어난 곳은 일본 효고(兵庫병고) 현 히메지(姬路희로)시였다. 네 살 때 진동 바닷가 고향집으로 돌아왔지만 보통학교 1학년을 마치고 다시 일본으로 들어갔다. 마산에 온 것은 해방이 되어서였다.

천상병이 진동 바닷가에서 1년간 다녔던 학교는 진동공립보통학교(지금의 진동초등학교)였다. 나라가 망해가던 때(1908)에 진동 지역민들이 세운 사립 진명학교가 전신이다. 오랫동안 옛 진해현(지금의 마산합포구 진동면) 객사를 교사로 사용하다가 1943년에 지금의 위치(마산합포구 진동면 진동리)로 이전했다. 천상병이 다녔던 1년은 진해현 객사를 교사로 사용했을 때였다.

열 살 때 다시 건너간 일본에서는 지바(千葉천엽)현 다테야마시에 살면서 중학교 2학년까지 다녔다. 열여섯 살까지 살았으니 그곳에서 소년기를 온통 보낸 셈이다.

해방 직후 마산으로 돌아온 아버지 두용(斗用)은 아들을 6년제 마산공립중학교 2학년에 편입시켜 천상병은 1951년 졸업했다. 아버지는 일정한 직업이 없었다. 귀환동포 천상병 가족이 자리 잡은 곳은 오동동 94-4번지, 최근 교방천 복개를 걷어내면서 만든 두 곳의 주차장 중 위쪽 주차창 한편이었다.

천상병의 집 바로 옆 터(지금의 오동동 88, 113번지)는 마산우시장이 있던 곳이다. 1924년부터 민간에서 운영하다가 1926년 마산부 직영으로 바뀐 천여 평 규모의 우시장이었다. 꽤 이름난 시장이어서 마산 인근의 소 거래가 전부 이곳에서 이루어졌다. 하지만 1920년대 말이 되자 마산의 도시 사정이 많이 달라졌다. 도심 가까운 오동동으로 사람들이 모여들어 우시장 인근이 주거지로 변했다. 급기야 우시장을 두고 주민 위생과 거리 혼잡 등을 내세운 민원이 발생했다. 결국 우시장은 1933년 북마산역 앞 넓은 빈터로 옮겨 나갔다. 천상병 가족이 오동동에 오기 십수 년

| 북마산역 새벽장 모습.

| 오동동 투우장, 1962.

전의 일이었다.

1920~1930년대 오동동의 변화가 이런 정도였으니 해방 직후에는 말할 것도 없었다. 천상병 가족이 둥지를 튼 오동동 북쪽 교방 천변은 지붕 낮은 초가와 판잣집 들이 다닥다닥 들어붙은 서민 주거지였다. 대부분 입이라도 해결하기 위해 도시로 나온 소작농들과 해방 후 일본에서 빈손으로 들어온 이들이었다. 당시 교방천 건너 상남동 자락에도 초가가 촘촘히 들어서 있었지만 용마고등학교(당시 마산상업학교) 앞 산호동 들판은 여전히 논밭이었다. 밤마다 술로 흥청댔다는 그 '오동동'은 지금의 '문화의 거리' 쪽이었다.

朝鮮總督府慶尙南道告示第六十三號
馬山牛市場設置左ノ通許可セリ
大正十五年七月一日　朝鮮總督府慶尙南道知事　和田　純
記
一　名　稱　馬山牛市場
二　位　置　馬山府午東洞八八番地、一一三番地
三　面　積　一千四十四坪
四　開市日竝開閉時刻　開市日　毎月陰曆五、十相當日
　　開閉時刻　午前十時ヨリ午後五時迄

| 마산우시장총독부관보 (제41645호), 1926년 7월 7일.

부산과 목포도 그랬지만 일본과 뱃길이 연결된 마산에도 귀환동포가 넘쳐났다. 인구만 늘리고 사고만 친다 해서 귀환동포가 아니라 '우환동포'라고 놀림을 받기도 했다. 천상병의 가족도 우환동포였다.

마산으로 들어온 귀환동포들 중에 집 가진 이는 거의 없었다. 이들은 대부분 일본 사람들이 살다간 신마산의 빈 주택이나 공터, 신포동의 일본 군수창고, 회원동에 있는 일본군 기마대의 마사(馬舍)에서 집단 거주

| 신포동 일대의 귀환동포촌, 1945~1960년대.

했다.

　넓고 높은 창고 안에 가마니와 함석으로 집집마다 칸을 쳐 네 집 내 집을 구분했다. 사각으로 칸을 친 형태가 마치 하모니카를 닮아 귀환동 포의 집단 거주지를 '하모니카 촌'이라고도 불렀다. 사정이 이 모양이었 으니 오동동에다 집을 구한 천상병의 가족은 좀 나은 편이었다.

　호구는 미군정에서 배급하는 구호물자로 연명하거나 시장 바닥의 노 점상으로 생계를 이어갔다. 생필품 값은 하루가 다르게 치솟았고 특히 곡물류 가격은 천정부지로 뛰어올라 끼니 잇기가 어려울 때였다.

　그 와중에 전쟁이 터졌다. 천우신조로 마산은 직접 전쟁 피해를 입지 는 않았지만 몰려든 피난민들로 도시는 북새통이 됐다. 일본군이 이용하 던 마산항은 미육군 수송기지로 변했다. 빈둥거리던 수많은 사람들이 미 군수품을 등짐 지며 생계를 유지했다.

등굣길과 마산중학교

천상병의 오동동 집에서 완월동 마산중학교까지는 약 2㎞ 거리였다. 학생 걸음으로 30분이면 넉넉히 도착할 수 있었다. 천상병은 불종거리를 지나 창동과 부림시장, 몽고정을 거쳐 자산동으로 들어가는 길을 택했다. 폭 10m였던 불종거리는 1939년에 이미 폭 20m로 확장되어 있었다.

오동동 골목에서 나온 학생 천상병은 불종거리를 거쳐 창동거리에 들어섰다. 지금의 코어양과점 건너편에서 창동 네거리를 거쳐 부림시장으로 들어가는 길(동서북10길)이었다.

아침 길이라 한산했지만 간밤에 북적거렸던 잔해가 여기저기 남아 있었다. 길 양쪽에는 목조로 지은 일본식 건물들이 빼곡했고 수직으로 돌출된 간판들이 어지럽게 경쟁하고 있었다. 왼편으로 '황금당'과 '한성당건재약방'이라고 쓴 간판이 눈에 띄었다. 마산 최고의 보석상이었던 황금당은 1937년, 한성당건재약방은 그보다 몇 년 앞서 시작한 점포들이었다. 1964년경 3층 건물을 크게 지은 한성당건재약방은 90년대 초 이전했지만 황금당은 지금까지 같은 자리에서 이어가고 있다.

몇 걸음 더 나가니 창동 네거리였다. 오른쪽으로 시민극장이, 왼쪽으로 남성동 파출소가 멀찌감치 보였다. 마산포 도심의 근대식 도로 중 가장 먼저 생긴(1912~1915) 이 길(창동거리길)은 천상병의 등굣길과 함께 최고의 번화가였다. 네거리 주변은 한때 명동 다음으로 땅값이 비쌌다는 곳이다.

학생 천상병이 이 길을 걸었던 30년 뒤인 1979년 10월 18일, 부산과 마산에서 일어난 부마민주항쟁의 시민 시위가 이 네거리에서 촉발됐다.

| 마산중학교 5년 당시 사진(맨 뒤 가운데가 천상병).

낮에 있었던 경남대 학생들의 시위 소문을 듣고 창동 밤거리로 시민들이 나왔고, 오후부터 3·15의거탑에서 연좌농성을 벌이던 학생 수백 명도 밤이 되자 창동으로 왔다. 사람 수가 많아지자 군중 속에서 누군가가 "불 꺼"라고 외쳤고, 모인 사람들도 한목소리로 "불 꺼, 불 꺼"를 연호했다. 한 집 두 집 불이 꺼졌고 불이 켜진 점포와 사무실에는 돌멩이가 날아가기도 했다. 경찰의 '채증(採證)'을 무력화시키기 위한 자구책이었다. 그날 밤 창동거리는 암흑천지로 변했고, 18년 독재 권력을 무너뜨린 마산항쟁의 불이 붙어 올랐다.

창동 네거리를 지나면 부림시장이었다. 1924년 난전을 모아 개설해 부정(富町)공설시장이라 불렀던 곳이었다. 개설 당시에는 세 동의 벽돌건물과 함석지붕이 얹힌 몇 채의 바라크집들이 있었지만 도시 인구가 늘면서 점차 규모가 커졌다. 어시장과 쌍벽을 이룬 마산포의 중심 상권이었다. 천상병이 지났을 때는 해방 전보다 더욱 번잡했고 규모도 커졌다. 아침저녁 할 것 없이 사람들로 북적였다. 대부분 사고파는 사람들이었지만 일자리를 찾아 나온 이도 많았다.

해방 전부터 자리를 잡고 있었던 곡물상·청과야채상·포목상·잡화상·식료품상 외에 귀환동포들이 급조한 노점들도 줄을 지어 있었다. 이들은 주로 시계나 라이터를 수리해 주거나 헌옷·중고기계부속·공구류 등을 팔았다. 온갖 것을 팔았고 없는 것이 없었다. 진해 해군의 지하보급창고에서 일본 군복과 작업복·군화·기계부품·유류 등도 흘러나왔다. 미제 구호물자나 미군 부대에서 유출된 담배·과자·통조림 등의 레이션(ration, 보급품) 상자들도 거래됐다. 국내에서 만든 성냥·비누·고무신 등

| 1930년대 부림시장.

생필품도 있었지만 미제나 일제에 비해 질이 너무 낮았다.

부림시장을 지난 천상병은 몽고정과 자산동을 거쳐 학교에 도착했다. 1936년 3월에 설립된 마산공립중학교였다. 5년제로 시작한 이 학교의 제1회 입학생은 두 학급 110명이었다. 일본 학생과 한국 학생의 비율은 6대 4였다. 한국 학생은 집안의 호별세(戶別稅, 주민세)를 참작해 입학시켰기 때문에 가난하면 들어갈 수가 없었다.

첫 입학식은 1936년 4월 11일 완월초등학교(당시 마산공립보통학교 분교) 가(假)교사에서 거행했다. 학교를 상징하는 교표는 벚꽃을 형상화한 문양이었다. 설립 5년 후인 1941년 3월, 첫 졸업생 95명을 배출했는데 이

중 한국인은 34명이었다. 이들이 지금의 마산고등학교 제1회 졸업생이다. 1943년에 4년제로 바뀌었다가 해방 후인 1946년 6년제로 재편됐다. 천상병은 6년제의 2학년에 편입했다. 6년제를 지금처럼 중고등학교 각 3년으로 나눈 것은 1951년 9월이었다. 이때 마산서중학교가 분리됐는데 1955년 5월 7일 현재의 마산중학교로 교명을 바꾸었다.

마산공립중학교 최초의 본관 교사는 1938년 11월 4일 준공하여 낙성식을 성대하게 거행했다. 2층 콘크리트 현대식 건물이었다. 당시 학교나 관공서에서 많이 지었던 좌우대칭의 무난한 근대식 건축양식이었다.

세월의 때가 밴 본관 건물은 2001년 새 교사를 지을 때 철거됐다. 고민 없이 헐어 없앨 건물이 아니었지만 조용히 사라지고 말았다. 낯선 건물이 새로 들어선 교정에는 키 크고 몸집 굵은 종가시나무 한 그루가 운동장을 지켜보고 서 있다. 이 교정에서 보낸 시간이 결코 짧지 않았음을 나무의 몸집이 말해주고 있다. 200여m 되는 담장 길에는 개교 때 심은 벚나무가 열을 지어 있다. 4월이면 이 길의 흐드러진 벚꽃이 절경이었다. 꽃구경 오는 이도 많았다. 이 담장 길을 천상병의 호를 따 '심온길'이라 부른다. 지금도 교정에 벚꽃이 만발할 때면 벚꽃 아래에서 음악 동아리 학생들이 '벚꽃 음악회'를 연다.

일본 학생들이 대부분이었던 이 학교에도 교내 독립운동조직이 있었다. 1944년 6월에 결성된 마중(馬中)독립단이었다. 아홉 명의 학생이 구성한 비밀결사체였고 아지트는 학교의 지하창고였다. 이들의 행동강령은 "조선 역사와 한글을 학습하고 뜻있는 학우들을 포섭하여 적절한 시기에 해외로 탈출, 독립운동에 투신"하는 것이었다. 이들은 해외 독립운

| 1938년 준공한 5년제 마산공립중학교 건물 전경.

동 상황과 국내 정세 정보를 입수해가며 각종 활동을 벌였다. 하지만 안타깝게도 오래가지는 못했다. 발족한 지 얼마 되지 않아 일본 경찰에 노출되어 어이없이 와해되고 말았다. 두 명은 구류로 나왔지만 나머지 일곱 명은 마산형무소에 갇혔다가 해방 후 풀려나왔다. 이를 기념해 교정 한쪽에 항일운동기념탑을 세웠고(1994), 교정은 국내항일운동사적지로 지정됐다.

천상병은 조용하고 평범한 학생이었다. 특별한 사건도 각별한 친구도 없었다. 눈에 잘 띄지도 않아 그의 학창 생활을 기억하는 이도 드물다. 성적도 그리 좋은 편은 아니었다. 성격은 좋았고 취미는 문학이었다. 생활기록부에서는 전체적으로 보통(中)이라는 평가를 받았다. 5학년이던

1949년 7월에 폐침윤(肺浸潤, 결핵균에 의한 폐의 염증이 주위로 퍼져 가는 병)으로 휴학했다가 다음해 2월에 복학하여 1951년 졸업했다.

특기할 만한 것은 그의 '책 읽기'였다. 거의 병적이라 할 만했다. 어릴 때부터 시작된 그의 독서병(?)이 건강까지 해치게 되자 어머니가 책을 불태울 정도였다. 집이 가난해 주로 서점에서 책을 읽었다. 마산중학교를 다닐 때도 마찬가지였다. 매일같이 하굣길에 구마산 시장의 일본어 책방에서 한 시간씩 책을 읽었다. 이런 천상병을 보고 나중에는 책방 주인이 "읽고 싶은 책이 있으면 집에 가져가서 읽고 갖다 놓아라"고까지 했다. 책방에서 책을 읽을 때마다 바로 옆 다방에서 고전음악이 흘러나와 천상병의 귀를 사로잡았다. 생전에 브람스 교향곡 4번을 유난히 좋아한 것도 그 때문이었다.

천상병이 드나들었다는 책방이 어디였는지 정확히 알 수는 없다. 다만 SC제일은행 뒷골목에 책방과 고전음악 다방이 나란히 있었다는 한 노인의 말로 짐작할 뿐이다. 마산중학교와 오동동 집의 중간쯤 되는 곳이니 그럴 만도 했다.

자산동 솔밭과 시인 권환

학교 공부에 시간을 많이 쓰지 않던 천상병이 자주 찾은 곳은 학교 뒤 솔밭이었다. 원래 민간 소유였으나 옛 마산시가 인수한 후 '자산동 솔밭'으로 알려진 근린공원이다. 도시 개발로 지금은 동네 한복판이 됐지만 천상병이 드나든 때는 무학산 언저리의 숲이었다. 땔감 때문에 천지가 민둥산이 됐던 시절을 거쳤지만 이 숲의 소나무들은 용케 살아남았다. 경주이씨 문중의 선대 묘가 안장된 덕분이었다.

자산동 솔밭은 오랜 세월 마산고등학교 학생들의 놀이터이자 안식처였다. 철조망이 있었지만 가끔 야외수업이나 행사도 했고 송충이도 마산고 학생들이 잡아주었다. 하지만 교내 장소가 아니어서 공식 행사 외에는 숨어들었다.

천상병의 일 년 후배인 역사학자 강만길도 이 숲을 자주 드나들었다. 모범생이었던 강만길 학생은 주로 경주이씨 문중 묘 옆에 앉아 친구들과 이야기를 나누었고 혼자일 때는 소설을 읽었다. 학생 강만길은 당시 많이 읽혔던 김내성의 소설『청춘극장』과『흙』을 비롯한 이광수의 작품들을 대부분 이 솔밭에서 읽었다고 회고했다.

이와 달리 솔밭 안에서는 감시자의 눈을 피해야 하는 일(?)들도 많이 벌어졌다. 담배연기가 모락거려 아지랑이 동산이라는 별칭까지 있는 숲, 마산고 졸업생들의 잊지 못할 추억의 장소였다.

천상병도 마찬가지였을 터, 학생에게 금한 것들을 숨어 손대며 사춘기의 욕구를 채웠을 것이었다. 하지만 독서광 천상병이었다. 때때로 솔밭의 키 큰 소나무 사이를 조용히 거닐며 홀로 사색에 잠기기도 했다. 시인을 꿈꾼 소년과 사철 푸른 솔숲, 그 아름다운 시간과 공간의 조화가 학생 천상병의 시심(詩心)을 요동치게 했다.

천상병이 4학년이었던 1948년, 마산 진전면 오서리 출신 시인 권환(1903~1954)이 학교 인근(완월동 101-14)의 초가 단칸방으로 왔다. 학교

| 자산동 솔밭.

서쪽 담장에서 불과 100m 거리였다. 경사진 골목 모퉁이 집인데 지금은 콘크리트 단층주택(완월북8길14)이 앉아 있다. 권환이 왔을 때의 동네 모습은 지금과 많이 달랐다. 무학산 자락에서 바다를 내다봤던 자연 취락의 옛 완월리 시절이었다. 도시 지역과 뚝 떨어져 있어서 오르막길을 한참 올라야 갈 수 있었던 동네였다.

좌익 탄압이 극에 달했던 1947년 11월 카프의 동지였던 임화는 월북했고, 비슷한 시기에 권환은 남으로 발길을 돌렸다. 북행길 대신 그가 택한 곳은 고향이었다. 교토제국대학 독문학과를 졸업한 엘리트였지만 문학 생애 내내 역사의 응달에만 떠돈 삶이었다. 그런 점에서 노산 이은상과 대조되는 삶이었다. 보다 못해 지역 문우들이 나서서 구해준 일자리

| 가포해수욕장, 1948.

가 마산고등학교 독일어 강사였다. 1952년, 천상병이 졸업한 다음 해
였다.

　권환은 결핵을 심하게 앓았다. 가포 마산결핵요양소(지금의 국립마산
병원)에 입원도 했고 통원도 했다. 끝내 후두에까지 전이되어 뒤에는 필
담으로 이야기를 했다. 아내의 고생이 극심했다. 함지박에 잡화를 이고
시외버스 정류장에서 행상을 하며 남편의 약값을 마련했다. 밤중이라도
권환이 각혈을 하면 들쳐 업고 완월동 내리막길을 뛰어서 마산병원(지금
의 마산의료원)으로 갔다.

죽음이 임박했을 즈음, 구마산 선창의 비참한 군상들의 삶을 「선창 뒷골목」이라는 시로 남겼다. 그것이 마지막이었다. 그리고 불우했던 자신의 삶처럼 온 나라에 비가 내렸던 1954년 7월 30일 완월동 초가에서 반백 년 생을 마쳤다.

스승 김춘수

자산동 솔밭은 천상병에게 시 「강물」을 탄생시킨 장소다. 어느 날 학교 뒤 솔밭 주변을 배회하다 인근 공동묘지에서 장례를 치르며 무덤 앞에서 슬피 우는 사람들을 봤다. 그때부터 천상병은 '죽음'에 대한 생각에 빠져들었다. 그렇게 탄생한 시가 「강물」이었다. 생의 무상함과 생으로부터 비롯된 인간의 존재론적 비애를 서정적으로 표현한 시였다.

강물

강물이 모두 바다로 흐르는 그 까닭은
언덕에 서서
내가
온종일 울었다는 그 까닭만은 아니다.

밤새

언덕에 서서
해바라기처럼 그리움에 피던
그 까닭만은 아니다.

언덕에 서서
내가
짐승처럼 서러움에 울고 있는 그 까닭은
강물이 모두 바다로만 흐르는 그 까닭만은 아니다.

　천상병의 문재(文才)를 알아본 이는 스승 김춘수였다. 시 「강물」을 『문예』지에 실리도록 도운 것도 그이였다. 스승은 글 쓰는 제자가 반가웠고 제자는 자신을 알아주는 스승을 따랐다. 천상병은 김춘수의 조카였던 같은 반 친구를 통해 선생이 시집 『구름과 장미』의 저자임을 알게 됐다. 『구름과 장미』는 통영중학교 교사 시절에 낸 김춘수의 첫 시집이었다. 꼭 한 번 읽어보고 싶어 빌리려 했는데 뜻밖에 시집(詩集)을 선물로 받게 됐다. 첫 장을 넘기자 속표지에 스승의 친필 "모든 것이 그러하듯 네가 그것에 닿아야만 네 것이 될 수 있다. 김춘수" 가 적혀 있었다. 이 시집 선물의 감동이 천상병을 평생 시인으로 살게 했다.
　제자 천상병의 오동동 집과 스승 김춘수의 중성동 집은 불종거리를 중간에 둔 300~400m 거리였다. 사제지간의 두 사람, 등하굣길에서 더러 만났을 것이었다. 마음을 주고받았으니 김춘수가 천상병에게 잔심부름도 더러 시켰을 법한 거리였다. 그래서였을까? 사제로 만난 두 시인,

평생 의리를 끊지 않았다. 제자 천상병이 세상을 떴을 때(1993) 스승 김춘수는 크게 애도하며 「네가 가던 그날은」이라는 시로 제자를 떠나보냈다.

네가 가던 그날은

네가 가던 그날은
나의 가슴이
가녀린 풀잎처럼 설레이었다

하늘은 그린 듯이 더욱 푸르고
네가 가던 그날은
가을이 가지 끝에 울고 있었다

구름이 졸고 있는
산마루에
단풍잎 발갛게 타며 있었다

네가 가던 그날은
나의 가슴이
부질없는 눈물에
젖어 있었다

마산중학을 졸업하고 서울대 경제학과에 입학한 뒤로는 오직 시(詩)에서만 고향을 그리워했을 뿐, 천상병은 이 도시와 다른 인연을 맺지 못했다. 악독한 정권에게 "아이론 밑 와이셔츠같이" 전기고문을 세 번 당하고 간첩이 됐을 때도, 행려병자로 오인되어 정신병원에 누웠을 때도, "아버지 어머니는 고향 산소에 있고 (…) 형과 누이들은 부산에 있는데, 여비가 없으니 가지 못한다"며 호소했을 때도….

마산에는 그를 동향이라 여긴 이조차 별로 없었다.

| 1938년 준공한 5년제 마산중학교 건물 공사 모습.

| 왼쪽부터 신동문, 박재삼, 김대규, 천상병, 김재섭,
박봉우, 1960.

천상병은 6년제의 2학년에 편입했다. 6년제를 지금
처럼 중고등학교 각 3년으로 나눈 것은 1951년 9
월이었다..이때 마산서중학교가 분리됐는데 1955
년 5월 7일 현재의 **마산중학교로** 교명을 바꾸
었다.

| 천상병 가족이 마산에 왔을 즈음의 마산포 항공사진.
  노란색 점이 있는 곳이 천상병 가족의 집이다.

귀환동포 천상병 가족이 자리 잡은 곳은 **오동동**
94-4번지, 최근 교방천 복개를 걷어내면서 만든
두 곳의 주차장 중 위쪽 주차창 한편이었다.

"오직 시(詩)에서만 고향을 그리워했던 시인" 천상병, 1930~1993.

✋ 천상병의 등굣길

천상병의 집 > 불종거리 > 창동 네거리 > 부림시장 > 몽고정 > 마산고등
학교

아무도 날 찾는 이 없는 외로운 이 산장에
단풍잎만 채곡채곡 떨어져 쌓여 있네
세상에 버림받고 사랑마저 물리친 몸
병들어 쓰라린 가슴 부여안고
나 홀로 재생의 길 찾으며 외로이 살아가네
아무도 날 찾는 이 없는 외로운 이 산장에
풀벌레만 애처로이 밤새워 울고 있네
행운의 별을 보고 속삭이던 지난날의
추억을 더듬어 적막한 이 한밤에
임 뵈올 그날을 생각하며 쓸쓸히 살아가네

김춘수가 마산에서 살던 시기는 그가 시인의 길로 들어서는 초입기이자 전성기였다. 첫 시집 《구름과 장미》(1948)는 통영에서 냈지만 마산으로 온 뒤 《늪》(1950)과 《旗》(1951)를 출간했다. 교사로 재직하면서 낸 시집이었다. 시집이 나왔을 때 제자들이 출판축하연을 열었다. 교실에서 막걸리 한 잔을 올리면서 연 소박한 축하연이었다.

Ⅲ

김해랑은 스물다섯(1939) 살에 일본 유학을 마치고 마산으로 왔다. 그해 국내 무용계에 첫신을 보였다. 서울 부민관(지금의 세종대로에 있는 서울시의회)에서 열린 전국무용대회부문 특별상을 받았다. 로고전무용부문 특별상을 받았다. 작품 「애수의 선자(船子)」

바다를 본 주열의 첫인상은 어떠했을까? 마산 바다를 바라보며 주열은 무슨 생각을 했을까? 1년 후, 시신이 된 자신이 던져질 바로 그 바다임을 상상이나 했을까?

노래로 남긴 여인의 애절한 사연, 이만한 이야기는 다시 듣기 어렵다. 애처로이 밤 새워 울었던 풀벌레와도, 행운의 별을 보며 속삭였던 그날 밤의 추억과도, 같이 호흡할 수 있는 살아 있는 숲이다.

이만한 낭만 유산은 없다.

산장의 여인

이름도 성도 모른다. 미인이었다지만 사진 한 장 없다. 아는 것이라곤 흰 옷 입은 폐결핵 환자였다는 것과 격리된 산장에서 홀로 살았다는 것뿐이다.

가요 「산장의 여인」은 마산 사람 반야월(본명 박창오)이 탄생시켰다. 진방남이라는 이름으로 「불효자는 웁니다」를 직접 불렀고 「울고 넘는 박달재」, 「단장의 미아리고개」, 「소양강 처녀」 등 불후의 노랫말을 쓴이다. 반야월은 세상을 뜨기 2년 전인 2010년 6월, 친일 노래를 만든 자신의 과거를 직접 사과하여 세간에 회자되기도 했다.

여인의 눈물

한국전쟁 직후였다니 1954년이나 1955년 쯤이었을 터. 반야월은 고향 마산에서 전쟁 위문단으로 활동하고 있었다. 전쟁의 상흔을 안고 살아가는 이들을 위한 대중음악가의 선택이었다. 하루는 결핵 환자 위문공연차 가포 초입에 있는 국립마산결핵요양소(지금의 국립마산병원)로 갔다. 그곳은 1941년 상이군인요양소라는 이름으로 설립한 결핵전문치료기관이었다. 일본 패망 뒤 민간에서 잠시 관리하다가 1946년 국립마산 결핵요양소로 문을 연 병원이었다.

| 권혜경, 1931~2008.

변변한 치료약조차 없었던 시절, 폐결핵에는 맑은 공기가 최고의 약이었다. 물 좋고 공기 좋기로 유명했던 마산에 결핵 치료 병원들이 곳곳에 들어섰다. 6·25전쟁 때가 절정이었다. 산장의 여인이 머물었던 요양소 외에 도립마산병원, 마산교통요양원, 마산상고 건물을 징발해 세운 국립신생결핵요양원, 결핵전문 제36육군병원, 공군결핵요양소, 진해해군병원결핵병동 등이 있었다. 결핵을 전문으로 보는 개인병원도 많았다. 바야흐로 마산은 결핵 치료의 메카였다.

결핵은 '글쟁이들의 직업병'이라 불릴 만큼 문인들에게 만연한 때가 있었다. 해방 후 권환, 이영도, 김상옥, 구상, 김지하 등이 이 병원에서 치료를 받았고, 함석헌, 김춘수, 서정주 등이 결핵을 매개로 이곳을 오갔다. 「이름 모를 소녀」로 1970년대를 풍미하다 요절한 가수 김정호도 생의 마지막을 이곳에서 보냈다.

| 「산장의 여인」 재킷.

그날 위문 공연에서도 반야월, 아니 가수 진방남은 여느 날처럼 「불효자는 웁니다」를 구성지게 불렀다. 한참 노래를 부르는데 객석 끝자리에서 눈물을 훔치고 있는 한 여인이 보였다. 창백한 얼굴에 소복을 입은 젊고 아름다운 여인이었다. 공연이 끝난 후 급히 나가 사연을 들었다. 그녀는 병원 건너편 숲 속 산장 병동에서 요양 중인 폐결핵 환자였다.

노래 가사처럼 물리쳤던 사랑을 생각하며 울었는지, 이어질지 끊어질지 모르는 자신의 운명 때문에 울었는지 알 수는 없었지만 그녀의 눈물은 반야월의 영감에 깊이 각인됐다.

이 일이 있은 후 얼마 안 있어 반야월은 그녀를 추억하는 한 편의 노랫말을 남겼다. 그리고 그것을 작곡가 이재호에게 넘겼다. 이재호는 「나그네 설움」, 「번지 없는 주막」 등을 만든 걸출한 작곡가였다. 그 역시 마산결핵병원에서 요양을 했고, 끝내 한쪽 폐까지 잘라낸 바 있다. 반야월이 글을 쓰고 이재호가 곡을 붙인 노래 「산장의 여인」이 세상에 나온 것은 1957년이었다.

산장의 여인

아무도 날 찾는 이 없는 외로운 이 산장에
단풍잎만 채곡채곡 떨어져 쌓여 있네
세상에 버림받고 사랑마저 물리친 몸
병들어 쓰라린 가슴을 부여안고
나 홀로 재생의 길 찾으며 외로이 살아가네

아무도 날 찾는 이 없는 외로운 이 산장에
풀벌레만 애처로이 밤새워 울고 있네
행운의 별을 보고 속삭이던 지난날의
추억을 더듬어 적막한 이 한밤에
임 뵈올 그날을 생각하며 쓸쓸히 살아가네

사랑도 친구도 가족도 결핵으로 잃어야 했던 시절이었다. 권혜경의
이 노래는 단번에 전 국민의 심경을 울렸다.

'세상에 버림받고 사랑마저 물리친' 그 여인이 마지막 생을 보낸 산장
은 병원 건너편 갈마봉 초입에 있었다. '카테이지(cottage)'라 불렸던 2인
용 병사(病舍)였다. 병원 건너 100m쯤 안쪽 숲에 10동의 산장과 부속 건
물이 있었다. 일제 때 세운 것이었다.

| 카테이지 산장의 여인이 머물렀던 곳이다.

| 마산 중포병대대 병영 연습 포대 그림엽서.

    산장의 여인이 정확히 언제 이 요양소에 왔는지는 모른다. 해방과 전쟁이라는 격변기를 미루어 짐작해 1953년 전후가 아니었을까 싶다. 병든 몸을 안고 외로운 산장까지 왔던 그녀의 길은 어떤 길이었을까?

도시의 끝

1950년대까지 마산 시내라고 하면 경남대 앞 월영광장까지였다. 대중교통도 거기까지였고 집들도 거기까지였다. 그곳은 도시의 끝이었다.

    그 너머는 군부대(지금의 월영마을 아파트단지와 진입로)였다. 한일병합 1년 전(1909)부터 일본군 중포병대대가 주둔했던 곳이었다. 병영 내에 대구위수병원 분원도 있었다. 해방 후에는 미군이 주둔했고, 1948년에는 조선경비대 제15연대가 이곳에서 창설됐다. 일본군이 시작해 미군을 거쳐 한국군에까지, 그곳은 군인들의 땅이었다.

1952년 육군군의학교가 된 뒤부터는 36군병원—26군병원—마산통합병원—국군마산병원 등 군인 병원 용지로 쭉 사용됐다. 초병이 서 있는 부대 정문(해운초등학교 인근)은 네 개의 화강석 문주로 되어 있었다. 넓고 화려하게 디자인된 높다란 철제 주물 중문 양쪽으로 사잇문 두 개가 있었다. 일제강점기에는 오른쪽 문주에 馬山重砲兵大隊(마산중포병대대), 왼쪽 문주에 大邱衛戍病院馬山分院(대구위수병원마산분원)이라고 쓴 세로 현판이 달려 있었지만, 여인이 왔을 때는 육군군의학교 시절이었다.

병영이었지만 풍광이 아름다웠다. 4월이 되면 영내 곳곳에 만개하는 벚꽃이 절경이었다. 평소에 엄격했던 일본제국주의 군대였지만 이때만은 벚꽃 천지의 황홀경을 즐겼다. 일제강점기 마산의 명소를 담아 판매된 그림엽서에도 4월의 중포병대대가 많이 등장했다. 만주사변과 중일전쟁 등 본격적인 전쟁기에 접어들기 전인 1920년대 후반에는 야구단과 배구단까지 두어 마산부민들과 교류하기도 했다.

이런 역사들을 기억하고 있을 흔적들이 이곳저곳에 남아 있다. 대표적인 것이 월영아파트단지 공원 연못 내 돌다리이다. 이 돌다리의 아치머리에는 浩堂(호당)이라는 이가 쓴 '善通物(선통물, 세상 이치를 깨달으면 모두 통한다는 의미)' 세 글자가 음각되어 있다. 浩堂(호당)은 중포병대대 건설 당시 조선주둔군사령관이었던 하세가와 요시미치(長谷川好道장곡천호도)의 호다. 1916년 제2대 조선 총독으로 부임해 3·1독립운동을 무력으로

| 중포병대대 정문.

진압한 자다. 이외에 뒤편 청량산 능선에 군용지 표지석도 몇 개 남아 있고, 건너편 자복산 정상에는 포대도 남아 있다. 모두 오래된 흔적들이다.

　결핵요양소로 가야 했던 여인은 택시든 버스든 월영광장에서 내렸을 터였다. 도시의 끝이었지만 주변에 큰 집들이 많았다. 바다도 가까웠다. 산장의 여인이 내렸던 곳은 천 년도 더 된 옛날에 고운 최치원이 별서(別墅, 논밭 인근에 한적하게 따로 지은 집)를 두고 소요했던 곳이었다. 주유천하 중 합포(마산)에 온 고운은 마산 바다가 훤히 보이는 해안 높은 곳에 터를 잡고 월영대라 이름 붙였다. 그리고 2m 높이의 자연석에 해서체로 '月影臺(월영대)' 석 자를 새긴 비를 세웠다. 마산만 바다에 떠오르는 달그림자가 아름다워 붙인 이름이었다. 하지만 그것은 옛날이야기이고 여인이 왔을 때에는 해안이 크게 달라져 있었다. 월영대 석비는 외방으로 가는 길가에 낡은 누각과 함께 외롭게 서 있었다.

여인의 눈에 가장 먼저 들어온 큰 건물은 서쪽 무학산 산록 아래의 마산교통요양원(지금의 경남대학교)이었다. 기차가 일찍 들어온 마산은 철도 종사원이 많았다. 1939년 총독부 철도국에서 이곳을 마산철도요양소로 지정하여 공사를 시작해 1941년 11월 개소했다. 하지만 전쟁이 치열해지면서 1945년 5월 요양소를 함경도 원산으로 옮기고, 같은 날 철도종업원양성소로 개편했다. 해방 직후에는 미군 병영과 경찰학교로도 사용됐다. 만주와 일본서 온 귀환자들의 수용소로 사용되기도 했다.

마산교통요양원이 된 것은 1949년 4월이었다. 결핵 환자들을 위한 병원이었다. 세 채의 일자형 긴 병동이 계단식으로 앉아 있었고, 한 병실에 넓적한 사각형 창이 한 개씩 달려 있었다. 아래쪽에 요양원 본부 건물(지금의 경남대 본관 앞 10·18광장 자리)이 있었고 주위에 키 큰 나무들이 많았다. 그 후 1960년에는 마산교통병원으로, 1963년에는 마산철도병원으로 명칭이 바뀌었고, 1969년 말에 문을 닫았다. 경남대학교 캠퍼스가 된 것은 1973년 말이었다.

월영대 왼편 멀리(지금의 마산서중학교 인근, 해운동 15번지) 큼지막한 공장이 여인의 눈에 들어왔다. 1937년 일본인 오타 세이이치(太田誠一태전성일)가 세운 태전마사공장(太田麻絲工場)이었다. 부지 5천 평에 건평 1천여 평의 대규모 공장이었다. 전쟁기에 민간에 불하되어 삼흥섬유로 상호를 바꾸고 국내 최초로 모심지(毛芯地, 거칠고 단단한 양모사[羊毛絲]로 짠 평직의 모직물. 외투·신사복·슈트 등에 사용)를 생산했다. 그 뒤 마산방직으로 개명하여 1973년 시내 양덕동(지금의 우성아파트 자리)으로 이전했다.

여인은 동쪽으로 열린 바다를 내다봤다. 고운이 달그림자를 봤다는 마산 바다였다. 물 건너 돝섬이 지척이었다. 해안에는 갓 매립된 넓은 공터(지금의 마산남부시외버스터미널과 댓츠빌딩 등이 있는 곳)가 있었다. 광산업을 크게 하던 나카무라 시게오(中村繁夫중촌번부)라는 이가 매립한 땅이었다. 매립 전 이곳은 근위빈(近衛濱고노에하마)이라는 해안공원을 낀 바다였다. 중앙부두 건설로 없어진 월포해수욕장을 대신해 만든(1934) 해안공원이었다. 백사장과 시설은 별로 없었지만 일본인들이 심은 벚나무와 버드나무가 많이 있었다.

이곳을 매립한 나카무라는 함안 군북광산소 외에 몇 개의 광산을 더 가지고 있었고 다른 사업에도 투자를 많이 했던 이였다. 부자였던 그가 매립에까지 손을 댄 것은 더 큰 돈을 한 방에 벌기 위해서였다. 하지만 매립 공사가 끝나자마자 해방이 되어버렸다. 일확천금을 꿈꾸었다가 하루아침에 큰돈을 날려 폭삭 말아먹었다. 이 일 때문에 한동안 마산에서는 무슨 일을 하다 폭삭 망한 사람을 두고 '나카무라 됐다'는 말이 회자되기도 했다.

주인을 잃은 나카무라 매립지는 해방 후 국유지가 됐다. 1947년부터 전쟁 전까지는 공설운동장으로 사용되기도 했다. 마산시민체육대회(1948. 7.)도 이곳에서 열렸다. 야구·축구·육상 등이 가능한 1만5천 평 규모의 운동장 구상도 했지만 전쟁으로 모든 계획이 폐기됐다. 공설운동장으로 사용했던 터는 군용지로 징발했다가 전쟁이 끝난 후 마산화력발전소 부지가 됐다. 1956년 4월부터 26년간 영남 지역 전력 공급의 중추적

역할을 감당하다가 설비 노후로 1982년 말 폐기됐다. 산장의 여인이 왔을 때는 발전소로 사용되기 전이었다.

까치나루를 돌아서

여인이 결핵요양소로 가는 길은 하나뿐이었다. 나카무라 매립지 옆을 끼고 동쪽으로 툭 불거진 까치나루(鵲津嶝작진등, 지금의 해운중학교 앞 소형 로터리 일대)를 돌아가는 외길이었다. 까치나루는 월영리 사람들이 바다로 나갔던 나루터, 그곳으로 가는 길은 해안 따라 세월이 만든 좁고 구부러진 길이었다. 웬만한 지도에는 표시도 없었다.

일제강점기 까치나루 언덕 위에는 마산중포병대대의 280㎜ 공성 곡사포가 설치되어 있었다. 병영을 지키기 위한 것이었다. 포사격 연습 때는 돝섬 너머 삼귀해안의 야산에 둥근 원형 표식을 해놓고 포격을 가했다. 포를 쏠 때마다 굉음소리에 놀란 월영리 주민들이 가슴을 쓸어내렸다.

까치나루를 감고 돌면 왼편이 자복포(전 한국철강 터)였다. 물결이 잔잔했고 맑은 해면에서 튕겨나는 햇살이 유독 아름다웠던 포구였다. 포구 너머로 선이 고운 낮고 긴 산이 보였다. 손에 닿을 듯 가까웠다. 자복산(지금의 MBC송신소가 있는 산)이었다. 마산 사람들은 이 작은 산을 이시미곶이라 했고, 곶의 끝부분을 '이시미끝발'이라고 불렀다. 이시미는 이무기의 방언, 마치 그 모습이 물에 뜬 돼지(돝섬))를 삼키기 위해 달려드는 이시미 같아서 붙인 이름이었다.

| 율구미 주재 러시아 사관 및 부영사 가족
사진의 배경인 건물 자재는 대부분 러시아에서 가져온 것
이다.

　자복산은 편안히 누운 듯 낮은 산세였지만 국운이 기울던 20세기 벽두에는 러시아와 일본의 각축장이었다. 두 나라가 마산을 차지하기 위해 세력을 다투었던 이른바 '마산포 사건'의 뼈아픈 현장이었다.

　마산포 개항 나흘 뒤인 1899년 5월 5일 러시아 공사 파블로프(Pavlov) 일행이 이 산에 올랐다. 부동군항(不凍軍港)으로 가포 일대를 점거하기 위해서였다. 파블로프는 자복산 너머 가포만 일대를 지목했다. 산 능선을 따라 30여만 평의 토지에 표석과 표목 각 500본을 박았다. 러시아의 깃발이 달린 5.4m의 깃대도 자복산 능선과 가포 인접 해안에 각각 12개씩 세웠다. 자기네 단독 조계로 사용할 구역이라는 표시였다. 실제로 러시아 해군이 이곳에 진주하기도 했다.

　하지만 파블로프의 이런 행동은 일본 정부를 자극했다. 일본 영사는 러시아 해군이 가포에서 벌이는 상황을 일일이 본국에 보고했고, 마음이 급해진 일본은 우리 정부를 겁박해 자복포를 일본전관거류지로 만들었다. 자복산 능선을 경계로 러일 양국이 터를 잡은 것이었다. 하지만 그 와중에 정작 땅 주인이었던 우리 정부는 어느 쪽에도 말 한마디 못했다.

햇살이 고왔던 자복포는 오래전 땅 밑으로 사라졌다. 사라진 포구는 한국철강 공장 터가 됐다가 지금은 부영이라는 건설사의 아파트 터가 됐다.

포로수용소와 산장

까치나루를 돌아 10분쯤 걷다가 왼쪽으로 몸을 트니 길 양쪽이 넓은 빈 터였다. 왼편 바다 쪽은 밭이었다. 일본군 중포병대대가 주둔할 때(1909) 급히 매립해 연병장으로 사용했던 땅이었다. 여인이 지났을 때는 자복포 인근 주민들이 남새를 심어 먹고 있었다. 오른편 청량산 밑에 붙은 땅(옛 예비군관리대 터, 지금의 부영 임대아파트 부지)은 넓었다. 한국전쟁 중이던 1952년 4월부터 포로수용소로 사용된 땅이다. 남한 출신 포로들만의 수용소였다. 1만여 명의 포로를 가두었던 적지 않은 규모였고 담장에는 철조망이 삼중으로 쳐져 있었다.

반공포로 석방 문제로 온 나라가 시끄러웠을 때 마산 시내 남녀학생들이 수용소 뒤 청량산에 올라 '휴전결사반대, 북진통일, 포로석방만세' 등의 의도된 구호를 외치며 시위하기도 했던 현장이었다. 1952년 6월부터 그해 말까지 민간인 출신 포로들을 먼저 석방시켰고, 다음 해 6월 18일에는 이승만의 반공포로 석방 지시에 따른 집단 탈출 사건도 있었다.

조정래의 대하소설 『태백산맥』에도 이날을 배경으로 한 마산포로수용소 이야기가 나온다. 소설 속 김범우는 거제포로수용소에서 제자 정하섭이 전해준 당의 결정에 따라 반공포로단에 위장 가입한다. 그 후 분리수용 때 마산포로수용소로 이송되어 반공포로 석방 때 출소해 고향 벌교로 돌아간다. 1953년 6월 18일 마산포로수용소 철조망을 벗어난 김범우는 새벽별을 바라보며 거제도에 있는 정하섭을 생각했다. "휴전은 새로운 싸움의 시작이기도 하다. 너와 나는 그 싸움을 위해 함께 고향으로 가지 못하고 이렇게 헤어지는 것이 아닌가, 부디 잘 가거라"라고 독백하는 장면의 배경이 됐던 곳이다. 대미(大尾)인 10권에 나오는 이야기이다.

현실 증언도 있다. 당시 인근 36군병원에서 사병으로 근무했던 수필가 청암 정일상은 "1953년 6월 18일로 기억된다. 새벽에 비상이 걸려 잠에서 깨어났더니 총소리가 요란했다. 마산 포로수용소의 반공포로들이 뿔뿔이 정문을 나서 도망가는 상황에서 미군들이 쏜 총소리였다. 그리고 우리 헌병들과 미군들과의 마찰을 일으킨 총소리이기도 했다"라고 회고했다. 당시 쏘아댄 총소리가 마산 시내에까지 들렸다는 말도 전해오고 있다.

소설과 현실은 같고도 다르다. 하지만 소설 속 김범우가 새벽별을 바라보며 섰던 수용소 정문 앞길, 정일상의 증언대로 반공포로들이 뿔뿔이 정문을 나서 도망갔던 그 길이, 바로 병든 여인이 걸었던 그 길이었다. 시기적으로만 보면 '산장의 여인'이 지났을 때는 소설 속 김범우가 출소할 즈음이었다.

가포 초입에 당도했다. 여인은 밤구미 혹은 율구미라 부르는 산판을 넘어야 했다. 고려 원종 때 일본에 사신으로 갔던 조근필이 밤 씨를 얻어와 심은 것이 율구미의 지명 유래다. 20세기 초만 해도 숲이 울창했던 곳이었다. 세상이 온통 일본 천지가 되자 돈에 눈먼 일본인의 무자비한 벌

栗 味 九 見 取 圖

| 율구미 전경
1900년 5월 1일 일본 해군 군함에서 촬영한 것으로 마산포 관련 첩보 보고서에 첨부되어 있다.

채로 단번에 숲이 사라지고 말았다.

고개만 넘으면 요양소였다. 한 번 넘으면 다시 못 돌아온다 해서, 사랑하는 사람을 남겨둔 채 하염없이 울면서 넘어오는 고개라 해서 아리랑 고개라 불렀다. 세월 따라 넓어지고 낮아졌지만 병든 여인이 넘었던 길은 좁고 높았다. 양 손바닥을 곧추세운 듯 깎아지른 단애 사이로 난 가파른 흙길이었다. 한 번 들어가면 다시 나올 수 없다던 마지막 장소였다.

초입 고개를 넘으면서 병든 여인은 무슨 생각을 했을까? 기필코 이 고개를 빠져나올 것이라 다짐했을까? 다시 돌아나가지는 못할 것이라 포기했을까? 눈물은 흘렸을까?

고개 지나니 바로 요양소였다. 눈 아래 가포만이 내다보였다. 왼편으로 자복봉 아래가 요양소였고, 오른편 갈마봉 아래가 산장이었다.

산장이 있던 숲은 고요하고 처연하다. 울창하게 들어선 키 큰 나무들 사이로 청량한 바람이 가늘게 날아든다. 여인이 떠난 뒤 긴 세월 동안 사람의 발길이 닿지 않았다.

카테이지의 흔적이 숲 속에서 뚜렷하다. 오래전 철거되고 잔해만 남아 있다. 썩을 것들은 썩어 없어지고 수십 년 세월을 이긴 콘크리트 덩이와 벽돌 쪼가리와 그 사이로 새로 난 나무들이 뒤엉켜 있다. 눈물을 닦던 여인의 한숨소리가 낙엽 밑 어딘가에 묻혀 있는 듯하다.

노래로 남긴 여인의 애절한 사연, 이만한 이야기는 다시 듣기 어렵다. 애처로이 밤 새워 울었던 풀벌레와도, 행운의 별을 보며 속삭였던 그날 밤의 추억과도, 같이 호흡할 수 있는 살아 있는 숲이다. 이만한 낭만 유산은 없다.

| 마산포로수용소.

| 근위빈 해변공원.

청량산 밑에 붙은 땅(옛 예비군관리대대 터, 지금의 부영 임대아파트 부지)은 넓었다. 한국전쟁 중이던 1952년 4월부터 포로수용소로 사용된 땅이다. 남한 출신 포로들만 들였던 수용소였다. 1만여 명의 포로를 가두었던 적지 않은 규모였고 담장에는 철조망이 삼중으로 쳐져 있었다.

중앙부두 건설로 없어진 월포해수욕장을 대신해 만든(1934) 해안공원이었다. 백사장과 시설은 별로 없었지만 일본인들이 심은 벚나무와 버드나무가 많이 있었다.

| 국립마산결핵요양소 전경.

| 돝섬(가운데)과 자복산(오른쪽).

하루는 가포 초입에 있는 국립마산결핵요양소(지금의 국립마산병원)로 갔다. 결핵 환자 위문 공연차였다. 그곳은 1941년 상이군인요양소라는 이름으로 설립한 결핵전문치료기관이었다.

자복산(지금의 MBC송신소가 있는 산)이었다. 마산 사람들은 이 작은 산을 이시미곳이라 했고, 곳의 끝부분을 '이시미끝발'이라고 불렀다.

"낙엽 밑 어딘가에 묻혀 있을 여인의 한숨소리" 산장의 여인, ?~?

👣 여인의 길

월영광장(하차 지점) > 나카무라 매립지 > 까치나루 > 마산포로수용소
> 아리랑고개 > 국립결핵요양원

'꽃의 시인'이라 이름 얻은 김춘수, 아쉽게도 그는 우리 앞에 큰 흠을 남기고 갔다. 전두환 독재정권의 비례대표 국회의원과 방송심의위원장을 맡아 권력을 누린 탓이다. 서정주처럼 평생을 '비단 옷 입은 노예'로 살지는 않았지만 그 역시 말년을 '비단 같은 글로 권력의 노예'가 됐다.

꽃의 시인 김춘수

법학을 공부하기 위해 동경 유학 길에 올랐다. 아버지의 뜻이었다. 하지만 학원가 주변 헌책방에서 구한 라이너 마리어 릴케(Rainer Maria Rilke)를 읽은 후 생각이 바뀌었다. 니혼(日本일본)대학 예술과에 들어가 영미 문학을 탐독했다.

재학 시절 용돈이나 벌려고 친구를 따라 동경에서 멀지 않은 가와사키(川崎천기) 항에서 하역작업을 했다. 그때 내뱉은 험담으로 1942년 12월 경찰에 체포, 구금되어 결국 퇴교 처분을 받았다. 3학년 때였다.

수갑을 찬 채 부산항에 내려 통영으로 돌아갔지만 기다리는 건 징용이었다. 이를 피해 찾은 곳이 마산이었고 이곳에서 지조 높은 독립지사 허당 명도석 선생(•이 책 '명도석' 편 참조)과 인연을 맺어 그의 넷째 딸 숙경을 아내로 맞았다. 김춘수(1922~2004)의 마산 생활은 처가와의 인연에서 비롯됐다.

1948년 후반부터 마산공립중학교(6년제) 국어 교사로 5년, 대학 강사 생활 6년, 교수가 된 후 해인대학(지금의 경남대학교) 1년 등 모두 12년이었다. 이십대에 시작해 삼십대 후반까지 인생의 알토란 같은 시기를 통틀어 마산에서 보냈다. 이 도시와의 인연이 적잖이 깊은 셈이다.

중성동

결혼은 중성동 64-2번지(지금의 불종거리 동광교회 건너편)의 신부 집 마당에서 치렀다. 1944년 한여름이었다. 열여덟 신부는 머리에 화관 꽃부리를 얹었고 스물둘 신랑은 사모에 각띠를 둘렀다. 신부의 등에도 신랑의 몸에도 땀이 절던 더운 날이었다.

신행길은 구마산 선창에서 통영으로 가는 뱃길이었고, 신혼 여행지는 경성이었다. 태평양전쟁 막바지였다. 군인과 군인 아닌 이의 구분도 없었다. 한반도가 송두리째 병영이었다. 신행길에도 신혼여행 때도 신랑은 다리에 각반을 찼고, 신부는 블라우스에 몸뻬(もんぺ, 일본여성들이 일할 때 입는 헐렁한 바지) 차림이었다. 신부 명숙경은 미인에 글래머였고 활달한 성격이었다.

| 김춘수 결혼 사진 이 책에 나오는 독립지사 명도석 선생의 자택 마당에서 혼례를 치루었다.

| 동성동 동양호텔 앞 거리, 1960.

　신혼은 처가살이로 시작했다. 일제가 발급한 식량 배급 통장에는 이름을 올리지 않았다. 행방을 감추어야 했기 때문에 해방 때까지 1년 남짓 바깥출입도 잘 하지 않았다. 해방도 중성동 처가에서 맞았다. 그날 김춘수는 처가 앞 불종거리에서 러닝셔츠 바람으로 군중 사이를 헤치며 쏘다녔다. 국가나 민족 같은 거창한 생각보다 개인적 감정의 분출이었다. 큰소리로 목이 터져라 고함을 질러대기도 했다. 속에 맺힌 응어리를 토해내듯이 마치 비명처럼 만세를 외쳤다.

　김춘수 부부가 분가하여 살았던 집은 중성동 58-12번지였다. 철길 옆이었고 구마산역과도 가까웠다. 마산이 낯설었던 탓인지 처가와 100m

거리밖에 되지 않았다. 사업에 실패한 부친한테 근근이 얻어낸 기와 얹은 고옥이었다.

대문에 들어서면 마당 왼편에 키 큰 감나무 한 그루가 서 있었다. 동네 사람들은 김춘수의 집을 일러 '감나무 집'이라고 했다. 지금 이 터에는 '오동서13길9'라는 주소 명패가 붙은 붉은 벽돌의 2층 주택이 앉아 있다.

중성동(中城洞)은 기실 오래된 동리명이다. 마산포에 사람들이 모여들기 시작했을 때 생긴 여섯 마을(동성·오산·서성·성산·성호·중성) 중 하나였다. 이 중 동성·서성·성호·중성 네 리(里)의 명칭은 지금까지 살아남아 있다. 김춘수와 그의 가족들이 살았던 1950년대 중성동은 마산에서 부유한 동네였다. 도심권 주거지여서 큰길가에는 고급식당이나 요정도 더러 있었다. 일제강점기에는 표정(俵町)이라고 했다.

통영중학교 교사였던 김춘수가 마산 중성동에 살기 시작한 것은 1948년으로 귀환동포들로 붐빌 때였다. 일본인들은 떠났지만 도시는 그대로였다. 해방이 되자마자 사람들은 표지판에 쓰인 일본어를 긁어냈다. 표석에 음각된 明治(명치), 大正(대정), 昭和(소화) 연호도 쪼아냈다. 하지만 도시는 그대로였다. 1950년대도 매한가지였다. 나라 살림이 원조 경제로 근근이 유지되던 때여서 도시 문제를 살필 형편이 아니었다.

먹고살 길은 막막했지만 사람들은 마구 도시로 몰려들었다. 일제강점기 말기 6만 명이던 마산의 인구가 해방 후 들이닥친 귀환동포로 1947년에 8만 명이 됐다. 전쟁이 끝난 1955년에는 13만 명으로 늘었다. 해방 후 10년 사이 도시 인구가 무려 두 배로 늘어났다.

준비 없이 몰려든 이들이 도시 곳곳을 차고앉았다. 산허리와 하천에

움막이 들어섰다. 국유지라면 장소를 가리지 않고 집 없는 사람들이 자리를 잡았다.

마산중학 출근길

직장이었던 마산중학까지는 1.5㎞쯤 됐다. 길도 자동차도 많지 않을 때였다. 버스로 출근하려면 버스를 탄 만큼 다시 걸어야 학교가 있었다. 차라리 걷는 편이 빨랐다. 중성동 집에서 학교까지 질러가는 길이 있었다. 청년 김춘수의 걸음으로 20분 남짓하면 족한 거리였다.

김춘수의 출근길은 중성동 골목길을 빠져나와 철도 건널목(평안안과 앞 네거리)을 지나는 것으로 시작됐다. 건널목을 지나면 곧장 왼편의 좁은 골목길로 들어가야 했다. 평안안과와 농협 사이에 난 골목이었다. 양키시장과 닭전골목을 거쳐 가는 번잡한 길도 있었지만 이 길이 비교적 한산해서 걷기 좋았다.

평안안과는 1934년 경성의전 출신 이윤학이 설립한 평안의원이 효시다. 1946년부터는 아들 이봉익이 운영했다. 김춘수가 출근길에 본 병원은 일본식 목조 단층에 기와를 얹은 건물이었다. 1976년에 지금의 건물을 신축할 때 철거됐다. 원장은 3대째지만 같은 자리에서 같은 이름으로 80년 넘게 한자리를 지키고 있다. 도시의 보석이자 흔적의 연속이다.

오른편은 중앙감리교회(지금의 농협)였다. 1927년 문창교회에서 나와 독립마산예수교회로 시작한 교회였다. '교파와 조직과 제도에서 독립한

자활적인 교회'라는 의미로 붙인 이름이
었다. 하지만 '독립'이라는 명칭을 사용
하지 못하게 한 일제의 요구로 1940년
이름을 마산중앙교회로 바꿨다. 교파
에서 독립하겠다는 당초 의지도 바꾸어
1949년 감리교단에 소속했다.

김춘수가 봤던 교회당은 1928년에
지은 목조 단층 54평에 아연지붕을 얹
은 건물이었다. 이 작은 교회당은 1952
년에 헐렸고, 그 자리에 붉은 벽돌과 화
강석을 혼합한 고딕양식의 근사한 교
회당을 새로 지었다. 새 교회를 지을 때
도 김춘수는 교회 옆 골목을 걸었고, 집
이 가까워 높다랗게 올라가는 종탑 공
사 광경도 자주 봤다. 종탑이 높아 랜드
마크처럼 멀리서도 잘 보였던 교회였다.

| 중앙감리교회
지금의 마산 농협 자리. 2001년 철거.

아쉽게도 2001년 신마산 해운동으로 교회가 이전해간 뒤 헐리고 그 자리
에 사각형 빌딩이 들어섰다.

지금의 농협은 그 당시 교회 오른쪽(지금의 농협주차장 자리)에 있었
다. 1928년 내서금융조합이 신축하면서 터를 잡은 곳이었다. 내서금융조
합은 서너 단의 견치석 축대 위에 붉은 벽돌 벽과 우진각 기와지붕이 얹
힌 사각형 건물이었다. 건물은 단층이었지만 이층만큼 높게 지어 위풍당

당한 모습이었다. 중앙 현관 주위에는 화려하면서도 중후하게 디자인된 화강석이 둘러져 있었고 그 양옆으로 수직 창문이 두 개씩 배열된 대칭형이어서 외관의 품위를 더해주었다. 세월 따라 금융조합에서 농협으로 바뀌었지만 사람의 혈통처럼 땅의 혈통도 좀체 변하지 않아 지금까지 금융기관의 땅으로 이용되고 있다.

골목을 빠져나온 김춘수는 큰길(몽고정길)로 나와 정법사 포교당 앞을 지났다. 왼편으로 높게 솟은 부림극장(후의 강남극장) 팬트하우스가 보였다. 이 길은 추산동을 지나는 간선도로였다. 도로변에는 일본식 건물들이 간판만 한글로 바꾸어 달았을 뿐 그대로였다. 대부분 목조로 지은 기와집이었다. 2층 건물도 더러 있었다. 점포 출입구는 두어 뼘 되는 사각유리가 격자로 박힌 미닫이문들이었고 덧문이 달린 집도 더러 있었다.

몽고정 앞을 지났다. 함석 박공지붕이 얹힌 우물 양옆에는 흰 바탕에 검은 글씨로 우물 유래를 적은 안내판과 일본인 문화단체 '마산고적보존회'가 1932년 세운 '蒙古井(몽고정)' 석비가 서 있었다. 몽고정과 몽고간장을 지나면 무학국민학교(지금의 무학초등학교) 정문이었다. 지금은 학교 정문이 큰길 안쪽으로 옮겨갔지만 당시에는 대로변에 있었다. 1938년경 마산공립심상소학교(지금의 월영초등학교) 분교로 세운 학교였다. 마산포에 사는 일본인 저학년 아이들이 다닌 분교였다.

오른쪽으로 꺾이는 도로가 나왔다. 1936~1937년에 난 자산동으로 들어가는 길(지금의 자산삼거리

| 소년 김춘수.

로)이었다. 이 길이 뚫린 후부터 작은 마을 자산동이 도시 지역으로 편입됐다. 길은 넓었지만 당시 주위는 대부분 논밭이었다. 논밭 사이로 횡하니 뚫린 비포장 직선 길을 김춘수는 여유롭게 걸었다. 무학산의 민둥한 고운대(학봉)가 쏟아질 듯 가파르게 보였다.

100여m 오르면 왼편으로 15~16채의 집합주택이 있었다. 처음 보는 형식이라 인상이 각별했다. 일제강점기 말기인 1943년에 지은 총독부 철도청 직원 사택이었다. 일찍부터 기차가 들어온 탓에 마산에는 세 개의 철도역과 마산교통요양원 등 철도 관련 기관이 많았다. 이 집합주택은 그들 어딘가에 근무했던 직원들의 사택이었다. 각 동의 규모는 크지 않았지만 처음 보는 현대식 집합주택이었다. 기와집이었고 시설 수준도 좋아 보였다.

급속히 팽창한 도시 지역의 주택난 때문에 1941년 조선총독부는 '조선주택영단'을 설립했다. 김춘수가 출근길에 보았던 집합주택을 조선주택영단이 지었는지는 알 수 없지만 그 시기 집합주택의 건설이 전국에 더러 있었다.

철도관사를 지나자 왼쪽 학교 방향으로 길이 꺾였다(지금의 영광침례교회 앞 네거리). 야트막한 오르막길(심온길)이었다. 잠시 걸어가면 남쪽으로 높다란 학교 뒤태가 보였다. 마산공립중학교 본관은 지은 지 10년 조금 더 된 학교였다. 덩그렇게 앉은 건물이었지만 키 큰 나무들이 많아 몸집을 가려주었다. 교문에 서서 아래를 내다보면 눈 밑이 바로 시내였고 멀리 마산 바다와 돝섬까지 훤히 보였다. 교문을 지나 교무실로 가는 길옆으로 개교 때 심은 굵은 나무들이 김춘수를 기다리듯 서 있었다.

마산고와 담장을 마주하고 있는 완월초등학교도 일제가 남긴 유산이었다. 무학초등학교가 일본 아이들을 대상으로 만든 분교였듯 이 학교는 성호초등학교 분교였다. 자산동과 완월동을 비롯해 신마산 일대의 저학년 한국 아이들을 위한 분교였다. 일제강점기 막바지였던 1940년부터 1945년까지 6년간 역사학자 강만길 교수가 이 학교를 다녔다. 나라가 온통 병영이던 때였다. 집이 완월초등학교 교문 건너편이었던 초등학생 강만길은 아침마다 동네 아이들과 학교에서 배운 군가를 부르며 열을 맞춰 등교했다. 1930년대 초에 뚫린 교문 앞 넓은 길을 등하교 때마다 건너다녔다.

당시 완월초등학교 정문에는 두 개의 조각상이 서 있었다. 나뭇짐 지게를 지고 걸어가며 책을 읽고 있는 니노미야 긴지로(二宮金次郞이궁김차랑, 1787~1856)와 군마를 탄 일본 장군의 조각상이었다. 에도 시대 농민이었던 니노미야 긴지로는 근면과 성실의 표상이었다. 지금도 일본 소학교에 그의 상이 더러 서 있고 한때 1엔짜리 지폐에 실리기도 했다. 학교운동장은 모두 채소밭이었다. 전쟁기의 모자라는 식량을 채우기 위해 특별히 시행한 조치였다. 아이들이 직접 길렀다.

김춘수 선생에게 국어를 배운 강만길 교수는 "실력이 좋았다. 현대문학을 가르쳤지만 고전문학도 능통했다. 이유는 알 수 없지만 강의를 할 때 몸을 떨었다. 아주 충실하고 내용 있는 강의였다"고 회고했다. 국어교사 김춘수에게 4, 5학년 때 2년간을 배운 경남대 법학과 김선수 교수는 "온기가 있는 분은 아니었다. 시인이라 그랬는지 냉철한 이성을 가진 선생님으로 기억된다"고 했다. 김선수 교수는 1949년 윤이상이 작곡하고

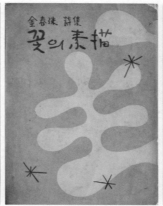

| 왼쪽부터 시집 『부다페스트에서의 소녀의 죽음』, 『꽃의 소묘』, 『구름과 장미』.

김춘수가 대본을 쓴 연극 「마의태자」의 주연으로 연기했던 학생이었다.
김춘수가 문학의 세계로 이끈 학생 천상병은 1949년 당시 6년제 마산중
학교 5학년이었다.

꽃의 탄생

김춘수가 마산에서 살던 시기는 그가 시인의 길로 들어서는 초입기이자
전성기였다. 첫 시집 『구름과 장미』(1948)는 통영에서 냈지만 마산으로
온 뒤 『늪』(1950)과 『旗(기)』(1951)를 출간했다. 교사로 재직하면서 낸 시집
이었다. 시집이 나왔을 때 제자들이 출판 축하연을 열었다. 교실에서 막
걸리 한 잔 올리면서 연 소박한 축하연이었다.

부임했을 때는 6년제 마산공립중학교 교사였지만, 1951년 9월에 중고등학교 각 3년으로 학교가 둘로 나누어져 마산고등학교 교사로 퇴임했다. 이 학교에서 만 5년간(1948. 9. 1.~1953. 9. 15.) 국어를 가르쳤다. 재직 마지막 학기였던 1953년 4월에는 연작시로 구성된 『隣人(인인)』을 냈다. 자신이 직접 제본한 네 번째 시집이었다. 국어국문학과 교수 자격을 얻은 1959년에는 다섯 번째 시집 『꽃의 소묘』를, 같은 해 11월에는 『부다페스트에서의 소녀의 죽음』을 출간했다. 모두 마산에서 만든 역작이었다.

어느 날, 김춘수는 잔무 처리 때문에 교무실에 혼자 늦게 남아 있었다. 전쟁 중이라 정식 교사는 군부대에 내주고 판자로 된 임시 교무실에서였다. 해가 다 지고 책상머리가 어둑어둑할 때였다. 바로 그때, 저만치 책상 한쪽 유리컵 속의 하얀 꽃송이가 눈에 들어왔다. 선명한 빛깔이었다. 그 순간 시인의 머리에 '저 선명한 빛깔도 곧 지워질지 모른다'는 생각이 스쳤다. 이어서 허두 한마디가 나왔다. 「꽃」은 그렇게 탄생됐다.

꽃

내가 그의 이름을 불러 주기 전에는
그는 다만
하나의 몸짓에 지나지 않았다

내가 그의 이름을 불러 주었을 때
그는 나에게로 와서

꽃이 됐다

내가 그의 이름을 불러준 것처럼
나의 이 빛깔과 향기에 알맞은
누가 나의 이름을 불러다오
그에게로 가서 나도 그의 꽃이 되고 싶다

우리들은 모두
무엇이 되고 싶다
너는 나에게 나는 너에게
잊혀지지 않는 하나의 눈짓이 되고 싶다

가장 널리 알려진 시 「꽃」은 유치환이 발행인이었던 『시와 시론』에 발표된 연작시 중 하나로 세상에 나왔다. 1952년 말이었다. 김춘수는 수업 시간에 제자들 앞에서 스스로 이 시를 즐겨 낭송했다. 그 선연한 스승의 모습을 제자들은 평생 기억했다. 이뿐 아니다. 「꽃을 위한 서시」를 포함해 시인 김춘수를 '꽃의 시인'으로 각인시킨 '꽃의 시' 대부분이 마산 시절에 나왔다.

베꼬니아의 꽃잎처럼이나

한국 전쟁을 중성동 집에서 맞았다. 마산에는 북한군이 들어오지 못했지만 간혹 쿵쿵거리는 대포 소리를 들었고 먼지를 둘러쓴 어두운 표정의

| 해인대학 지금의 완월동 경남맨션 자리.

미군들이 장갑차나 트럭을 타고 시내 곳곳을 다니는 것도 봤다.

　마산중학교를 퇴직하고 부산대학교와 진해 해군사관학교, 진주 해인대학 등의 강사로 떠돌던 시기에도 중성동 집에서 살았다. 냉난방도 안되는 비포장 길의 덜컹거리는 버스를 타고 부산, 진주, 진해를 오가며 보낸 강사 생활이었다. 그 시절 마산에 온 조지훈이 중성동 김춘수 집에서 밤늦도록 시를 안주삼아 주객 대담을 하기도 했다.

　1950년대가 저물어갈 즈음이었다. 조카이자 허당 명도석 선생의 장손으로 당시 중학교 2학년이던 인호가 고모부 김춘수 집에서 겪은 일이다. 집에서 가까웠으니 자주 들락거렸던 터였다. 그날은 안방에서 고모부 김춘수와 어린 조카 둘만 앉아 고모가 차려준 과일을 먹게 됐다. 짧은 적막 뒤 어린 조카 귀에 낮게 깔린 한 소리가 들렸다.

"직관이 대단히 중요하다. 아무런 매개 없이 순식간에 명왕성까지도 갔다 올 수 있는 인간의 직관….."

철없는 조카는 그 말이 자신에게 준 말인지 고모부 혼자 내뱉은 독백인지 나이 일흔이 넘을 때까지 알지 못했다. 하지만 그 짧은 말이 어린 가슴에 각인되어 평생 잊지 못했다.

교수가 된 뒤 첫 직장은 진주에서 마산으로 옮긴 해인대학(지금의 경남대학교)이었다. 국민대학으로 개교한(1946) 해인대학은 서울-부산-합천-진주를 거쳐 마산으로 온 학교였다. 해인대학의 위치는 마산고와 200여m밖에 안 되는 지금의 완월동 경남맨션 자리였다. 교수가 된 김춘수, 이곳 역시 걸어서 출근했다.

3·15의거를 맞은 곳도 마산이었다. 해인대학 교수 시절이었다. 의거가 일어났던 3월 15일 밤 김춘수는 경찰의 총에 쓰러지는 꽃다운 청춘들을 목격했다. 그리고 그 주검의 영전에 시 「베꼬니아의 꽃잎처럼이나」를 바쳤다. 의거 직후의 공포 분위기 속에서 발표(『국제신문』, 3. 28.)된 작품이라 무게감이 한층 더했다. 의거 석 달 후에 나온 『민주혁명 승리의 기록』서시로 게재되기도 했다.

베꼬니아의 꽃잎처럼이나

남성동파출소에서 시청으로 가는 대로상에
또는
남성동파출소에서 북마산파출소로 가는 대로상에

너는 보았는가…… 뿌린 핏방울을
베꼬니아의 꽃잎처럼이나 선연했던 것을……
1960년 3월 15일
너는 보았는가…… 야음을 뚫고
나의 고막도 뚫고 간
그 많은 총탄의 행방을……

남성동파출소에서 시청으로 가는 대로상에
또는
남성동파출소에서 북마산파출소로 가는 대로상에서
이었다 끊어졌다 밀물치던
그 아우성의 노도를……
너는 보았는가…… 그들의 앳된 얼굴 모습을……
뿌린 핏방울은
베꼬니아의 꽃잎처럼이나 선연했던 것을……

　통영 사람 김춘수는 이 도시에 수많은 흔적을 남기고 경북대학교 전임교수가 되어 떠났다. 1961년이었다. 대학에서 김춘수의 '시론(詩論)' 강의는 유명했다. 언제나 수강생들로 좌석이 모자랐다. 스스로 강의 속에 빠져들어, 다음 수업을 할 교수가 강의실에 도착한 것도 모른 채 김춘수는 열강했고 학생들은 열광했다.

　'꽃의 시인'이라 이름 얻은 김춘수, 아쉽게도 그는 우리 앞에 큰 흠을

| 공사 중인 중앙감리교회 종탑.

| 내서금융조합.

내서금융조합은 서너 단의 견치석 축대 위에 붉은 벽돌 벽과 우진각 기와지붕이 얹힌 사각형 건물이었다.

김춘수가 봤던 교회당은 1928년에 지은 목조 단층 54평에 아연지붕을 얹은 건물이었다. 이 작은 교회당은 1952년에 헐렸고 그 자리에 붉은 벽돌과 화강석을 혼합한 고딕양식의 근사한 교회당을 새로 지었다.

| 학생 김춘수.

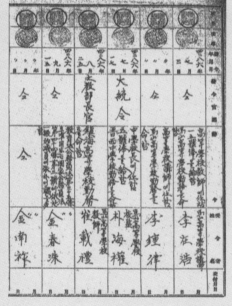

| 마산고등학교 교사 임용 기록부.

| 완월초등학교, 1940.

마산고와 담장을 마주하고 있는 완월초등학교도 일제가 남긴 유산이었다. 무학초등학교가 일본 아이들을 대상으로 만든 분교였듯이 학교는 성호초등학교 분교였다.

남기고 갔다. 전두환 독재정권의 비례대표 국회의원(1981)과 방송심의위원장(1986)을 맡아 권력을 누린 탓이다. 서정주처럼 평생을 '비단 옷 입은 노예'로 살지는 않았지만 그 역시 말년을 '비단 같은 글로 권력의 노예'가 됐다. 급기야 전두환 퇴임에 맞춰 서정주처럼 찬양시도 헌정했다.

"님이시여 겨레의 빛이 되고 역사의 소금이 되소서…"로 시작되는 시였다. 이를 두고 시인은 "100% 타의에 의한 것이었다"고 변명했다.

"마산에서 만든 꽃의 시(詩)들" 김춘수, 1922~2004.

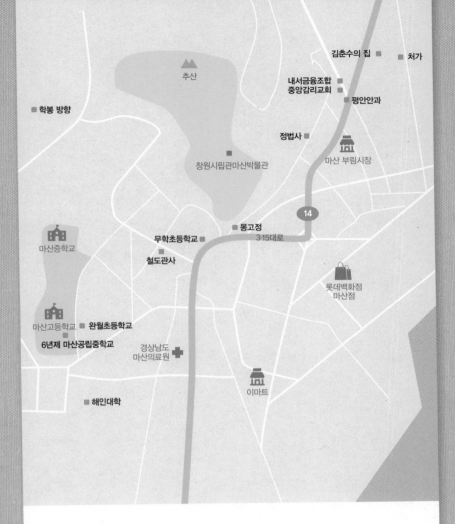

추산

김춘수의 집　처가

내서금융조합
중앙감리교회
평안안과

학봉 방향

정법사

창원시립관마산박물관

마산 부림시장

14

몽고정
3·15대로

무학초등학교

마산중학교

철도관사

롯데백화점
마산점

마산고등학교　완월초등학교
6년제 마산공립중학교

경상남도
마산의료원

해인대학

이마트

▪▪ 김춘수의 출근길

김춘수의 집 › 평안안과 › 중앙감리교회 › 몽고정 › 무학초등학교 › 철
도관사 › 마산공립중학교 › 해인대학

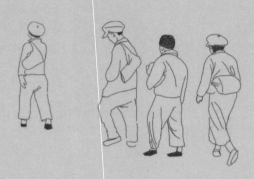

이기붕 일가는 아들의 총에 죽었다. 대통령이 된 이승만은
물러난 뒤 하와이에서 죽었다. 법이 정한 대로 관련자들의
처벌도 있었다. 하지만 김주열은 돌아오지 않았다. 은행장
을 꿈꾸었던 열일곱 살 주열은 얼굴에 최루탄이 박힌 그 모
습으로 영원히 국민들 가슴속에 녹아들었다.

열사 김주열

1960년 4월 11일, 미친 듯 마산거리를 나다녔던 어머니는 끝내 아들 찾기를 포기하고 남원 가는 첫 버스를 탔다. 시신을 시청 뒤 연못에 빠뜨렸다는 소문에 이틀간 못물까지 퍼내 봤지만 모두 허사였다.

같은 날 오전 부산일보 기자 허종(1923~2008)은 신마산 외교구락부(두월동 1가, 지금의 럭키사우나)에서 한가로이 커피를 마시며 신문을 뒤적이고 있었다. 11시쯤 다방 문을 열고 한 사람이 들어와 주변을 살피며 허종의 옆 자리에 와 입을 열었다. 낮은 목소리가 두려움으로 떨렸다. "중앙부두에 빨리 가보이소. 틀림없이 김주열입니더. 떠올랐으예…."

| 신마산 외교구락부 거리, 1960.

　　놀라움을 억지로 누르고 태연한 척 일어난 허종은 밖으로 나오자마자 내달렸다. 제보자가 말한 중앙부두 북쪽 끝까지는 1㎞ 남짓이었다. 사람은 별로 보이지 않았다. 구름이 듬성듬성 떠 있었고 바람이 약하게 부는 봄날이었다.

　　청천벽력이었다. 중앙부두 북쪽 세 번째 계선주(繫船柱) 앞 5m쯤이었다. 최루탄이 얼굴에 박힌 채 두 주먹을 불끈 쥔 소년의 시신이 물결을 따라 솟았다 내렸다 하고 있었다. '역사를 바꾼 한 장의 사진'이 탄생하는 순간이었다. 이 참혹한 주검은 AP통신을 타고 전 세계에 타전됐다. 꽃 같은 청춘들이 경찰의 총에 죽어간 1960년 3월 15일 밤, 김주열의 주검도 그들 속에 있었던 것이다.

처음 본 마산 바다

열사 김주열(1944~1960)은 전
라북도 남원시 금지면 옹정리
에서 태어났다. 다섯 째였다.
위로 누이 셋과 형 광열, 아래
로 남동생 셋이 있었다. 면서
기를 지낸 아버지는 상머슴 둘
을 둔 대농이었다. 어려웠던 시
절이었지만 주열의 집은 넉넉
한 편이었다. 벽시계와 재봉틀,
카메라, 축음기가 있었고 환한

| 김주열 열사의 가족 사진
가운데가 김주열의 어머니 권찬주 씨, 그 옆이 첫째 누
나 김영자 씨. 앞에 아이들은 김주열의 두 동생인 택열
(왼쪽), 길열이다.

전깃불까지 들어와 있었다. 열일곱에 죽었지만 사진이 많이 남은 것도
집에 있던 카메라 덕이었다. 하지만 주열이 마산으로 왔던 무렵은 아버지
가 몸져누워 가세가 조금씩 기울 때였다.

마산상업고등학교에 지원하게 된 동기는 형의 친구이자 친형같이 따
랐던 하용웅(1942~, 전직 교사, 현재 창원 거주) 때문이었다. 남원의 한 동
네에서 같이 자란 하용웅은 당시 마산상고 학생이었다. 주열은 3·15의
거 1년 전인 1959년 2월 말, 3학년 진급을 앞두고 있던 하용웅에게 놀러
온 적이 있었다. 마산은 첫걸음이었다. 그때 주열은 은행원이 되어 가계
를 일으켜보라는 하용웅의 권유를 받아들였다. 어머니가 함양 사람이어
서 경남 쪽이 생경하지는 않았다.

주열은 하용웅을 따라 처음 온 마산의 여러 곳을 다녔다. 시내 곳곳

을 구경했고 용마산에 올라 마산 시가지를 내려다보기도 했다. 하용웅의 친구들과 어울려 오동교 옆 대한애자 빈 공터(지금의 동부베스티움 아파트)에서 사진도 찍었다. 바다 구경을 하기 위해 산호동 선착장에도 나갔다. 주열이 처음 본 바다였다. 석축으로 된 산호동 선착장은 예부터 마산포 사람들이 이용했던 오산진 구강나루터였다. 바다와 고깃배, 그리고 바다를 향해 툭 불거진 선착장까지 모두 처음 보는 것들이었다. 신기했던 주열은 선착장에 정박된 작은 고깃배에 올라앉기도 했다.

바다를 본 주열의 첫인상은 어떠했을까? 마산 바다를 바라보며 주열은 무슨 생각을 했을까? 1년 후, 시신이 된 자신이 던져질 바로 그 바다임을 상상이나 했을까?

해가 바뀐 1960년 3월, 주열은 하용웅의 권유대로 마산상고 입학시험을 치르기 위해서 왔다. 두 번째 마산길이었다. 3월 10일 목요일, 당시 남원고등학교를 졸업하고 공무원시험 준비 중이던 형 광열과 함께 왔다. 전날 이발과 목욕으로 몸을 깨끗이 한 후 어머니가 사준 흰색 셔츠를 입었다. 남원읍에 사는 둘째 누이 집에서 하룻밤을 지낸 뒤 아침 일찍 마산

| 당시 마산상업고등학교 부근 전경
팔용산에서 촬영. 사진의 두 공터(노란색 원) 중 안쪽 공터가 마산상업고등학교 운동장이다.

| 환금장유, 1960.

행 버스를 탔다.

서성동 시외버스 정류장(지금의 KT 마산지사 뒤쪽에 있는 친절신경외과 및 남성파출소 일대)에 도착한 형제는 500~600m거리에 있는 장군동 이모할머니 집(장군동 5가 13-5번지)으로 갔다. 이모할머니의 집은 고운로를 200m쯤 오르다가 왼쪽에서 진입하는 좁은 골목 안쪽 끝이었다. 이모할머니가 살았던 목조 기와집은 오래전에 헐렸고 지금은 '고운로 230-24'라는 주소가 붙은 벽돌집이 자리하고 있다.

주열은 마산 온 다음 날인 11일 금요일에 입학시험을 봤다. 시험을 치고 난 뒤 좋은 성적이 나올 것 같아서 기뻤고 마음도 홀가분했다. 무엇보다 마산에서 살게 된다는 사실이 좋았다. 12일과 13일에는 친척 동생들과 부림시장, 창동 그리고 어시장을 구경했다. 14일에는 형제 둘이서 바닷가에도 나가보고 시내 이곳저곳을 다녔다. 신포동에 있는 큰 공장들도 봤다. 가장 큰 공장은 대한환금장유(지금의 삼익아파트 자리)였다. 동양 최대 장유공장이라는 말을 듣던 공장이었다. 박공과 톱날형이 섞인 지붕을 가진 공장 건물이 여러 채였다. 1942년 군수용으로 설립한 환금장유주식회사의 상호 앞에 '대한' 두 자를 붙인 공장이었다. 주열은 끝이 가물가물할 정도의 높은 굴뚝이 신기했다. 인근에 옷감을 생산하는 대양방직(신포동 2가 100번지 일대)과 양모로 중절모를 생산하는 동양제모(신포동 2가 11번지) 공장도 보였다.

해안을 따라 남쪽(지금의 하이마트 일대)으로 나가니 박공지붕의 큰 창고 건물 네 채가 나란히 서 있었다. 일제가 군수용으로 지은(1943) 조선미곡창고였다. 건물 전면에는 한 건물에 한 자씩 크고 검은 글씨로 '대·한·통·운'이라 쓰여 있었다.

이외에도 곳곳에 다양한 형태의 공장들이 여기저기 서 있었다. 공장을 본 적이 없었던 형제에게 마산은 경이로운 도시였다. 주열 형제가 이날 걸었던 신포동은 1929년부터 1935년 말까지 일본인이 매립한 땅이었다. 두 형제가 본 건물들 외에도 일본광업, 질소비료, 조선염협 등 제법 규모 있는 공장들이 있던 곳이었다. 이미 일본 사람들이 떠난 지 15년이 지난 뒤였다. 크고 작은 공장들이 적산불하로 새 주인을 들여 제각기 사용되고 있었다.

원래 마산상업고등학교에서는 14일 월요일에 합격자를 발표하기로

| 대한통운 1943년 건축한 조선미곡창고 건물이다. 지금의 하이마트 일대, 1946.

| 창동거리 해군군악대 가두행진, 1960.

했다. 하지만 15일이 대통령 선거일이어서 선거 전날 사람이 모이는 것을
꺼린 교육청에서 16일로 연기했다. 계획대로 14일에 합격자를 발표했다
면 주열 형제는 15일 새벽 첫차로 남원으로 넘어갔을 것이다.

그날

3월 15일 화요일 아침 10시쯤 형은 주열을 데리고 집을 나섰다. 아침 7시
부터 정부통령선거 투표가 시작됐지만 별 관심이 없었다. 형제의 관심은
오직 주열의 시험 결과였다. 합격이 됐는지, 됐다면 장학생은 아닌지 미
리 친해둔 하용웅의 담임 선생님께 물어볼 요량으로 나선 것이었다. 담

임 선생님의 집은 상남동이었다.

큰길(3·15대로)로 내려가 무학초등학교와 몽고간장 앞을 지났다. 철교 밑을 지날 때는 왼편에 있는 몽고정의 유래에 대한 이야기를 나누기도 했다. 가게와 식당들이 즐비했던 양키시장과 부림시장 포목거리도 지났다. 창동 네거리를 거쳐 불종거리 쪽으로 나왔다. 민주당 마산당사가 있는 오동동 거리에는 어두운 표정을 한 남자들이 보였다. 담임 선생님 집에 도착하니 마침 그날 선생님이 부산 출장 중이어서 헛걸음을 쳤다. 기왕 나온 것, 형제는 시내 구경이라도 실컷 하기로 했다.

상남동에서 가까운 대한애자 공터 뒷골목을 지나 산호동 선착장으로 갔다. 주열이 작년 이맘때 하용웅과 함께 왔던 곳이었다. 마침 지갑에 있던 1년 전 사진을 형에게 보여주며 그때 이야기를 들려주었다. 선착장 끝에 선 주열은 그새 잠시 지나버린 일 년을 회상하며 마산 바다를 둘러봤다. 건너편 산들은 민둥했고 산 아래 해안에는 군데군데 조그만 마을들이 가물거렸다.

뒤쪽 용마산 아래 옹기종기 붙은 초가 너머로 박공지붕의 반듯한 교회 한 채가 보였다. 돌로 지은 갈릴리교회였다. 6·25전쟁 직후 신도들이 무학산에서 캔 돌을 등짐 져서 날라 지은 교회였다. 교회 이름 갈릴리는 산호리 앞바다를 성서의 갈릴리호수에 비유해 붙였다. 지금이야 주위 건물에 파묻혀 있지만 주열이 왔던 때만 해도 그 일대에서 가장 우뚝했다. 규모가 크진 않지만 소박하고 정갈한 교회당이다. 문창교회(이 책 '나도향' 편 참조)를 비롯해 일찍이 돌로 지은 마산의 너덧 채 개신교회 중 유일하게 제 모습이 남은 건물이다.

| 마산수출자유지역 조성 전 마산 전경, 1966, 김주열이 마산 바다를 바라보며 서 있던 곳 ▲.

교회 앞으로 덩그렇게 선 당산나무도 보였다. 합포중학교 담장과 함께 서 있는 이 오래된 나무는 피맺힌 식민지 역사를 생생히 지켜본 당목이었다. 수렵 나갔다가 근주(近珠, 지금의 석전동 일대)의 한인 객사에 투숙했던 일경 사카이 에키타로(境益太郞경익태랑)를 흉기로 난자하고 엽총 등을 탈취했던 한인 아홉 명의 죽음(1905년 4월)을 지켜본 나무였다. 사카이 에키타로는 명성황후 시해 사건의 행동 대원이었다. 역사학자 유장근(전 경남대 사학과 교수)은 일제가 '화적떼'라 칭했던 이들 아홉 명을 이 지역의 초기 의병으로 비정했다. 체포 후 마산경무청(지금의 부림시장 자리)에 가두었다가 사형 판결이 나자 다리를 부러뜨린 후 지게로 지고 와 당산나무 남쪽 기슭에서 교수형에 처했다. 저항에 대한 악랄한 본보기였다. 처형 장면이 너무나 잔혹하고 처참해서 졸도한 부녀자도 있었고 심지어 '생똥'을 싼 이도 있었다. 주열이 오기 55년 전의 일이었다.

북쪽으로는 해안을 따라 드문드문 작은 고깃배들이 멈춰선 갯벌이었다. 걸쭉한 검은 갯벌이 끝도 없이 넓었다. 갯벌 멀리 해안에 넓은 땅이 길게 펴져 있었다. 봉암 사람들이 '청수들판'이라고 불렀던 곳이다. 한일병합 직후 일본인 시미즈(淸水청수)가 매립해 만든 들이었다. 김주열이 떠난 10여 년 후에는 마산수출자유지역이 됐다. 들판 너머 우뚝 솟은 팔용산의 능선이 선명했고, 오른쪽 춘산 끝에 하얀 봉암다리가 가늘게 보였다.

해안선 북쪽 끝머리로 톱날지붕이 여럿 솟은 공장이 보였다. 붉은 벽돌로 지은 공장이었다. 건물 사이로 높고 낮은 굴뚝도 몇 개 보였다. 조선신흥방직주식회사로 시작한(1940) 공장이었다. 직물 폐품을 수집하여 재생품을 생산하는 종업원 500여 명의 큰 공장이었다. 일본에서도 따르

| 오동동 옛 어시장, 1946.

지 못할 정도로 공장의 시설이 좋았다. 1951년에 민간에 불하되어 '조선'을 뗀 신흥방직주식회사로 재출발한 회사였다. 주열 형제가 왔던 1960년은 사업이 한창 잘될 때였다. 이 공장 일대는 후에 마산공고 교정이 됐다가 지금은 신세계백화점 터가 됐다. 주위는 텅 빈 들판('바냇들'이라 불렸던 지금의 용마산 뒤편 산호동 일대)이었다.

두 형제는 어시장 구경을 하기로 했다. 바다를 보지 못했던 형제에게 어시장은 최고의 구경거리였다. 처음 보는 갖가지 생선이 신기했고 북적이는 사람들도 좋았다. 짭짤하고 비릿한 갯내도 싫지 않았다. 산호동 선착장에서 어시장까지는 1㎞ 남짓이었다. 오동교까지는 갯벌 해안에 붙은 비포장 길(지금의 합포로)이었다. 형제는 시원하게 주위가 열린 산호동 해안을 걸은 후 오동교를 건넜다. 여기서부터는 바다가 보이지 않았다.

시내가 가까워지니 왼편으로 큼직한 공장이 나왔다. 안을 들여다보니 남원에서는 본 적도 없는 거대한 공장이었다. 공장 옆에 사무실 건물이 따로 있었다. 입구 문주에 '고려모직주식회사'라 쓰인 목재 입간판이 걸려 있었다. 서양풍의 아담한 건물이었다. 벽돌로 지은 단층 건물 두 동이 조화롭게 마주보고 있었다. 좁고 긴 오르내리창이 집 모양과 잘 어울렸다. 지붕을 동판으로 이은 고급 건물로 남원서 온 주열 형제가 처음 본 멋진 현대식 건물이었다.

고려모직은 1939년 외화 획득을 목적으로 설립된 조선물산주식회사가 전신이었다. 생산 품목은 국내 유일의 수출용 카펫이었는데 '낙낙직(樂樂織)'이라 불렀다. 3천여 평의 부지에 공장 1천 평을 짓고, 직기 3백대와 여공 350명을 둔 큰 기업이었다. 해방 뒤 적산관리청이 한태일(제7

| 고려모직 여공, 1948.

대 국회의원으로 명도석의 사위이자 김춘수의 손위 동서)에게 넘겨 고려모직으로 재출발했다. 1951년에는 이 공장에서 국내 최초로 순모 양복지를 생산했다. "마산 멋쟁이들이 고려모직 순모 원단으로 양복을 해 입고 서울 원정 자랑을 했다"는 우스개가 있을 만큼 유명한 회사였다.

고려모직을 지나니 곧바로 네거리였다. 직진 길이 11시 방향(지금의 중앙신경외과 뒷길, 합포로는 개설되기 전이었다)으로 틀어져 있었다. 광열과 주열은 이 길을 따랐다. 100여m 걸은 뒤 삼거리에서는 왼편으로 꺾었고 곧 오른쪽(지금의 복어거리)으로 다시 몸을 틀었다. 이 길로 곧장 나가면 어시장이 있는 구마산 선창이었다. 주열 형제가 걷는 해안 길가에는 어구상점, 식당, 공작소, 제빙공장 등이 줄지어 있었다. 무슨 일을 하는지는 몰라도 사람들이 거리에 북적였다. 고향 남원에서는 상상도 못할 장면이었다.

점심은 국화빵을 사서 둘이 나누어 먹었다. 돈이 그것뿐이었다. 신이 난 탓에 배고픈 줄도 몰랐다. 오후에는 어시장 인근에서 "부정선거 다시 하라"고 구호를 외치는 시위대를 만났다. 그 속에는 학생들도 있었다. 경찰이 무섭게 해산시키는 장면도 봤다. 모든 것이 처음 본 낯선 광경들이었다.

어시장 일대를 실컷 구경한 뒤 형제는 선창에서 빠져 나와 신포동 해안(지금의 롯데백화점과 백화점주차장 건물 사이의 도로) 쪽으로 나갔다. 형제는 바닷가에 쌓인 원목더미 위에 나란히 걸터앉았다. 잔잔한 마산 바다와 그 가운데 홀로 뜬 돝섬이 잘 어울렸다. 포근하고 아름다운 정경이었다. 그때 마침 지난해 산호동 선착장에서 올라 타보았던 배와 똑같은 배 한 척이 지나갔다. 주열은 형에게 저런 배를 한번 타보고 싶다고 했다. 그때까지 주열은 단 한 번도 배를 타고 바다로 나가본 적이 없었다.

밤 중앙로에서

형제는 해가 뉘엿뉘엿 질 무렵 시내 구경을 끝냈다. 집으로 돌아오는 거리의 분위기가 이상했다. 시외버스 정류장을 지날 때도 철교 밑과 몽고

| 널브러진 부정선거 서류
마산 2차 의거 시위대가 부정선거 투표함을 찾기 위
해 마산 남성동파출소에 진입, 가져온 서류들이 길
바닥에 널브러져 있다. 1960년 4월 11일.

| 3·15 부정선거의 증거들.

간장, 무학초등학교 앞을 지날 때도 거리의 긴장된 분위기가 온몸에 느껴졌다.

이모할머니 집에는 어둠이 조금씩 깔리기 시작할 무렵에 도착했다. 할머니가 안 계시어 동생이 차려준 저녁을 맛있게 먹었다. 바깥에서 연방 함성과 노랫소리가 들렸다. 그때 할머니가 들어오셨다. "드디어 터졌다. 너희들도 한 번 나가 봐라. 큰일 났다"며 흥분한 목소리로 바깥 사정을 알려주었다. 온종일 시내 구경하느라 피곤했지만 두 형제는 할머니의 그 말에 끌리듯 밖으로 나왔다. 날은 이미 어두워진 뒤였다.

골목 밖에는 사람들이 제법 많았다. 중앙로(지금의 3·15대로) 쪽으로 내려가니 시위하는 사람 수가 상당했다. 이미 군중이라 부를 만했다. 시위대와 경찰은 일진일퇴 공방전을 벌이고 있었다. 누가 먼저랄 것도 없었다. 어느 틈에 두 형제도 시위 군중 속에 섞여 있었다. 형 광열은 동생 주열이 걱정됐다. 아직 어린 동생에게 무슨 일이라도 생기면 어쩌나 싶어 불안했다. 광열은 주열의 손목을 잡고 시위대를 빠져나와 할머니 집으로 되돌아왔다. 200~300m 거리여서 금방 돌아갈 수 있었다. 형은 주열에게 "내일 합격자 발표 보고 바로 남원으로 가야 하니 집에 가만히 있어라"고 당부한 뒤 혼자 나가 시위대에 합류했다. 무학초등학교와 마산의료원 사이의 길에 시위대 수천 명이 모여 경찰과 대치했다. 시위 군중은 해방가와 전우가를 부르며 앞으로 나갔고 경전선 철도 둑에서도 돌이 날아들었다.

한참 시위를 하고 있는 형 광열의 눈에 군중들 사이에서 흰색 셔츠를 입고 뭔가를 외쳐대는 주열이 보였다. 어머니가 사준 셔츠였다. 유독 흰 옷이었고 키도 커서 눈에 쉽게 띄었다. 형 광열이 나간 뒤 겉옷을 벗어 놓고 슬며시 빠져 나온 주열이었다. 이미 시위와 진압이 격렬해지기 시작해 위험한 상황이었다. 광열은 동생 가까이 다가가 "주열아, 뒤로 물러서!" 고함을 치며 손목을 꽉 쥐었지만 밀리는 군중의 힘에 놓치고 말았다. 형제의 마지막이었다. 3월 15일 밤에 그렇게 헤어진 주열이 4월 11일 처참한 모습으로 마산 앞바다에서 떠올랐다.

그날 밤 시위대를 향해 발포 명령을 한 자는 마산경찰서 경비주임 박종표(1914~?)였다. 일제헌병보조원이었던 악질 경찰이었다. 1949년 반민특위에 체포됐으나 무죄를 선고받고 경찰에 입문하여 1960년 바로 그해 마산경찰서 경비주임이 됐다.

시위대가 흩어진 15일 밤 10시쯤 최루탄이 얼굴에 박힌 괴이한 시신

| 마산세관. 1958(1994년 철거). 월포동 2-9번지.
붉은 벽돌로 건축된 2층 건물. 이 건물 앞바다에 박종표가 김주열 열사의 시신을 내던졌다.

이 있다는 보고가 마산경찰서장에게 올라왔다. 후환이 두려웠던 서장은
경비주임 박종표에게 적의하게 처리하라고 지시했다. 박종표는 지프차에
시신을 담아 싣고 월포동 마산세관 앞(지금의 제1부두와 돝섬 선착장 사이)
해안으로 나갔다. 영원히 떠오르지 못하도록 큰 돌을 여러 개 매단 후 시
신을 바다에 내던졌다. 청산되지 못한 역사가 저지른 천인공노할 악행이
었다.

혁명을 부른 주검

김주열이 시위대 속에 섰던 곳은 남선전기 마산지점(지금의 중앙동 무릎병원) 바로 앞이었다. 훗날 한국전력으로 통합된 남선(南鮮)전기 마산지점은 목조 2층의 현대식 건물이었다. 1939년에 지었다. 직사각형 오르내리창이 정연하게 배열된 단정하고 균형 잡힌 건물이었다. 1977년 구암동으로 옮겨간 후 개인에게 매각되어 2006년에 지금의 무릎병원 건축 때 철거됐다.

김주열 열사가 목숨을 잃은 거리는 한일병합 직후 마산포와 신마산을 연결하기 위해 일본인들이 뚫은 신작로였다. 의거 당시 길 이름은 '중앙로'였다. '3·15대로'라는 역사성이 담긴 이름은 2005년에 주어졌다. 의거의 현장이었고 김주열 열사가 사망한 장소라는 역사성과 상징성을 내

| 김주열의 시신이 떠오르자 분개한 남녀학생들이 12일 거리로 나왔다.

세운 시민단체의 요구 때문이었다.

바다에서 떠오른 김주열의 시신은 마산도립병원(지금의 도립마산의료원)에 안치됐다. 소문을 듣고 찾아온 마산 시민들로 병원은 순식간에 들어차 마당까지 발 딛을 틈이 없었다. 여기저기서 "주열이를 살려내라", "이승만 정권 물러가라"는 함성이 터져 나왔다. 밤이 되자 인구 15만 도시에서 3만 시민이 신구마산 거리로 쏟아져 나왔다. 3월 15일 의거 후 좌익폭동으로 내몰렸던 마산 시민들이 주열의 죽음으로 다시 들고 일어났다. 1960년 4월 11일, 3·15의거 2차 봉기였다.

이날 이후 부산·광주 등 다른 도시에서도 시위가 일어났고 전국이 들끓었다. 4월 18일에는 고려대 학생들이 시위에 나섰고, 다음 날 서울을 비롯한 전국 각지의 청년 학생들과 시민들이 거리로 뛰쳐나왔다. 그날 하루 186명이 죽었고 6천여 명이 부상당했다. 피의 화요일, 4·19혁명이었다.

부정한 선거에서 부통령이 된 이기붕 일가는 아들의 총에 죽었다. 대통령이 된 이승만은 물러난 뒤 하와이에서 죽었다. 법이 정한 대로 관련자들의 처벌도 있었다. 하지만 주열은 돌아오지 않았다. 은행장을 꿈꾸었던 열일곱 살 주열은 얼굴에 최루탄이 박힌 그 모습으로 영원히 국민들 가슴속에 녹아들었다.

| 고려모직, 1939.

| 남선전기 마산지사, 1939.

"마산 멋쟁이들이 고려모직 순모 원단으로 양복을 해 입고 서울 원정 자랑을 했다"는 우스개가 있을 만큼 유명한 회사였다.

김주열이 시위대 속에 섰던 곳은 남선전기 마산지점(지금의 중앙동 무릎병원) 바로 앞이었다. 훗날 한국전력으로 통합된 남선(南鮮)전기 마산지점은 목조 2층의 현대식 건물이었다.

| 부림시장 근처 시위대.

| 도립마산병원 앞에 모인 시민들.

여기저기서 "주열이를 살려내라", "이승만 정권 물러가라"는 함성이 터져 나왔다. 밤이 되자 인구 15만 도시에서 3만 시민이 신구마산 거리로 쏟아져 나왔다.

"처음 본 마산 바다에 떠오른 혁명의 주검" 김주열, 1943~1960.

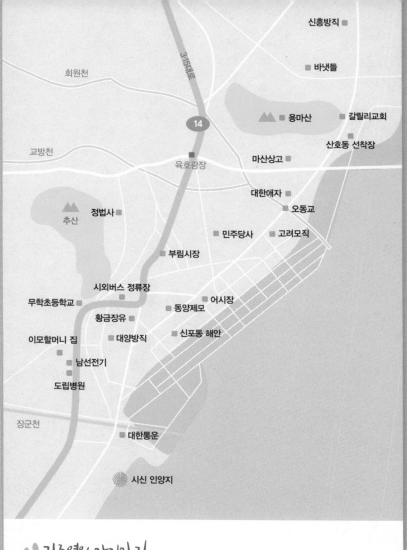

🏃 김주열의 마지막길

이모할머니 집 ≫ 무학초등학교 ≫ 부림시장 ≫ 산호동 선착장 ≫ 고려모직
≫ 어시장 ≫ 신포동 해안 ≫ 시외버스 정류장 ≫ 이모할머니 집

1969년 7월 24일 무더웠던 날, 직장암으로 투병하던 해랑은 "상여를 화려하게 만들어 달라"는 낭만적인 유언을 남기고 세상을 떴다. 쉰다섯 살, 대자유치원 자신의 무용연구소에서였다. 마산 사람들은 다시 볼 수 없는 그의 춤사위를 아쉬워하며 시민장으로 천생 춤꾼 해랑을 떠나보냈다.

천생 춤꾼 김해랑

천생 춤꾼이었다. 어릴 때부터 여자 옷을 차려입고 춤추기를 좋아했다. 부모의 바람도 집안의 기대도 끝내 저버리고 춤으로 평생을 살다 떠났다.

춤을 예술로 보지 않던 때였다. 하지만 김해랑은 마산공립보통학교 (지금의 성호초등학교, 22회)를 거쳐 동래고보에 들어간 후 춤에 대한 열망을 품고 현해탄을 건넜다.

일본에서는 야마구치중학교를 거쳐 니혼(日本일본)대학 예술과에서 수학했다. 일본에 있는 동안 이시이 바쿠(石井漠석정막)와 다카다 세이코(高田聖子고전성자) 문하에서 현대 무용을 배웠다. 그때 이시이 바쿠의 문하생이던 최승희를 만나 우리 춤에 대한 생각을 다시 하게 됐다.

아버지 김두영은 마산 갑부였다. 장남이었던 김두영 아래로 한영, 기영, 준영 세 동생들도 마산어시장에서 내로라하는 부자들이었다. 둘째 한영은 1940년 해산물 도매업자들이 설립한 마산해산주식회사의 사장이었고, 막내 준영은 해방 직후 창립한 마산상공경제회(마산상공회의소의 전신)의 회장을 지냈다.

딸 둘을 둔 김두영에게 김해랑은 외아들이었다. 여느 아버지처럼 김두영도 하나밖에 없는 아들이 보란 듯이 번듯한 직업을 갖기 바랐다. 일본 유학까지 시킨 것도 그 때문이었다. 막내삼촌 준영이 세 번이나 일본으로 건너가 장조카를 설득했지만 해랑은 가족들의 뜻을 끝내 외면하고 춤의 세계로 빠져 들었다. 춤은 기생들이나 추던 시대였다.

신(新) 무용의 선각자 김해랑(1915~1969, 본명 김재우)의 마산 생활은 세 시기로 나누어진다. 태어나 소년기를 보낸 창동, 유학 후 청년기를 보낸 오동동, 그리고 나이 들어 장년기를 보낸 추산동이다.

나고 자란 창동

1915년생 김해랑은 보통학교를 졸업(1930)한 열여섯 살까지 창동에서 살았다. 태어나고 자란 집은 창동 153번지, 경남은행 창동지점 바로 뒤편 막다른 골목(지금의 오복왕족발과 오복보리밥 사이)의 끝집이었다.

마산이라는 도시는 1760년에 시작된 조창 '마산창'이 기원이다. 창동

| 조선식산은행 마산지점 1918년에 건축된 서양식 건물이었다.

(倉洞)의 '창'자는 마산창(馬山倉)에서 땄다. 마산창이 있었던 땅이라는 의미다. 그런 점에서 창동은 마산의 심장과 같은 곳이다. 마산은 창동에서 배태됐고, 개항기와 근대기를 거쳐 최근까지 창동은 마산의 중심이자 상징 공간이었다. 10~20년 전부터 위세가 조금 낮아지고 있지만 그래도 마산 도심은 창동이다. 해랑이 살았던 15년간(1915~30)도 마산포 최고의 번화가는 창동이었다.

창동은 마산 문화예술의 중심이기도 했다. 한국전쟁 이후가 절정이었다. 이미 마산에서 활동하고 있던 이들 외에 전쟁을 피해 모여든 김남조, 전혁림, 조두남, 이영도, 구상, 김상옥 등이 창동으로 모여들었다. 연주회·시화전·연극·무용 등 하루가 머다 않고 창동 일대에 문화예술의 판이 깔렸다. 그 힘으로 1955년에는 마산문화협의회를 만들어 『문화연감』을 출간했고 '문화제'까지 열어 메마른 도시를 적시었다.

이 도시의 배태지답게 창동에는 거미줄처럼 얽힌 골목들이 많다. "길은 사람이 다니면서 생겼다"는 루쉰의 말처럼 마산포의 골목들도 사람이 모이고 다니면서 생긴 길이었다. 모두 호구를 해결하기 위해 모여든 사람들이었다. 그런 만큼 좁고 구부렁하지만 사람 냄새가 난다. 어떤 이들은 이 골목을 두고 '도시화 과정에서 자연발생적으로 만들어진 길'이라고 점잖게 설명하지만 결국 그 말이 그 말이다.

창동에 신작로가 난 것은 해랑이 태어나기 직전인 1911~1913년경이었다. SC제일은행과 창동치안센터(옛 남성동파출소) 일대의 반듯한 길들이 그때 뚫렸다. 길이 나면서 마산창 부지는 세 동강 났다. 유정당을 비롯한 마산창의 8동 53칸 건물들이 새로 뚫린 길과 함께 헐려 나갔다.

김해랑이 태어난 1915년에는 마산창의 모든 것이 사라진 뒤였다. 그 자리에는 이미 일본식 건물들이 들어서 있었고, 그들이 닦은 길에서는 그들의 말이 오가고 있었다. 동네 이름도 일본식 석정(石町)이었다. 석정이라 이름 붙인 까닭은 마산창 안팎에 선정비·불망비 등의 비석이 많이 서 있었기 때문이다. 해랑의 집에서 보면 창동·중성동·동성동이 있는 북동쪽 방면은 한국인들의 터였고, 남성동·수성동이 있는 남서쪽 방면은 온통 일본인 천지였다. 해랑의 집은 중간쯤이었다.

해랑이 네 살이던 1918년, 지금의 SC제일은행 터에 서양식 건물이 들어섰다. 조선식산은행 마산지점이었다. 벽돌조 단층 건물이었지만 층고

| 남성로 1930년대 추정, 우측 모서리 건물이 조선식산은행 마산지점.

가 높았고 외벽은 회칠을 하여 석재처럼 보였다. 지붕에 얹은 아연판과 천창이 눈길을 끌었다. 마산포 최고 번화가에 들어선 신식 건물이어서 일제강점기의 마산 그림엽서에도 많이 등장했다. 어린 해랑이 주로 놀았던 곳은 창동 뒷골목이었겠지만 식산은행 새 건물 앞 일인들이 뚫은 신작로에도 자주 나가 놀았을 것이다.

해랑의 집과 '여장군 김명시'의 집은 200여 미터 거리였다. 해랑이 여덟 살 아래였다. 부질없는 상상이지만, 혹여 열일곱 나이에 6학년이 되어 보통학교를 오갔던 김명시의 뒷모습을 아홉 살 해랑이 창동 골목 어느 모퉁이에서 바라보진 않았을까? 김명시가 졸업(1924. 3.)한 뒤 해랑이 입학(1924. 4.)해서 함께 학교를 다니진 않았지만, 하루 두 번 김명시가 다녔던 길이니 얼굴을 익혔을지도 모를 일이다.

권번 기생과 오동동

김해랑은 스물다섯(1939) 살에 일본 유학을 마치고 마산으로 왔다. 그해 국내 무용계에 첫선을 보였다. 서울 부민관(지금의 세종대로에 있는 서울시의회)에서 열린 전국무용대회에 참가해 작품 「애수의 선자(扇子)」로 고전무용 부문 특별상을 받았다.

다음 해 오동동 처녀 이갑선과 결혼했다. 평소 마음에 두었던 처녀라 부모를 졸라서 한 결혼이었다. 신혼집은 오동동 233번지(예전 고려호텔 뒤편)였다. 도시 외곽이었던 오동동은 그때 이미 도심권에 편입되어 있었다. 오동동 네거리에서 동서남북으로 자동차가 다닐 수 있는 반듯한 도로(지금의 문화의 길과 아구찜 길)까지 나 있었다.

첫 아이도 낳기 전인 1946년에 무용 신동 정민과 최현을 내제자로 들여 이 집에서 함께 살았다. 그 후 딸(김영선, 1948년생)과 아들(김기석, 1951년생)을 두었고, 아버지 김두영도 이 집에서 떠나보냈다.

이 시기에 해랑은 자신의 이름을 붙인 무용연구소를 운영했다. 한국 최초의 무용연구소였다. 하지만 춤추는 아들을 마뜩찮게 생각한 아버지의 귀에 들어가지 않을 정도의 작은 규모였다. 무용연구소를 운영하면서도 서울을 오가며 문하생을 지도했고, 때때로 추산동 정법사 대자유치원에 나가 아이들에게 춤을 가르치기도 했다. 오동동 요정 기생들에게도 춤을 가르쳤다.

2003년, 일본 오사카에서 활동하던 해랑의 제자 정민(2006년 작고, 본명 정순모)이 마산에 왔다. 고희를 넘긴 나이였다. 그는 마침 필자가 진행하던 마산 MBC 라디오 「사람, 사람들」에 출연해 스승 해랑과 함께 보낸 시간들을 회고했다. 숨은 이야기가 많이 나왔다. 가장 흥미로웠던 대목은 오동동 권번에 대한 내용이었다. 오래된 일이지만 그의 기억은 아주 생생했다. "오동동 네거리에서 왼쪽 조금 위 요정 골목에 권번이 있었다. 권번 기생들이 선생님에게 춤을 배웠고, 저녁이 되면 요정으로 나가 춤을 추었다. 어린 나도 선생님을 많이 따라 다녔다"고 했다.

권번은 일제강점기에 생긴 기생조합이다. 시문·음곡·습자·가무·예의 등을 가르쳤고 교육받은 기생들의 요정 출입을 지휘·감독하는 곳이었다. 당시 마산의 권번은 오동동 남선권번과 문창권번이 유명했다.

| 가수 황정자의 「오동동 타령」 재킷.

1920년 9월에 설립된 남선권번은 마산 토호들의 자금으로 운영됐다.

보기 드문 영남판소리 명창 김애정 (1924~1993, 오동동 출신)이 남선권번에서 가무를 배웠다. 어릴 때 마산중앙야학을 다니기도 했던 김애정은 권번 출신 노기였던 이웃집 할머니를 졸라서 가족 몰래 13살에 입적했다. 김애정의 권번 동기는 40명이었다. 입학금은 5원(당시 쌀 한 말 2원)이었으며 4년 과정으로 규칙이 엄했다. 기생이 된다는 것이 다를 뿐 지금의 예술학교와 같았다.

일제강점기부터 시작된 오동동 요정들은 한국전쟁을 거치면서 더 번성했다. 군인·군속들과 거래했던 이들이 자주 들락거렸다. 춘추원, 청수원, 마산별관, 송원 등이 오동동의 이름난 요정들이었다. 매일 밤 오동동 좁은 골목에는 기생들의 노랫소리와 장구소리가 흘러넘쳤다. 그 시절을 기려 수년 전 이 골목을 '소리길'이라 이름 붙였다.

하지만 그때까지만 해도 국민 누구라도 알 만큼 '마산 오동동'이 유명하진 않았다. 오동동은 1956년 가수 황정자의 「오동동 타령」으로 전국에 이름이 났다. 「오동동 타령」은 오동동 기생들의 애환과 당시 사회상을 보여준 노래였다. "오동추야 달이 밝아 오동동이냐 동동주 술타령이 오동동이냐~"는 가사처럼 오동동에는 술이 넘쳤다. 1960년대 초에 시작한 아구찜도 있지만 지금도 여전히 오동동은 술의 곳이다.

그럼에도 술만 말하면 오동동은 억울하다. '민주화의 성지'라고 불리는 마산의 현대사에서도 빠질 수 없는 곳이기 때문이다. 이승만 독재정권을 무너뜨린 우리나라 최초의 시민 의거 '3·15의거'의 발원지가 오동동이다. '문화의 거리' 바닥에 박힌 기념 동판 앞 건물이 당시 야당인 민주당 마산시당이 있던 곳이다. 1960년 3월 15일 정부통령 선거일, 당사에 있던 민주당 간부들이 오동동 거리로 뛰쳐나오면서 '의거'가 시작됐다.

| 3·15의거 발원지 표시 동판
오동동 문화의 거리 바닥에 박혀 있다.

전쟁이 끝나고 오동동 기생들의 춤과 노래가 한창이었던 1953년, 해랑은 15년 동안의 마산 생활을 정리하고 가족들과 서울로 떠났다. 이화여대와 서울대 등에서 강의를 했고, 한국무용예술인협회(지금의 한국무용협회 전신)를 창설하여 초대 이사장과 회장을 맡기도 했다. 무용이 예술로 자리 잡기 전, 해랑은 이 나라 무용 발전을 위해 온 힘을 쏟았다.

정법사와 추산동

3년 동안 서울 생활을 한 후 해랑은 다시 마산으로 왔다. 마흔두 살 (1956) 때였다. 오동동 146-10번지에 대지 35평의 조그만 함석집을 얻었다. 서울로 가기 전에 15년간 살았던 집에서 길(문화의 길) 건너 북쪽으로

100m쯤에 있었다. 무용연구소는 집 근처 명태곳간(오동동 23-19, 지금의 만경장모텔 앞) 자리에 열었다. 볼품없는 건물이었다. 이 일대의 좁은 길을 '댓방골목'이라 부른다. 담뱃대, 키, 삿갓 등 대나무 제품을 만들고 파는 가게들이 많아 붙여진 이름이다.

해랑의 무용연구소가 낡고 초라하다는 소식을 듣고 손성수가 번듯한 공간을 마련해 주었다. 손성수는 4·19혁명 후 민선 마산시장에 당선됐으나 군사쿠데타로 6개월 만에 물러난 이다. 무용연구소의 위치는 코어양과점 조금 아래에 있는 지금의 오페라하우스 2층이었다. 1층은 유명한 아리랑 바(bar)였다. 무용연구소는 번듯하게 옮겼지만 오래 있지는 않았다. 곧(1958. 3.) 추산동의 포교당 정법사 부속 대자유치원 원장으로 초빙되어 떠났다. 무용연구소도 함께 옮겼다.

이미 완숙기에 접어들었고 불심까지 깊던 해랑은 추산동 정법사에서 자신의 춤을 완성시켜 나갔다. 그 과정에서 노비산 자락에 모여 살고 있던 한센병 환자들의 결혼식장까지 찾아가 그들의 음악과 춤도 경험했다. 가장 천한 밑바닥 인생들의 음악과 춤을 경험하기 위함이었을 터이다. 애제자도 많이 배출했다. 해랑의 춤 인생 마지막 10년의 장소였다.

김해랑이 정법사에 머물던 1960년대는 추산동에 사람들이 급속히 늘어날 때였다. 일자리를 찾아 도시로 나왔지만 등 붙일 방 한 칸 없던 사람들이었다. 세를 얻을 형편도 아니었다. 하천이든 산허리든 빈터만 있으면 자리를 잡았다. 이름 하여 달동네, 정법사 인근 추산의 허리에도 성냥갑같이 작은 집들이 다닥다닥 붙어 앉기 시작할 때였다.

'통도사 마산포교당 정법사'가 추산동에 터를 잡은 것은 1912년이었

| 대자유치원 무용연구소 앞에서 제자들과(가운데 왼쪽 남성이 김해랑), 1966.

다. 불법으로 민생을 구제하기 위해 양산 통도사 주지 구하(九河)대선사
가 창건했다. 초대 주지 경봉스님 외에 수많은 큰스님들이 거쳤다. 「시일
야방성대곡」의 위암 장지연과 경봉스님이 이곳에서 긴 시간을 함께 보냈
다. 정법사 창건 때까지만 해도 정문 앞 도로만 뚫려 있었을 뿐 주위에
사람들이 별로 살지 않았다. 정법사가 자리를 잡을 당시 추산동 일대에
는 일본 불교계에서 세운 절이 많았다. 그것이 통도사가 이곳에 정법사
를 세운 이유이기도 했다. 정법사는 창건 후 내내 민중의 교화와 교육 문
화 사업에 힘썼다. 그런 점에서 포교당 정법사는 근대 마산 불교의 시초

이자 민족주의적 성격을 띤 사찰이었다.

| 「헝가리안 댄스」 공연 중 김해랑.

정법사가 운영하는 대자유치원도 나라
의 미래를 걱정하며 세운 아동 교육 시설
이었다. 그 때문에 마산 유지들이 운영비
를 지원하기도 했다. 해랑은 이곳에서
아이들에게 춤을 가르쳤다. 유치원은
1927년 5월에 시작했고, 건물은 다음
해에 지었다. 배달유치원으로 출발했다
가 대자유치원으로 이름을 바꾸어(1940)
지금까지 이어졌다. 물경 100년을 내다보는
유서 깊은 유치원이다. 일본식 목조 단층이
었던 유치원 건물은 오래전에 헐렸다.

창건 때 세운 정법사 본당은 정면 5칸 측면 3칸의 팔작지붕에 불당
의 바닥은 우물마루였다. 안타깝게도 최근 대형 콘크리트 건물에 자리를
내주며 헐려 나갔다. 목조 건물이라 이축도 가능했는데 100년이 더 된
문화유산을 아무 생각없이 없애 버렸다.

해랑이 대자유치원 원장이었을 때, 정법사 앞길 건너편은 1941년부터
시작한 마산청과시장이었고, 그 옆으로 강남극장이 높이 솟아 있었다.
1,300명을 수용할 수 있는 마산 최대의 극장이었다. 오동동 시절에 해랑
이 공연장으로 더러 사용한 곳이기도 했다. 건축이 끝난 1948년 11월 시
민 공모를 통해 '부림극장'으로 개관했지만 영사기를 구하지 못해 공연장
으로만 사용했다. 영화를 상영한 것은 1950년 초부터였다. 그때 이름을

'국제극장'으로 바꿨다. '강남극장'으로 개명한 것은 1956년이었다.

이 극장을 지을 때는 건축사 제도가 없었다. 진해 해군 기지에 와 있던 미군 건축가가 건축 설계를 했다. 입구의 계단과 처마, 정면 중심부의 장식과 매표구 주위, 2층 객석 발코니와 로비 등을 굽이치던 곡선이 아름다웠다. 가우디풍의 자유로운 곡선이 아니라 신고전주의풍의 중후한 곡선이었다. 철근이 귀했던 시절이어서 철도 레일을 사용한 철골조 건물이었다. 영화 외에 음악·무용 등 다양한 공연과 미스경남선발대회나 강연회 등의 행사도 열렸던 다목적 문화공간이었다.

강남극장은 2004년 문을 닫았다가 2008년 헐렸고, 최근에 '강남와이즈하우스'라는 이름의 오피스텔이 들어섰다. 흔적을 없애기 아쉬웠던지 앞에다 '강남'이라는 이름을 붙였고 건물 최상부에 영화 필름을 디자인한 표식을 남겼다. 한때 마산의 문화 중심이 남긴 것은 오직 그것뿐이다.

정법사에서 오동동 집까지는 1㎞도 안 되는 거리였지만 해랑은 집에 자주 들르지 않았다. 훌륭한 무용가였지만 좋은 가장은 아니었다. 창원에 살고 있는 아들 김기석은 "아버지는 주로 추산동에 계시면서 오동동 집에는 가끔 들렀다. 자식에게 좋은 아버지는 아니었지만 그래도 자랑스럽다"고 아버지 해랑을 말했다.

김해랑을 아는 이라면 누구나 그의 대표작으로 「아리랑」을 꼽는다. 춘사 나운규의 영화 「아리랑」을 1막 5경으로 무용극화한 작품이었다. 해랑이 가장 즐겨 춘 춤이기도 했다. 1950년 서울 부민관에서 초연했고 마산 강남극장에서 제자들과 여러 차례 공연했다.

'춤의 해'였던 1992년『동아일보』는 "공연장의 관객들을 뭉클하게 만들만큼 그의 무대는 성공적이었다"고 김해랑의「아리랑」을 평가했다. 남성 무(舞)의 대범함과 그 속에 흐르는 샘물 같은 섬세함, 초월적인 경지인 움직임의 생략법 등은 후대 무용가들이 해랑을 대가로 부르게 한 그이만의 춤사위였다.

1969년 7월 24일 무더웠던 날, 직장암으로 투병하던 해랑은 "상여를 화려하게 만들어 달라"는 낭만적인 유언을 남기고 세상을 떴다. 쉰다섯 살, 대자유치원 자신의 무용연구소에서였다. 마산 사람들은 다시 볼 수 없는 그의 춤사위를 아쉬워하며 시민장으로 천생 춤꾼 해랑을 떠나보냈다.

| 대자유치원 제1회 졸업식, 1928년 3월 22일.

| 정법사, 1912.

정법사는 창건 후 내내 민중의 교화와 교육 문화 사업에 힘썼다. 그런 점에서 포교당 정법사는 근대 마산 불교의 시초이자 민족주의적 성격을 띤 사찰이었다.

정법사가 운영하는 대자유치원도 나라의 미래를 걱정하며 세운 아동 교육 시설이었다. 그 때문에 마산 유지들이 운영비를 지원하기도 했다. 해랑은 이곳에서 아이들에게 춤을 가르쳤다. 유치원은 1927년 5월에 시작했고, 건물은 다음 해에 지었다. 배달유치원으로 출발했다가 대자유치원으로 이름을 바꾸어(1940) 지금까지 이어졌다. 물경 100년을 내다보는 유서 깊은 유치원이다.

| 국제극장 시절의 강남극장.

| 김해랑.

정법사 앞길 건너편은 1941년부터 시작한 마산청과시장이었고, 그 옆으로 강남극장이 높이 솟아 있었다. 1,300명을 수용할 수 있는 마산 최대의 극장이었다. 오동동 시절에 해랑이 공연장으로 더러 사용한 곳이기도 했다. 건축이 끝난 1948년 11월 시민공모를 통해 '부림극장'으로 개관했지만 영사기를 구하지 못해 공연장으로만 사용했다. 영화를 상영한 것은 1950년 초부터였다. 그때 이름을 '국제극장'으로 바꿨다.

"마산이 낳은 천생 춤꾼" 김해랑, 1915~1969.

교방천

■삼성생명

동성주차장

마산공립보통학교

14

3·15대로

성호동주민센터

창동예술촌

장년기 오동동집

김해랑
무용연구소

오동동 바, 아리랑 바

3.15의거 발원지

신혼집(오동동 233)

강남극장

정법사
대자유치원

오동동문화광장

창동 네거리

마산부림시장

김해랑이 태어난 집(창동)

경남은행창동지점

식산은행

👣 김해랑의 활동 무대

마산공립보통학교 • 강남극장 • 대자유치원 • 식산은행 • 오동동 바, 아리랑
바 • 장년기 오동동집 • 김해랑 무용연구소 • 3·15의거 발원지 • 신혼집(오동
동 233) • 태어난 집(창동)

2003년에 추기경의 점심식사 제안을 못 받아들인 『별들의 고향』 작가 최인호는 추기경 선종 후 슬픔에 잠겨 "언젠가 추기경과 천상의 식탁에서 미뤄두었던 식사를 할 것"이라 며 눈물을 닦았다.

최인호도 떠났다.

두 사람, 미뤄두었던 식사를 그곳에서 나누었을까?

추기경 김수환

유복자였던 아버지는 옹기를 팔며 전국을 떠돌았다. 아버지의 아버지가 대원군의 무진박해(戊辰迫害, 1868) 때 순교자였기 때문이었다. 박해를 피해 산속에 모여 살던 천주교인들이 쉽게 할 수 있었던 것은 옹기 굽는 일이었다. 옹기를 곡식과 바꾸어 가족들의 배를 채웠고, 이 마을 저 마을로 옹기를 지고 다니며 박해 소문도 듣고 전교(傳敎)도 했다. '옹기장이'는 모진 박해 속에서 신앙을 지켜낸 조선 시대 천주교인의 상징이었다. 김수환(스테파노, 1922~2009)은 친가와 외가 모두 옹기장이었다. 그 연원으로 스스로 아호를 '옹기'라 지었다.

| 주교 서품식 1966년 5월 31일 성지여중고 운동장.

    김수환의 어릴 때 꿈은 상인이 되는 것이었다. 보통학교를 졸업하면 군위 읍내 상점에서 장사를 배운 뒤 독립하여 장가드는 것이 꿈이었다. 하지만 보통학교 시절 셋째 형 동한과 함께 사제가 되라는 어머니(서중하)의 뜻에 따랐다. 15년간의 사목과 유학 생활 후 마산교구가 창설될 때 초대 교구장 주교 서품을 받았다. 1966년 마흔다섯 살 때였다. 5월 31일 주교의 서품식이 열린 곳은 완월동 성지여중고 운동장이었다.

완월리와 사목

마산 지역의 가톨릭 효시는 완월동 성당이다. 가톨릭 선교를 위해 최초로 마산에 온 이는 프랑스 신부 에밀 타케(Emile J. Taquet, 한국명 엄택기)였다. 에밀 신부가 처음 자리 잡았던 곳은 오동동(예전 고려호텔 부근)이었다. 한국인들이 많이 사는 곳에 터를 잡기 위해서였다. 하지만 비싼 집값 때문에 엄두를 못 내고 완월리로 나왔다.

    범골이라고도 불렀던 완월리는 무학산 아래의 작은 마을이었다. 월영리·신월리와 함께 무학산록에 자리 잡은 오래된 마을이었다. 에밀 신부는 600냥을 들여 헛간이 붙은 다섯 칸짜리 본채와 세 칸짜리 초가집 한 채를 겨우 마련했다. 완월리에 마련한 성당이 마산포 본당으로 설정된 것은 1900년 6월이었다.

    여자들이 교육을 받는 건 상상도 못했던 시절에 완월성당은 성지학교를 세웠다. 1910년 9월, 마산 최초의 여학교였다. 남녀공학 창신학교에서 분리된 의신여학교보다 3년이나 빨랐다. 초등과정 정식 인가를 1911년 받았고, 학생은 50여 명이었다. 봉건사회에서 삼중고를 겪는 여성들을 위한 가톨릭 선교의 진취적인 결단이었다.

시간이 흐르면서 교세는 조금씩 늘어갔지만 시설은 변변치 않았다. 성당도 학교도 기존의 낡은 고옥을 이용했다. 완월리에 성당다운 건물이 들어선 것은 1931년, 무학산 화강석으로 지은 '성 요셉 성당'이었다. 숲과 큰 나무에 둘러싸인 새 성당은 길이 21m, 폭 9m의 장방형 석조 건물이었다. 지붕에는 골함석을 얹었다. 정면에 장미창이 달렸고 그 위 박공 꼭대기 종탑에는 청동 종을 걸었다. 로마네스크풍이 물씬 풍기는 아름다운 교회였다. 원래 모습 그대로 보존되어 있어 2000년 경상남도 문화재 자료 제283호로 등록됐다.

부산교구에서 마산교구가 분리되어 초대 주교를 맞은 것은 완월리에 성당이 선 지 66년 만이었다. 김수환 주교는 초대 마산교구장이었지만 그에게 마산은 낯설지 않은 곳이었다. 큰외삼촌이 살고 있어서 소년 시절 어머니를 따라 자주 왔던 곳이었다. 큰외삼촌은 신부처럼 독신 생활을 해 사람들이 서동정(徐童貞)이라 부를 만큼 신심이 깊었다. 어머니의 손을 잡고 오가며 본 마산 풍경이 소년 김수환의 눈에 아름답게 남아 있었다. 살고 싶은 곳이 어디냐고 물으면 언제나 마산과 남해를 꼽았다.

| 성 요셉 성당.

| 김수환 주교 전용차 윌리스 지프
주교 차를 운전했던 정태조 씨가 촬영해 소장하고 있는 사진. 자동차 뒤편 건물은 성지여중
교사(校舍).

주교가 머물렀던 주교관은 1949년에 재개교한 성지여중고 교정에 있었다. 마산교구가 창설되면서 급조한 주교관이었다. 석조로 건축된 단층 사제관 위에 시멘트벽돌조로 2층을 올려 사용했다. 모르타르를 바른 외벽에 지붕은 프랑스에서 들여온 골함석이었다. 교정 내 연못 옆이었는데 강당 건축 때 헐어버려 지금은 아무 흔적도 남아 있지 않다.

주교는 사목 방문으로 바쁘고 힘든 날들을 보냈다. 마산교구가 경남 전역에 이르도록 넓었고 도로 사정이 좋지 않았던 시절이었다. 화요일에 나가면 금요일까지 사목 방문을 계속할 때가 많았다. 다정다감하고 소탈한 젊은 주교라 신도들은 만족해했다. 독일 유학으로 해박한 지식까지 갖춘 터여서 신망이 더욱 높았다.

주교가 탔던 전용차는 짙은 초록색 미제 윌리스 지프(Willys Jeep)였다. 운전은 완월동 성당 신도였던 정태조 선생이 했다. 비서직을 맡은 신부가 있었지만 주로 주교 혼자 다녔다. 자가용은 꿈도 못 꿀 때였다. 더구나 미제 윌리스 지프는 아무나 탈 수 있는 차가 아니었다. 당시 마산에는 모두 세 대의 윌리스 지프가 있었다. 주교 외에 마산방직과 남성모직 사장이 이 차를 탔다. 두 차에는 에어컨이 있었지만 주교 전용차에는 에어컨이 없었다. 여름 사목 방문 때 몇 시간씩 비포장 길을 다니는 게 예사가 아니었지만 끝내 에어컨을 달지 않았다.

훗날 추기경은 마산 시절의 사목 방문 중 시골 본당을 다녔던 추억에 대해 많은 이야기를 남겼다. 신도들과 음식을 먹으며 신앙에 대한 이야기를 나누고, 밤이면 산새와 풀벌레 소리를 들으면서 잠드는 것이 그렇게 좋았다고 했다. 어떤 시골 성당에서는 신자들이 화투로 '나이롱 뽕'을 하자고 해 즉석에서 배워 밤늦도록 놀기도 했다. 그만큼 신도들이 마음 편하게 대했던 주교였다.

김수환 주교는 사목 외에 다른 것에는 별로 관심이 없었다. 대부분의 시간을 책과 함께 보냈다. 시간이 날 때는 성지학교 교정 산책이 전부였다. 가끔 친척 누이가 경영했던 코어양과점 뒤 태평여관을 다녀오는 것이 바깥 생활의 전부였다.

주교의 미사길

주일 미사는 주교좌성당인 남성동성당에서 집전했지만 사목 방문에 집중하느라 자주 참석하지 못했다. 사목 방문이 없는 주일은 남성동성당의 미사집전이 주교에게 가장 중요한 의례였다.

김수환 주교 재임 당시 마산은 산업도시 문턱에 접어들고 있었다. 임해공업도시 건설이라는 목표로 도시가 용트림을 하고 있을 때였다. 인구 40만을 목표로 한 도시 계획안이 1964년 건설부 고시로 결정됐다. 때를 맞춰 1967년 1월 양덕동 들판에 한일합섬이 착공됐고, 같은 해에 매립지 5만 평을 확보한 한국철강이 자복포에 들어섰다. 공업용지를 늘이기 위해 추진한 봉암동 간석지 임해공업단지도 정부의 인가를 얻어서 매립 공사가 진행되고 있었다. 이 매립지는 1969년 마산수출자유지역으로 변경됐다.

도시는 하루가 멀다 않고 바뀌어 갔지만 주교관이 있는 완월동 일대는 아직 옛 모습 그대로였다. 교정 인근에는 집들이 듬성듬성했고 계단처럼 단을 이룬 밭떼기들이 널려 있었다. 전통마을 완월리는 학교 위쪽이었다. 대부분 초가였다.

주교관에서 남성동 성당까지는 약 2㎞였다. 주교는 수단(Soutane, 신부들이 미사를 집전할 때 입는 제의)을 갖추고 차에 올랐다. 주교의 미사길은 오직 한 길이었다. 2년 동안 단 한 번도 다른 길로 가지 않았다.

주교를 태운 윌리스 지프는 성지여중고 정문을 나와 마산시청(지금의 마산합포구청) 쪽으로 내려갔다. 곧바른 비포장 길이었다. 주교관에서 장

| 마산시청 앞 부근 거리, 1960.

군교까지는 원래 완월리로 올라오는 2m 정도의 길이었는데 1931년 9m 로 폭을 넓혔다. 장군교 아래는 그에 앞서 1920년대에 뚫린 길이었다.

고운로를 가로질러 건너면 왼쪽이 마산대학교(지금의 경남대학교, 완월 동 경남맨션 자리)였다. 1956년 진주에서 옮겨온 해인대학이 교명을 바꾼 마산 유일의 4년제 대학이었다. 이때만 해도 법정학과·상학과·종교학 과·문학과 등 4개 학과만 있었고, 입학 정원이 80명밖에 안됐던 조그만 대학이었다.

대학 건너편에는 제2문창교회(지금의 마산교회)였다. 신마산 지역 에 살던 문창교회 교인들이 1948년 초 완월동에서 시작한 교회였다. 이 자리에 터 70평을 구해 교회당을 짓고 자리 잡은 것은 전쟁이 끝난 뒤 (1955)였다.

아래로 100여m 내려가면 오른쪽이 장 장군 묘였다. 묘비도 원장(垣 墻)도 없는 무덤 두 기가 나란히 자리하고 있었다. 장 장군은 구전으로만 전해 오는 인물로 생몰연대도 정확히 모른다. 고려 말 왜구의 침략에 관 군이 후퇴했을 때 의병을 일으켜 왜구를 격퇴시키고 자신은 전사했다고 만 전한다. 묘는 예부터 있었지만 묘비는 1970년에 세웠다. 비문에는 장 장군과 애마가 같이 묻혔다고 되어 있지만 장군의 이름과 공적에 관한 기록은 없다. 장군동, 장군천, 장군교 등 현재 사용되고 있는 이름들은 모두 이 묘에서 비롯됐다.

조금 아래 건너편은 인애원(지금의 구암동 '마산인애의 집' 전신)이었다. 1,500여 평의 땅에 150명의 부모 없는 아이들이 생활하고 있었다. 신사 참배 거부로 이름 높은 조수옥 선생이 1946년에 설립한 고아원이었다.

| 일제강점기 석교주조장이었던 대흥주조장 지금의 덕천아파트 자리.

장군천 아케이드는 아직 없을 때였다.

　장군교를 지나자 곧이어 마산세무서였고 길 건너가 마산시청이었다. 길 주변의 건물들은 왜색이 짙었다. 장군동 일대만 해도 일본인들이 많이 살았던 곳이라 더욱 그랬다. 해방된 지 20년이 넘었지만 도시는 크게 바뀌지 않았다.

　털털거리는 비포장 길이 끝나고 시청(지금의 마산합포구청) 앞부터는 매끈하게 포장된 아스팔트 길(지금의 3·15대로)이었다. 주교를 태운 윌리스 지프는 좌측으로 방향을 잡았다. 길이 넓어졌고 차량도 많지 않았다. 신호등도 없을 때였다.

　왼쪽으로 전매청과 도립병원을 거치는 동안 오른편은 넓은 철도 부

지였다. 지금은 오른편 도로변에도 건물이 가득 들어차 있지만 당시 이
곳은 마산역 철도 정비창 구역이었다. 블록으로 된 담장 너머에는 원형
으로 만든 콘크리트 고가수조가 높게 솟아 있었고, 완만한 경사의 넓은
지붕을 가진 거대한 몸집의 차량 정비창이 도로에서 훤히 보였다. 벽체가
없이 뻥 뚫린 정비창 입구 쪽에 차량들이 느릿느릿 드나들고 있었다. 정
비창 너머 둑 위에 있는 철길이 지프 안에서도 조금씩 보였다.

몽고간장 앞 철교 아래를 지나면 3·15의거 기념탑이었다. 이승만 독
재의 사슬을 끊어낸 마산 시민 의거의 상징이었다. 상부 체감으로 상승
감을 주는 삼각 형태의 이 12m 화강석 탑은 의거 2년 뒤인 1962년 가을
에 세웠다. 탑 설계는 반도건축기술연구소에서 했고, 동상은 조각가 김
찬식의 작품이다. "저마다 뜨거운 가슴으로 깃발을 올리던 그날, 1960년
3월 15일…"로 시작되는 이광석 시인의 글귀가 새겨져 있다. 탑 양옆으로
철길이 지나고 있었다.

이어서 시외버스 정류장이었다. 부산 등지로 가는 버스들이 드나들어
이곳은 언제나 사람들로 북적였다. 정류장 건너편에는 흰색의 3·15회관
(지금의 마산노인종합복지관 자리)이 위용을 과시하고 있었다. 3·15의거를
기념하여 1962년 가을에 기념탑과 함께 세운 건물이었다. 건물 전면에는
12개의 역삼각형 필로티 기둥이 파상형(波狀形)지붕을 떠받치고 있었다.
디자인을 한 건축가 박성규는 "12개의 기둥은 의거로 산화한 12열사를,
파상형지붕은 의거의 저항 정신을, 새하얀 색상은 산화한 이들의 순결의
상징이었다"고 설계 의도를 설명했다.

개관 때는 '3·15기념관'이었다가 1년 후 영화를 상영하면서 '회관'으

로 개칭했다. 외국영화 전문극장이라 부를 만큼 유명한 외국영화를 많이 상영해 인기가 많은 극장이었다. 김수환 주교가 앞을 지났던 1960년대 후반이 3·15회관의 전성기였다. 양덕동에 3·15아트센터가 건립된(2005) 후 지은 지 43년 만에 아무 생각 없이 철거해버렸다.

마산사람들의 포토 존이었던 서성동 분수대는 공사 중(1969년 건립)이었다. 분수대 공사 현장 옆을 지나 조금 더 나가니 직진으로 가던 길이 왼쪽으로 꺾였다. 그러자 곧바로 왼편에 높다란 박공지붕의 청주공장(지금의 덕천아파트)이 나타났다. 일제강점기 초기(1905)에 일본인이 세운 석교(石橋)주조장이었다. 이 주조장에서 생산된 대전정종(大典正宗)이 유명했다. 위암 장지연도 마산에 온(1913) 뒤 이 공장 청주를 즐겨 마셨다. 김수환 주교가 지났던 1960년대 후반에는 조각가 문신의 삼촌 문삼찬이 공장을 불하받아 운영하고 있었다. 대흥주조라는 청주공장이었다.

주교좌성당

대흥주조장을 지나면 곧 성당이었다. 길에는 부림시장 어시장을 오가는 사람들로 북적였다. 아직 합포로(지금의 어시장 앞 간선도로)가 뚫리기 전이었다. 성당 앞길이 간선도로여서 부산 가는 버스가 이 길로 다녔다. 비포장이라 비가 오면 시커멓게 진창이 되는 길이었다.

김수환 주교를 태운 윌리스 지프가 주교좌성당인 남성동성당에 도착했다. 주교의 미사길은 여기까지였다.

| 남성동 성당. 1958년 준공.

이 성당에서 첫 미사를 봉헌한 것은 1947년 5월이었다. 한국인들이 많이 사는 구마산에 성당을 두기 위해 1930년경부터 노력했지만 뜻을 이루지 못하고 해방 후에야 봉헌된 성당이었다.

김수환 주교가 미사를 집전했던 현재의 성당은 1958년에 준공됐다. 전면 중앙에 크고 높은 종탑이 서 있고, 좌우에 이 종탑을 감고 오르는 원형 계단이 배치된 대칭형 성당이다. 붉은 벽돌 조적 방식이 길이와 마구리(벽돌의 양쪽 좁은 면)를 한 단씩 번갈아 쌓은 영국식 쌓기여서 탄탄해 보인다.

남성동성당의 터는 원래 마산창의 조운선들이 정박했던 서굴강 해안가 땅이었다. 길 건너 우체국이 서굴강 바다였다. 성당 바로 앞길(지금의 동서북7길)은 정월 대보름날 줄다리기(索戰삭전)장으로 유명했다. 마산포에서 가장 폭이 넓은 직선도로였고, 한쪽이 확 트인 바다여서 큰 행사를 벌이기 딱 좋은 자리였다. 마산 정월대보름 줄다리기는 좌청룡[동] 우백호[서]로 나누어 벌인 한판 승부였다. 북쪽 석전동 봉오재에서 남쪽 남성동파출소를 기준으로 동서를 나누었다. 타 지역민들도 합류해 함께 하루를 보냈다. 줄다리기는 인원이 무려 1만여 명에 이르렀고, 줄을 당기지 않는 동서 지역의 주민들은 모두 응원군으로 나서거나 술을 보내기도 했다.

이 축제는 하사마의 남성동 해안 매립 후 매립지 공터로 옮겼다가 매립지에 건물이 들어선 뒤에는 남성로(경남은행 창동지점 앞길)로 옮겼다. 남성로에서는 지금의 창동치안센터와 SC제일은행을 분기점으로 해 줄을 당겼다. 개항(1899) 후 시작해 1930년경까지 지속된 마산 사람들의 정월 대보름 축제였다.

| 3·15기념관 개관 축하 문화제, 1962.

개관 때는 '3·15기념관'이었다가 1년 후 영화를
상영하면서 '회관'으로 개칭했다. 외국영화전문극장
이라 부를 만큼 유명한 외국영화를 많이 상영해 인
기가 많은 극장이었다. 김수환 주교가 앞을 지났던
1960년대 후반이 3·15회관의 전성기였다.

1969년 5월 로마에서 추기경 서임식을 마치고 귀국한
김수환 추기경이 축하 미사에서 노기남 대주교(왼쪽),
서정길 대주교와 함께 입장하는 모습.

| 김수환추기경과 어머니.

1951년 9월15일 대구 계산성당에서 사제품을 받은 김수
환 추기경이 어머니 서중하 여사를 모시고 기념 사진을
찍고 있다.

| 김수환추기경, 1922~2009.

김수환 주교가 마산에 머문 기간은 길지 않았다. 1966년 봄부터 1968년 여름까지 2년 남짓이었다. 처음 맡은 교구여서 추억이 많았다. "남녀 간 첫사랑이 그렇듯 나에게 마산은 잊혀지지 않는 곳"이라고 자주 이야기했다. 마산교구를 떠날 때는 눈물까지 흘렸다. 1968년 5월 29일 김수환 주교는 서울대교구장 서품식을 가졌고 다음 해 추기경으로 서임됐다. 당시 세계 최연소 추기경이었다.

한국 최초의 로마 가톨릭 교회 추기경. 박정희, 전두환, 노태우로 이어진 서슬 퍼런 군사정권하에서도 할 말은 했던 성직자. 김수환 추기경은 한국 민주주의 발전에 큰 족적을 남기고 2009년 2월 16일 살아생전 그리워했던 어머니 곁으로 갔다.

추기경의 점심식사 제안(2003)을 못 받아들였던 『별들의 고향』 작가 최인호는 추기경 선종 후 슬픔에 잠겨 "언젠가 추기경과 천상의 식탁에서 미뤄두었던 식사를 할 것"이라며 눈물을 닦았다.

최인호도 떠났다. 두 사람, 미뤄두었던 식사를 그곳에서 나누었을까?

"남녀 간 첫사랑처럼 마산은 잊히지 않는 곳" 김수환, 1922~2009.

🦶 추기경의 이사길

주교관 ≫ 마산대학교 ≫ 제2문창교회 ≫ 장 장군 묘 ≫ 인애원 ≫ 마산세무서 ≫ 마산시청 ≫ 도립병원 ≫ 3·15의거탑 ≫ 시외버스 정류장 ≫ 대흥주조 ≫ 남성동성당

도시의 사람들

인물연보

순종

이토 히로부미(伊藤博文이등박문, 1841~1909) | 정치가. 조선 통감

일본의 아시아 침략에 앞장섰으며 을사조약을 강요하고 헤이그밀사사건을
빌미로 고종을 강제로 퇴위시켰다. 일본에서는 근대화를 이끈 인물로 평가되
지만 조선을 일본의 식민지로 만든 원흉이다. 1909년 중국 하얼빈에서 안중
근에게 저격 당해 죽었다.

일당(一堂) **이완용**(李完用, 1858~1926) | 조선 말기의 내각총리대신

조선 말기 고위관료를 지내다 고종을 협박하여 1905년 을사조약을 강제로
체결시킨 5적 중 한 명이다. 1910년 한일병합 때는 내각총리대신으로 일본과
조약을 체결했다. 일본에 나라를 팔아먹은 최악의 매국노로 불린다.

충렬왕(忠烈王, 1236~1308) | 고려 제25대 왕(재위 1274~1308)

원나라 세조의 강요로 일본 정벌을 위한 동로군을 두 차례 파견했으나 실패
했다. 원나라의 지나친 간섭과 왕비의 죽음 등으로 정치에 염증을 느껴 왕
위를 선위했으나 7개월 만에 복위해야 했다. 음주가무와 사냥으로 소일하며
정사를 돌보지 않았다.

김창한(金彰漢, 1870~1950) | 조선 말기와 일제강점기의 관료

1900년 박영효 쿠데타 음모 사건과 관련되어 일본에 망명한 뒤 궐석재판에서 종신유배형을 받았으나 1906년 감형되어 방면된다. 1908년부터 동래부윤을 역임했고 1926~1932년까지 총독부 중추원 참의를 지냈다. 친일인명사전에 등재됐다.

미마스 구메기치(三增久米吉삼증구미길) | 일본 영사, 관료

을사조약 때 일본 영사로 활약했다. 을사조약 후 통감부가 설치되면서 마산이사청이 개청됐을 때(1906) 초대 마산이사관으로 부임했고 한일병합 후 마산부의 초대 마산부윤이 됐다. 마산만에 정박한 군함에 승선하면 예포 21발을 쏘는 등 특별대우를 받았다.

다나카 유즈루(田中遜전중손, 1864~1942) | 법학자, 정치인, 사업가

1888년 메이지시대 정치인 다나카 미즈아키(田中光顯)의 양자. 프랑스로 유학해 법학박사 학위를 받았고 파리동양어학원 교사로 일했으며 파리 만국박람회 일본위원으로 참석했다. 학습원 교수로 일하다가 정치와 사업을 했다. 일제강점기 마산에서 살았다.

손덕우(孫德宇) | 마산 지역 유지, 교회 장로

한말 박영효의 지인으로 마산 창신학교 설립자 중의 한 사람이다. 문창교회 장로였으나 독립교회(지금의 마산중앙감리교회)가 분리될 때 함께 나왔다. 1910년대에는 마산부 참사와 학무위원을 지냈으며 친일 행적이 뚜렷하나 조선인 사회에서 명망을 잃지 않았다.

하타다 다카시(旗田巍기전외, 1908~1994) | 일본의 역사학자, 도쿄도립대학 교수

경남 마산에서 태어나 1931년 도쿄제국대학 동양사학과를 졸업했다. 1951년 『조선사(朝鮮史)』를 펴냈고, 1959년 조선사연구회 결성의 중심 역할을 하

는 등 식민사관에 근거한 일본의 한국사 인식을 바로잡는 데 힘썼다.

어문(魚門) **황철**(黃鐵, 1864~1930) | 조선 말기의 관리, 사진가, 서화가

한성부 출신. 1882년 상해에서 중국인 사진작가로부터 촬영술을 익히고 사진기를 구입하여 귀국했다. 출사한 뒤 개화파로 핍박을 받았지만 사면되어 강원도와 경상남도관찰사를 지냈다. 한일병합 뒤에는 사진가와 서화가로만 활동했다.

이극로

자산(自山) **안확**(安廓, 1886~1946) | 국학자, 문학가, 독립운동가

서울 출신. 1910년 마산 창신학교 교사로 부임해 학생들에게 독립정신을 고취시켰다. 『조선문명사』, 『조선문학사』 등의 저서와 「조선의 미술」, 「조선의 음악」 등 140여 편의 국학 관계 논문을 남겨 국학 발전에 큰 발자취를 남겼다.

앤드류 애덤슨(Andrew Adamson. 1860~1915, 한국명 손안로孫安路)
| 호주 빅토리아주 장로교 선교사

1894년 내한하여 부산과 경남에서 20년간 머물면서 전 지역에 그의 손길이 닿지 않는 곳이 없을 정도로 활발한 선교 활동을 했다. 문창교회에서 세운 창신학교의 초대 교장이었다.

남하(南荷) **이승규**(李承奎, 1860~1922) | 교육자, 민족운동가

노산 이은상의 아버지. 1906년 문창교회 독서숙(讀書塾)을 설립한 후 창신학교로 발전시킨 민족 교육자이다. 3·1운동 때 자택에서 동지들과 함께 태극기를 제작하고 독립선언서를 등사했다. 1995년 건국훈장 애족장이 추서됐다.

노산(鷺山) **이은상**(李殷相, 1903~1982) | 시조 시인, 사학자

마산 상남동 출신. 창신학교를 거쳐 연희전문학교 문과와 와세다(早稻田)대학 사학과에서 수학했다. 뛰어난 문필로 문화 권력을 누렸지만 독재 권력과의 행적으로 시비가 많다. 「가고파」, 「옛 동산에 올라」 등 국민적 사랑을 받는 작품이 많다.

한강(寒岡) **정구**(鄭逑, 1543~1620) | 조선 중기의 문신, 학자

조식과 이황에게 성리학을 배웠다. 출사하지 않다가 1580년 창녕현감으로 임명되어 선정을 펼쳤다. 학맥은 남명의 문하로, 정치적 입장에서는 퇴계의 문인으로 분류된다. 당대의 명문장가로서 글씨도 뛰어났다. 문집으로 『한강집(寒岡集)』이 있다.

고운(孤雲) **최치원**(崔致遠, 857~?) | 통일신라 말기의 학자

12세에 당나라로 유학을 떠나 874년 빈공과(賓貢科)에 합격했고, 이후 「토황소격문(討黃巢檄文)」 등으로 문명(文名)을 떨쳤다. 신라로 돌아와 문란한 국정을 통탄하며 시무책 10조를 진성여왕에게 상소하고 유랑하다 해인사에서 여생을 마쳤다.

목발(目拔) **김형윤**(金亨潤, 1903~1973) | 언론인

1923년 조선일보 마산지국 기자를 시작으로 지금의 경남신문 전신인 남선신문, 남조선일보, 마산일보 등에서 일했다. 무정부주의 활동을 했으며 1945년 신탁통치반대시위로 종로경찰서에 구금, 1947년 봄에 석방됐다. 유작으로 『마산야화』가 있다.

한뫼 이윤재(李允宰, 1888~1943) | 국어학자, 독립운동가

경남 김해 출신. 대구계성학교, 베이징대학교 사학과 등에서 공부했고 마산 창신학교와 의신학교에서 교편을 잡았다. 1942년 조선어학회 사건으로 수

감됐다가 함흥형무소에서 옥사했다. 1962년 건국훈장 독립장이 추서됐다.

외솔 최현배(崔鉉培, 1894~1970) | 한글학자

교토(京都)대학에서 교육학을 전공한 후 1926년 연희전문학교 조교수로 부임하여 한글의 연구와 교육에 힘썼다. 1942년 조선어학회사건으로 옥고를 치르기도 했다. 한글학회의 중추로서 한글 전용·국어 순화 등 한글 발전에 힘써 많은 업적을 남겼다.

김명시

김형선(金炯善, 1904~1950) | 사회주의 운동가, 김명시의 오빠

경남 마산 출신. 1924년 마산공산당 결성에 참여한 뒤 내내 사회주의 운동을 했다. 1934년 말 체포되어 징역 8년을 선고받았다. 해방 후 건준 교통부 위원이 됐고 1946년 남노당 결성대회에서 의장단으로 선출됐다. 1950년 9월 북으로 올라가던 중 미군 폭격으로 사망했다.

김형윤(金炯潤, 1909~?) | 사회주의 운동가, 김명시의 남동생

경남 마산 출신. 1931년 산호야학교에서 적색교원회 결성에 참여했다. 농촌 아이들에게 사회주의 교육을 하고 진해와 부산 지역에서 적색노조운동과 조선공산당재건그룹 일을 했다. 1932년 일경에 검거되어 징역 2년 6월을 선고받았다.

얀 겔(Jan Gehl, 1936~) | 덴마크 왕립대학 건축과 교수

에든버러, 버클리 등 세계 유수 대학의 교환교수로 강의했으며 유럽, 미국, 호주, 동부 아시아 여러 도시의 개발 계획에 참여했다. 도시 개발에 공헌한

바를 인정받아 국제 건축가 협회로부터 Sir Patrick Abercrombie상을 수상했다.

김무정(金武亭, 1905~1951, 무정이라고 부름, 본명 김병희金炳禧) | 사회주의 독립운동가
함북 경성 출신. 1924년 중국바오딩(保定)군관학교를 졸업한 후 중국공산당에 가입했고, 상해에서 중국공산당 조선인지부에서 활동했다. 1942년 조선의용군 총사령이 됐다. 한국전쟁 중 인민군 후퇴 때 수도(평양)방위사령관을 역임했다.

나도향

횡보(橫步) **염상섭**(廉想涉, 1897~1963) | 소설가
서울 출신. 게이오(慶應)대학 사학과 재학 중 3·1운동에 가담한 혐의로 투옥됐다가 귀국해 동아일보 기자가 됐다. 후에 서라벌예술대학장을 지냈다. 자연주의 및 사실주의 문학가이다. 대표작「표본실의 청개구리」는 한국 최초의 자연주의 소설이다.

상허(尙虛) **이태준**(李泰俊, 1904~?) | 소설가
강원도 철원 출신. 휘문고보를 거쳐 동경 조오치(上智)대학 문과에서 수학하다 중퇴했다. 1929년 개벽사 기자로 일했고, 이화여전 강사, 조선중앙일보 학예부장 등을 역임했으며 1946년 월북했다. 대표작으로「아무일도 없소」,「사상의 월야」등이 있다.

쓰지 준(辻潤심윤, 1884~1944) | 일본의 번역가, 사상가
일본 다다이즘(dadaism, 20세기 초 유럽에서 일어난 반전통적 예술 운동)의 중심 인물.

이원수

우성(又誠) **김종영**(金鍾瑛, 1915~1982) | 조각가, 교수

경남 창원 출신. 부유한 집안에서 태어나 휘문중학교를 거쳐 동경미술학교에 유학해 조각을 전공했다. 1946년에 서울대학교 미술학부가 창설될 때 조소과 교수가 되어 정년퇴임했다. 주요 작품으로 「가족」(1965), 「전설」(1958) 등이 있다

문신(文信, 1923~1995, 본명 문안신文安信) | 조각가, 서양화가

일본 큐슈 사가(佐賀)현에서 태어나 다섯 살 때 마산으로 왔다. 동경 일본미술학교에서 수학한 후 파리에서 20여 년 활동했으며 1980년 마산으로 돌아와 작업했다. 1992년 파리 시립미술관 초대 회고전을 비롯해 유럽에서 대규모 전시들이 있었다.

죽헌(竹軒) **이교재**(李敎載, 1887~1933) | 독립운동가

3·1운동 후부터 독립운동에 투신, 총 4회에 걸쳐 10여 년을 일제 감옥에서 보내다가 1933년 2월 옥사했다. 죽은 후 일제는 형기가 남았다는 이유로 묘소에 철책을 둘렀다. 상해임시정부 경상남북도 상주대표였으며 1963년 건국훈장 독립장이 추서됐다.

최순애(崔順愛, 1914~1998) | 아동문학가

경기도 수원 출신. 동요 「오빠생각」의 작사자이며 「고향의 봄」 작가인 이원수의 아내이다. 「오빠생각」은 방정환이 발간한 『어린이』(1925년 11월호) 동요 공모 당선작이다. 서울로 간 오빠 최영주(항일운동가)에 대한 그리움을 표현한 노래다.

옥기환

김철두(金轍斗) | 항일 사회운동가

마산노동야학의 교사로 활동하면서 지역의 인재 양성에 힘썼다. 3·1만세운동과 노동운동을 비롯해 지역사회에서 독립과 민족의식을 고취하고 사회운동을 이끌어 가는 데 주도적인 역할을 했다. 옥기환·명도석과 더불어 원동무역주식회사를 발기했다.

김형두(金炯斗, 1892~?) | 변호사, 사회주의 운동가

경남 마산 출신. 메이지(明治)대학 재학 중 변호사가 됐다. 마산에서 사회주의 운동을 하다가 1923년 모스크바에서 노농정부를 연구한 뒤 귀국했다. 1928년 제3차 공산당 사건에 연루되어 일본 경찰의 검거를 피해 국외로 피신했다.

후세 다츠지(布施辰治포시진치, 1880~1953) | 변호사

메이지(明治)대학 법학과 졸업. 1919년 2·8독립선언으로 체포된 조선 유학생 변론을 시작으로 한국인과 관련된 사건의 변론을 도맡았다. 1946년에 「조선 건국 헌법초안」을 저술했다. 2004년 일본인 최초로 대한민국 건국훈장 애족장을 수여했다.

혼다 스치고로(本田槌五郎본전퇴오랑) | 건설 및 극장 사업가, 마산부회의원

1928~1930년에 지금의 팔용산 봉암수원지를 건설했다. 신마산의 마산극장을 경영하면서 창동 마산공회당을 인수해 헐어내고 공락관이라는 극장(옛 시민극장)을 신축 경영했다. 1931년부터 제1~3회 마산부회의원(임기 4년)으로 선출됐다.

남저(南樗) **이우식**(李祐植, 1891~1966) | 독립운동가, 사업가, 언론인

경남 의령 출신. 1920년 백산 안희제와 백산무역(주)을 설립하여, 경영하면서 임시정부의 독립운동자금을 지원했고, 시대일보사와 중외일보사를 설립하여, 사장으로 일하면서 민족의식 고취에 노력했다. 1977년 건국훈장 국민장이 추서됐다.

백산(白山) **안희제**(安熙濟, 1885~1943) | 독립운동가, 기업인

경남 의령 출신. 1909년 비밀 청년 단체인 대동청년당(大東靑年黨)을 조직해 국권회복운동을 전개했다. 1914년 부산에서 백산상회를 창업해 무역업을 하면서 임시정부의 독립운동자금을 지원했다. 1962년 건국훈장 독립장이 추서됐다.

데일리(Dairy) | 마산 미군정청 초대 장관, 당시 미국 육군 소령

1945년 남한에 설치된 군정청의 마산지역 초대 장관. 마산부를 비롯하여 진해읍, 창원군, 통영군, 고성군, 함안군, 창녕군의 1부 1읍 5군을 관할했으며 초대 한국인 마산부윤 옥기환을 임명했다.

이학렬(李學烈, 1929~2008) | 언론인, 지역사학자

경남과 부산 지역의 언론계에 종사하다가 마산 지역사 연구에 매진했다. 저서로 『개항 90년의 우리 고장 마산』, 『간추린 마산 역사』 등이 있다.

백석

허준(許俊, 1910~?) | 소설가

평북 용천 출신. 일본 호세이(法政)대학을 나와 1936년 『조광』에 「탁류(濁

流)」를 발표하면서 소설 창작에 전념했다. 해방 후 조선문학가동맹에 가담하여 작품을 발표하다가 월북했다. 소설집으로『잔등』(1946)이 있다.

이시카와 다쿠보쿠(石川啄木석천탁목, 1886~1912) | 일본의 가인(歌人), 시인, 평론가
「신시샤(新詩社)」 동인으로 단가(短歌)와 시를 발표하여 일찍 시재를 발휘했다. 사회주의 사상을 추구했으며 신시대 청년의 계몽을 위하여 노력했으나 신병으로 26살에 요절했다. 일본 가단(歌壇)에 많은 영향을 주었다.

신현중(愼弦重, 1910~1980) | 독립운동가, 언론인, 교육자
경남 하동 출신. 경성제국대학 재학 중 반제부(反帝部) 조직을 바탕으로 항일 활동을 했다. 일제강점기 후기에 조선일보 기자, 해방 후에는 조선통신사 편집장을 역임했으며 1948~1961년까지는 교육계에 몸담았다. 1990년 건국훈장 애족장이 추서됐다.

서정귀(徐廷貴, 1919~1974) | 국회의원, 정치가, 언론사 대표
경남 통영 출신. 경성법학전문학교 재학 중에 만주국 고등문관시험에 합격한 일제강점기 관료. 민주당 소속으로 정치를 시작했으나 대구사범 동창인 박정희의 권유로 국제신보 사장이 된 뒤 줄곧 박정희 개인 측근으로 정치자금을 마련하고 관리했다.

하사마 후사타로(迫間房太郎박간방태랑, 1860~1942) | 부산 지역 경제인, 정치인
1880년 5월 부산에 왔다. 일제강점기 대표적인 일본인 사업가였으며 부산 경남 일대에 방대한 규모의 토지를 소유했다. 유명한 동래별장의 주인이며 부산부회 의원 및 부의장, 경남도회 부의장을 지냈다. 장례는 부산부장으로 치러졌다.

김경덕(金敬悳) | 19세기 말 동성리(지금의 동성동) 거주
마산포 해안의 매립을 청원하여 당시 정부로부터 인가(1899. 10.)받은 이. 매립

목적은 "선창의 혼잡을 덜고 지역을 발전시키겠다"는 것이었다. 일본인에게 공사비를 차입해 매립 공사를 시작했지만 안타깝게도 착공 직후 사망했다.

임화와 지하련

루돌프 발렌티노(Rudolph Valentino, 1895~1926) | 영화배우, 댄서

검은 머리와 갈색 눈을 가진 이탈리아 미남 배우로 「춘희」, 「시크」, 「피와 모래」, 「열사(熱砂)의 춤」 등에서 주역을 맡았다. 특히 여성에게 인기가 많았으며 절정이었던 31세 젊은 나이에 요절했다.

사이토 마코토(齋藤實재등실, 1858~1936) | 일본 해군

1906년 해군 대신으로 취임한 후 1912년 해군 대장으로 승진했다. 제3대, 5대 조선 총독과 일본 수상을 역임했다. 1919년 9월 2일 총독으로 취임하여 경성역(지금의 서울역)에 도착할 때 한국의 독립운동가 강우규의 폭탄 공격을 받았지만 목숨을 보존했다.

이다가키 신지(板垣只二판원지이) | 일제강점기 관리

부산세관, 원산검역소 등을 거쳐 1928년 3월부터 제5대 마산부윤을 역임한 후 1930년 10월부터 목포부윤으로 이임했다. 1931년 『관세행정법론(関税行政法論)』을 저술했다.

학산(鶴山) **김용호**(金容浩, 1912~1973) | 시인, 교수

마산 중성동 출신. 마산공립상업학교(전 마산상고)를 거쳐 메이지(明治)대학 전문부 법과를 졸업한 후 선만(鮮滿)경제통신사 기자로 근무했다. 1958년 단

국대학교 국문과 교수로 부임했으며 작품으로 「춘원(春怨)」, 「낙동강(洛東江)」 등이 있다.

이상조(李相祚, 1904~?)* | 좌익 독립운동가

경남 거창 출신. 소설가 지하련의 셋째 오라비. 니혼(日本)대학 문예과에 입학했으나 퇴학당했다. 대구와 마산 등지를 중심으로 사회주의 활동을 했다. 1932년 대구에서 검거되어 징역 4년을 선고받고 만기 출옥하여 마산 산호동(통칭 지하련 주택)에서 살았다.

* 강만길, 성대경 엮음, 『한국사회주의운동 인명사전』, 창작과비평사, 1996.

김홍구(金洪球, 1914~1971) | 기업인

마산 진북 출신. 진동공립보통학교(지금의 진동초등학교)를 졸업한 후 몽고간장의 전신인 야마다(山田)장유양조장에 입사했다. 해방 후(1946) 야마다장유를 인수하여 몽고장유공업사로 바꾸고 유명 간장 브랜드로 키웠다. 김만식 몽고식품 명예회장의 부친이다.

명도석

지전(芝田) 김형철(1891~1965) | 마산 최초의 한국인 의사

마산 동성동에서 태어나 마산공립소학교(지금의 성호초등학교)를 거쳐 1918년 일본 오카야마(岡山강산) 의전을 졸업했다. 3·1만세운동 때 의거 부상자들을 무상으로 치료해주었다. 해방 후 초대부터 4대까지 마산의사회 회장을 지낸 마산 의료계의 상징적 인물이다.

우성(又醒) 박용만(朴容萬, 1881~1928) | 독립운동가, 언론인

강원도 철원 출신. 하와이를 근거로 독립운동을 했으며 무력으로 독립을 쟁

취해야 된다는 입장이었다. 상해임시정부 외무총장으로 선임됐으나 이승만과의 견해차로 부임하지 않았다. 북경에서 피살됐다. 1995년 건국훈장 대통령장이 추서됐다.

천상병

여사(黎史) **강만길**(姜萬吉, 1933~) | 역사학자

경남 마산 출신. 고려대 사학과를 졸업한 뒤 모교 교수를 역임했으며 퇴임 후 상지대 총장을 지냈다. 1970년대 중반부터 분단 극복을 위한 새로운 역사관을 제시하여 당대 지식인들에게 큰 공감을 샀다. 주요 저서로 『분단시대의 역사인식』(1978), 『20세기 우리 역사』(1999) 등이 있다.

권환(權煥, 1903~1954, 본명 권경완權景完) | 시인, 문학평론가

경남 마산 진전면 출신으로 교토(京都)제국대학 독문과를 나와 조선프롤레타리아예술가동맹(KAPF카프)회원으로 활동하다 1946년 조선문학가동맹 서기장으로 선출됐다. 카프 문인들이 월북하자 마산으로 내려왔다. 마산산호공원에 「고향」이 새겨진 시비(詩碑)가 있다.

산장의 여인

반야월(半夜月, 1917~2012, 본명 박창오朴昌吾) | 대중가요 작사가, 가수

경남 마산 출신. 해방 전에는 가수로 「불효자는 웁니다」 등 히트곡을 불렀고 해방 후에는 작사가로서 활동이 더 많았다. 대표작은 「울고 넘는 박달재」,

「단장의 미아리고개」이다. 2010년 자신의 친일 음악 활동에 대해 후회스럽다고 국민들에게 사과했다.

이재호(李在鎬, 1919~1960, 본명 이삼동李三童) | 대중가요 작곡가

경남 진주 출신. 어려서 형에게 트럼펫을 배웠고, 진주고보(지금의 진주고)를 중퇴하고 동경고등음악학교에서 바이올린을 전공했다. 대표작은 「나그네 설움」, 「불효자는 웁니다」, 「단장의 미아리고개」 등이 있다. 일본 군가를 발표해 친일 음악가로 오점을 남겼다.

나카무라 시게오(中村繁夫중천번부) | 광산사업가

함안 군북광산소를 포함해 몇 개의 광산소를 운영했으며 다른 사업에도 투자를 많이 했던 사업가이다. 마산중학교(지금의 마산고) 도서관을 자비로 건축해 기증하기도 했다. 해방 직전 지금의 마산남부시외버스터미널 일대의 매립공사를 했다.

하세가와 요시미치(長谷川好道장곡천호도, 1850~1924) | 일본 육군, 조선 총독

러일전쟁 때 전공을 세워 대장으로 진급했다. 을사조약(1905) 체결 시 조선주차군사령관으로 병력을 동원해서 위협을 가해 조약을 강요했다. 데라우치에 이어 제2대 조선 총독으로 부임하여 철저한 무단통치를 했으며 3·1운동 발발로 사임했다.

청암(靑岩) **정일상**(鄭日相, 1932~) | 공무원, 시인, 수필가

경남 함양 출신. 경제기획원 공직 생활 후 대학 강의와 사업을 했다. 현재 다양한 사회봉사활동을 하면서 여러 매체에 글을 쓰고 있다. 1912년 국제문화예술협회의 시 부문 '매월당상 본상'을 수상했으며, 시집 『그게 사랑인가 봐』(2015)가 있다.

김춘수

니노미야 긴지로(二宮金次郞이궁금차랑, 1787~1856) | 농정가, 사회운동가

에도시대 인물로 농촌부흥운동의 상징이다. 어릴 적부터 나무를 주워 팔아 공부를 한 근검절약과 고학의 상징인 인물이다. 일본의 초등학교에 나무 등 짐을 잔뜩 진 채 책을 읽으며 걷고 있는 모습이 동상으로 많이 서 있다. 1엔 짜리 지폐에 실리기도 했다.

김주열

허종(許鍾, 1923~2008) | 언론인

1960년 4월 11일 마산 중앙부두 앞에 떠오른 김주열 열사의 시신을 가장 먼 저 찍어 세계에 알린 당시 부산일보 기자. 오른쪽 눈에 최루탄이 박힌 열사의 사진이 알려지면서 폭압적 분위기로 꺼져가던 3·15의거의 불씨가 되살아나 4·19혁명의 도화선이 됐다.

하용웅(河龍雄, 1942~) | 교사

전북 남원 출신. 마산상고를 거쳐 한양대를 나와 창원 일대에서 과학 교사를 했다. 3·15의거 때 목숨을 잃은 김주열과 동향으로 주열을 마산으로 오게 한 장본인이다. 김주열을 죽음에 이르게 한 죄책감으로 책 『(아! 김주열) 나는 그를 역사의 바다로 밀어 넣었다』를 냈다.

사카이 에키타로(境益太郞경익태랑) | 일본 경찰

명성황후 시해 사건에 행동대원으로 참가했고, 개항기부터 마산에 주재했다.

이토 히로부미 저격 사건 때 통감부 경보국 경시 신분으로 중국 뤼순에 급파되기도 했으며 한일병합 후 초대 마산경찰서장을 지냈다. 한국말에 능해 한일어법 관련 책을 내기도 했다.

한태일(韓泰日, 1909~1995) | 기업가, 정치인

경남 마산 출신. 연희전문학교 상과를 졸업했다. 고려모직(주)과 대명모방직(주) 사장으로 기업 활동을 했으며 마산상공회의소 회장을 역임했다. 경상남도 도정자문위원장과 민주공화당 노동문화위원장 등을 거쳐 제7대 민주공화당 국회의원을 지냈다.

박종표(朴鍾杓, 1914년~?) | 친일 경찰

부산 출신의 친일 경찰이다. 정부 수립 후 반민특위로 체포됐으나 특위 해체로 풀려나 마산경찰서 경비주임으로 복귀했다. 3·15의거 때 시민들에게 발포 명령을 내렸고, 김주열의 시신을 마산 앞바다에 버렸다. 4·19 후 무기징역을 받았지만 감형 출소됐다.

김해랑

김두영(金斗榮) | 사업가

무용가 김해랑의 아버지. 마산어시장에서 사업을 성공해 재산과 토지를 많이 소유한 마산 지역의 유지. 보수적이고 완고해서 아들이 춤에 재능이 있다는 것은 알았지만 무용가가 되는 것은 적극 만류했다.

정민(鄭珉, 1928~2006, 본명 정순모鄭淳模) | 무용가

어릴 때부터 무용 신동으로 주목받았다. 한국전통무용과 발레까지 섭렵하고 공연했다. 최현과 함께 김해랑의 내(內)제자가 됐고 이후 조교수로 스승을 도왔다. 1955년부터 일본에서 활동했으며 재일한국무용인협회 이사장, 해외무용가협회 이사장을 역임했다.

최현(崔賢, 1929~2002, 본명 최윤찬崔潤燦) | 무용가

소년가수로 가극단에서 일하다가 김해랑의 눈에 띄어 정민과 함께 내(內)제자가 됐고, 박용호에게 현대 무용을 배웠다. 서울대학교 사범대학를 나왔으며 12편의 영화에도 출연했다. 서울예전 무용과 교수였으며 국립무용단장, 세계무용연맹한국본부 회장을 역임했다.

김애정(金愛貞, 1923~1993) | 판소리 성악가

경남 마산 오동동 출신. 13살에 마산남선권번에 들어가 소리를 배운 후 18살 때 군산소화권번으로 옮겨 소리 공부를 했다. 한때 김소희와 함께 활동했으며, 여성국극사(女性國劇社)를 설립하여 전국 순회 공연도 한 여류명창이다. 만년에 마산에서 후학을 지도했다.

손성수(孫成守, 1903~1978) | 기업인, 정치가

경남 마산 진동 출신. 진동보통학교를 거쳐 일본청산학원을 중퇴했다. 1940년에 동양제모회사를 설립하여 기업인으로 활동했다. 1951년 민주당 소속으로 정치를 시작해 1960년 12월 마산시장 선거에 당선됐지만 군사쿠데타로 6개월 만에 물러났다.

구하(九河, 1872~1965, 법명 천보天輔) | 승려

경북 울주 출신. 통도사의 근세 고승. 13세에 양산 천성산 내원사에서 출가했다. 통도사 주지로 1910년 한일병합 후 30본산 주지를 지냈으며 친일 행적 시비가 있다. 해방 후 제3대 총무원장을 역임했으며 금강산을 유람하고

쓴 기행문 『금강산관상기』가 있다.

위암(韋庵) **장지연**(張志淵, 1864~1921) | 언론인

경북 상주 출신. 1905년 을사조약이 체결되자 『황성신문』에 「시일야방성대곡」이라는 사설을 발표하여 일본의 흉계를 통박했지만 1914년부터 총독부 기관지 격인 매일신보의 고정 필진이 되어 식민 지배에 협력했다. 민족문제연구소 『친일인명사전』에 등재됐다.

김수환

에밀 타케(Emile J. Taquet, 1873~1952, 한국명 엄택기嚴宅基) | 프랑스 선교사, 식물학자

1897년 조선으로 와서 전국을 누비며 선교 활동을 했다. 제주도 선교(1902~1915) 때 한라산을 뒤져 식물 7,047점을 채집했으며 왕벚나무 자생지를 발견하여 세계 식물학계에 알렸다. 성 유스티노신학교(지금의 대구가톨릭대 신학대) 교수와 교장을 지냈다.

조수옥(趙壽玉, 1914~2002) | 사회사업가, 종교인

경남 하동 출신. 1938년 진주성경학교를 졸업한 후 전도사가 됐다. 신사 참배 거부 운동으로 구속(1940), 평양형무소에서 5년간 수형 생활을 했다. 해방 후 마산에서 인애원을 설립해 고아들을 돌보며 평생을 보냈다. 2002년 제1회 유관순상을 받았다.

참고문헌

논문

- 김의환, 「조선을 둘러싼 근대 노·일관계 연구」, 『아세아연구』 Vol. XI, 고려대학교아세아문제연구소, 1968.
- 남화숙, 「여장군 김명시의 생애」, 『여성』 2, 창작사, 1988.
- 박정선, 「임화와 마산」, 『한국근대문학연구』 No. 26, 한국근대문학회, 2012.
- 박정선, 「천상병 문학에 나타난 고향」, 『한민족어문학』 Vol. 65, 2013.
- 박종순, 「해방 이전 지역에서의 삶과 문학」, 『이원수와 한국아동문학』, 창비, 2011.
- 백구현, 「해방직후 마산지역의 좌우정치세력에 대한 고찰」, 『고황논집』 Vol. 22, 경희대학교학술단체협의회, 1998.
- 송성안·허정도, 「마산의 근대도시화와 순종 황제의 순행에 관한 연구」, 『가라문화』 Vol. 17, 경남대학교, 2003.
- 유장근·조호연·허정도, 「대한제국 시기 마산포 지역의 러시아 조차지 성립과정과 각국공동조계 지역의 도시화」, 『인문논총』 Vol. 16, 경남대학교 인문과학연구소, 2003.
- 이귀원, 「1920년대 전반기 마산지역의 민족해방운동」, 『지역과 역사』 제1호, 부산경남 역사연구소, 1996.
- 이장렬, 「지하련의 가계과 마산 산호리」, 『지역문화연구』 제5호, 경남지역문학회, 1999.
- 이종룡, 「이극로 연구」, 부산대학교 교육대학원 역사교육학과 석사논문, 1993.
- 조인성, 「개항기 마산포 조계의 설정과 주민의 저항」, 『가라문화』 제4집, 경남대학교 가라문화연구소, 1986.
- 차민기, 「고루 이극로 박사의 삶 연구」, 『이극로연구논집1-우리말글 연구와 민족운동』, 선인, 2010.
- 한상술, 「마산의 근대건축에 관한 연구」, 경남대학교 석사논문, 2000.
- 허정도, 「근대기 마산의 도시변화과정 연구」, 울산대학교 박사논문, 2002.

단행본

- 강만길, 성대경 엮음, 『한국사회주의운동 인명사전』, 창작과비평사, 1996.
- 경남대학교 인문과학연구소, 『창원의 역사와 문화』, 도서출판 바오, 2015.
- 고길희, 『하타다 다카시: 마산에서 태어난 일본인 조선사학자』, 지식산업사, 2005.
- 김용욱, 『한국조계에 관한 연구』, 태화출판사, 1967.
- 김형윤, 『마산야화』, 도서출판경남, 1996.
- 김훈, 『풍경과 상처』, 문학동네, 1994.
- 김춘수, 『꽃과 여우』, 민음사, 1997.
- 김춘수연구간행위원회, 『김춘수 연구』, 학문사, 1984.
- 나도향, 『피 묻은 편지 몇 쪽』, 1926.
- 남재우·김영철, 『그곳에 마산이 있었다』, 글을읽다, 2016.
- 마산국제춤축제위원회, 『춤꾼 김해랑』, 불휘미디어, 2011.
- 마산개항백년사편찬위원회, 『마산개항백년사』, 마산시, 1999.
- 마산문화협의회, 『마산문화연감』, 1956.
- 마산부, 『마산부세일람』, 마산부, 1912.
- 마산상공회의소, 『마산상공회의소백년사』, 2000.
- 마산시, 『문향 마산의 문학인』, 마산문학관, 2006.
- 마산시, 『휴양과 치유의 마산문학』, 마산문학관, 2009.
- 마산시사편찬위원회, 『마산시사』, 마산시, 1997.
- 마산·창원지역사연구회, 『마산·창원 역사읽기』, 도서출판 불휘, 2003.
- 몽고식품100년의 발자취 편찬위원회, 『몽고식품 100년의 발자취』, 몽고식품(주), 2008.
- 박용규, 『조선어학회 항일투쟁사』, 한글학회, 2012.
- 박정선, 『언제나 지상은 아름답다―임화산문선집』, 역락, 2012.
- 박태일, 『마산 근대문학의 탄생』, 도서출판 경진, 2014.
- 민병위, 『천주교완월동교회 100년 자료집』, 천주교 완월동교회, 2003.
- 송준, 『시인백석』, 흰당나귀, 2012.
- 유장근 교수의 도시탐방대, 『걸어서 만나는 마산이야기』, 리아미디어, 2010.

- 안도현, 『백석평전』, 다산책방, 2014.
- 이극로 지음, 조준희 옮김, 『고투사십년』, 도서출판 아라, 2014.
- 이만규, 『여운형 투쟁사』, 총문각, 1947.
- 이은상, 『무상(無常)』, 삼중당문고, 1975.
- 이충렬, 『아, 김수환 추기경』, 김영사, 2016.
- 이학렬, 『개항 90년의 우리고장 마산』, 마산향토사연구회, 1989.
- 정운현, 『조선의 딸 총을 들다』, 인문서원, 2016.
- 지하련, 『체향초, 문장』, 1941.
- 창원시사편찬위원회, 『창원시사』 상·하, 창원시, 1997.
- 천상병, 『주막에서』, 1979.
- 천주교마산교구40년사 편찬위, 『천주교마산교구 40년사』, 천주교마산교구, 2006.
- 하용웅, 『아! 김주열 나는 그를 역사의 바다로 밀어 넣었다』, 김주열열사추모사업회, 2010.
- 학교법인 창신기독학원, 『창신백년사』, 도서출판 다락방, 2008.
- 한정호, 『지역문학의 씨줄과 날줄』, 경진출판, 2015.
- 허정도, 『전통도시의 식민지적 근대화』, 신서원, 2005.
- 馬山府勢編纂委, 『馬山府勢一覽』, 馬山府, 1912.
- 山本三生, 『日本地理大系-조선편』, 개조사, 1930.
- 上原 榮, 『鄕土の調査』, 馬山敎育會, 1933.
- 松岡美吉山·溝口秀次郎, 『躍進馬山の全貌』, 名勝古蹟保存會, 1941.
- 長田純·高須瑪公, 『馬山現勢錄』, 馬山現勢錄刊行部, 1929.
- 諏方史郎, 『馬山港誌』, 朝鮮史談會, 1926.
- 香月源太郎, 『韓國案內』, 東京 靑木嵩山堂, 1902.
- 平井斌夫·九貫政二, 『馬山と鎭海灣』, 濱田新聞店, 1911.

각종 자료

- 경남도민일보, 〈지전 김형철 선생 항일정신 새긴다〉, 2017. 6. 15.
- 경남일보, 〈천상병 없는 마산〉, 2003. 4. 25.

- 김영만, 「은새미는 있었고 은상이샘은 없었다」, 『은상이샘논쟁토론회자료집』, 2016.
- 김주완·김훤주 블로그 〈지역에서 본 세상〉
- 국사편찬위원회, 『통감부 문서』 제9권(1907~1909).
- 유장근 외 3인, 「노산동 스토리텔링 자원발굴 연구조사 보고서」, 창원시청, 2013.
- 노천명, 『신천지 3월호-팔로군에 종군했던 김명시 여장군의 반생기』, 1946.
- 독립기념관 홈페이지
- 독립신보, 〈이십일 년간의 투쟁생활 태중에도 감옥사리〉, 1946. 11. 21.
- 마산의 각종 지도, 1899~1970.
- 사정지적도 및 사정토지대장.
- 이원수, 「자전회고록: 흘러가는 세월 속에」, 『월간소년』 1980년 10월호, 가톨릭출판사, 1980.
- 이일균, 〈골목과 사람〉 1~10-기획연재기사, 경남도민일보, 2006.
- 정순모(예명 정민), 〈사람, 사람들〉 라디오 프로그램, 마산MBC, 2003.
- 정병준 블로그, 〈물길손길〉
- 정부기록보존소 문서 중 마산의 도시 관련 자료.
- 조선건축회, 『朝鮮と建築』, 조선건축회, 1922~1942.
- 조용호, 〈마산개항백년〉 기획연재기사, 경남신문, 1999.
- 증언-김기석, 김선수, 김성길, 김영만, 김익권, 김행자, 명인호, 박영주, 정태조.
- 평화신문, 『추기경 김수환 이야기』, 평화신문, 2012.
- 학적부, 졸업대장 및 조선총독부 관보.
- 한겨레신문, 〈한글학자 이극로, 독일어로 된 '독립운동출판물'첫 발굴〉, 2017. 7. 24.
- 해방일보, 〈해외투쟁의 혈극사-화북서 온 여투가 김명시 회견기〉, 1945. 12. 28.
- 현대평론사, 「도항애사」, 『현대평론』 8월호, 현대평론사, 1927.
- 황외성, 〈잊지 못할 마산의 인물-옥기환 초대시장〉, 경남의정신문 94호, 2000.
- 日本海軍大臣官房, 미의회도서관소장 마산포사건관련 비밀서류(11)NT(C)NO.178, 1900~1901.
- 블로그 〈슈트름게슈쯔의 밀리터리와 병기〉의 (http://blog.naver.com/pzkpfw3485/220094536223)

사진에 도움 주신 분들

•김덕영 73쪽 •이원수문학관 116, 118, 126쪽 •경상남도교육청 28, 49, 121, 281쪽 •창원시립
마산박물관 23, 25, 38, 39, 94, 99쪽 •박영주 91쪽 •정태조 331쪽 •경기대박물관 288쪽

도시의 얼굴들

초판 1쇄 발행 • 2018년 11월 8일

지은이 • 허정도
펴낸이 • 이상경
부 장 • 박현곤
편집장 • 김종길
편 집 • 김종길
디자인 • 이희은
편집보조 • 이가람

펴낸곳 • 경상대학교출판부
주 소 • 경남 진주시 진주대로 501
전 화 • 055) 772-0801(편집), 0802(디자인), 0803(도서 주문)
팩 스 • 055) 772-0809
전자우편 • gspress@gnu.ac.kr
홈페이지 • http://gspress.gnu.ac.kr
페이스북 • https://www.facebook.com/gnupub
블로그 • https://gnubooks.tistory.com
등 록 • 1989년 1월 7일 제16호

이 도서의 국립중앙도서관 출판시도서목록(CIP)은 서지정보유통지원시스템 홈페이지(http://seoji.nl.go.kr)와
국가자료공동목록시스템(http://www.nl.go.kr/kolisnet)에서 이용하실 수 있습니다.
(CIP제어번호: CIP2018030422)